Herbert Vögele

Das Arbeitsplatz - Risiko heute

Mehr Wissen – mehr Chancen für Berufsanfänger

Mauer Verlag
Wilfried Kriese
72108 Rottenburg a/N
Buchgestaltung: Wilfried Kriese
Titelbild: Creativ Collection
2010
ISBN 978-3-86812-209-1

www.mauerverlag.de

Inhalt

Vorwort

Dieses Buch wendet sich an junge Menschen, die nach ihrer Ausbildung auf eine Arbeitswelt treffen, auf die sie nicht vorbereitet wurden.

Neue Einstellungs- und Beschäftigungsmodelle, schnellerer Jobwechsel, die Angst um den Arbeitsplatz, Stress und Konkurrenzkampf kommen auf den Berufsstarter zu. Dabei gilt es nicht, neue Ängste zu schüren, wie das heute in vielen Medien zur Genüge getan wird. Mehr Wissen um die neue Berufswelt soll mehr Mut machen, Chancen vermitteln, das Arbeitsplatz-Risiko eher in den Griff zu bekommen.

Deshalb muss der junge Mensch schon zu Beginn seiner Laufbahn an sich arbeiten, um mit den heutigen Rahmenbedingungen im Berufsleben fertig zu werden. Chancen gibt es genug. Wer die Schuld an Niederlagen nicht nur bei den anderen sucht, sondern an seinem Wissens- und Persönlichkeitsprofil feilt, der arbeitet an seiner Zukunft.

Ratschläge kann man jedoch nur erteilen, wenn sie auf profunder und nachvollziehbarer Argumentation beruhen. Deshalb wird der Leser auch an Ergebnisse von Umfragen und Untersuchungen herangeführt. Für einen schnellen Überblick und eine kurze Erinnerung steht nach jedem Kapitel eine Zusammenfassung zur Verfügung.

In den letzten drei Kapiteln, die sich mit dem Arbeitsmarkt der Zukunft befassen, unterbleibt jeweils eine Kurzfassung. Zukunft bedeutet Projektion, Vorschau, sehr viel Ableitung aus Gegenwart und Vergangenheit. Hier soll der Leser die Vorhersagen und Konsequenzen jeweils im Gesamtzusammenhang auf sich wirken lassen.

Die Ausbildungs - Lücke

Wer sich heute mit den Strukturen in den deutschen Unternehmen befasst, der muss feststellen, dass sich in den letzten Jahren viel verändert hat. Vor allem dort, wo die Firmen im internationalen Wettbewerb stehen, sind die Eingriffe in die Arbeitsabläufe und Arbeitsplatzgestaltung besonders stark ausgeprägt. Der Einsatz neuer Technologien, laufende Umorganisationen mit noch flexibleren und kundenorientierteren Positionen des einzelnen Mitarbeiters erzeugen einen ständigen Anpassungsdruck. Und das Tempo der Erneuerung nimmt eher noch zu. Der junge Berufstätige bekommt das heutige Arbeitsklima schnell zu spüren.

Das Fortkommen der Betriebe in den meisten Branchen hängt von der Reaktionsgeschwindigkeit ab. Im staatlichen Bereich und hier besonders im Bildungssystem sieht das etwas anders aus. Das Tempo der Veränderung ist deutlich langsamer. Als Ende Dezember 2001 die Ergebnisse des ersten weltweiten PISA – Schultests an die Öffentlichkeit kamen, war in Deutschland geradezu ein Schock über die Ergebnisse festzustellen. In allen untersuchten Kompetenzbereichen Mathematik, Naturwissenschaften, beim Lesen und Problemlösen lagen die deutschen Schüler deutlich unter dem OECD (Organisation für wirtschaftliche Zusammenarbeit und Entwicklung) – Durchschnitt. Dabei ist die PISA – Studie als Langzeitstudie angelegt und fragt die 15 –jährigen Schüler nicht Lehrplanwissen ab, sondern prüft, ob die Schüler am Ende ihrer Pflichtschulzeit bestimmte Kenntnisse und Fertigkeiten aufzuweisen haben, damit sie alltägliche Herausforderungen bewältigen können. Die Ergebnisse in den darauf folgenden Studien 2003 und 2006 haben sich dann für die deutschen Schüler etwas verbessert. Aber erst ab 2006 und 2007 ist so richtig Bewegung in das Thema Schulstruktur in Deutschland gekommen. Dabei geht es vor allem darum, dass Kinder in Deutschland bereits mit zehn Jahren, nach

Abschluss der Grundschule in unterschiedlich anspruchsvolle Schulformen sortiert werden, in Hauptschule, Realschule oder Gymnasium. Durch die frühe Aufteilung würden Kinder aus bildungsferneren Elterhäusern und Migrantenfamilien oder Kinder mit Entwicklungsstörungen benachteiligt. Weltweit werden außer in Deutschland nur noch in Österreich die Kinder so früh auf die verschiedenen Schulformen verteilt. Momentan wird deshalb in allen deutschen Bundesländern, die ja die Kulturhohheit besitzen, versucht, das starre dreigliedrige Schulsystem aufzuschlüsseln, durchlässiger zu machen. Es gibt Kooperationen zwischen Hauptschule und Realschule mit dem Ziel längerer gemeinsamer Lernzeiten, zumindest in den Klassen fünf und sechs, Experimente mit Fusionen von Sekundarschulen und Mittelschulen oder die Einführung von so genannten Gemeinschaftsschulen mit individueller Hinführung zum Hauptschulabschluss, mittlerer Reife oder Übergang zur gymnasialen Oberstufe, je nach Begabung und Weiterentwicklung des einzelnen Schülers. In Schleswig – Holstein, Hamburg, Bremen sind die Hauptschulen bereits abgeschafft, in den neuen Bundesländern gab es die Hauptschule nie. Über Alternativen wird ansonsten überall nachgedacht. Wahrscheinlich wird es die Hauptschule in der heutigen Form bald nicht mehr geben. Sie hat ein schlechtes Image, wird als „Restschule" bezeichnet, in der sich alle jene sammeln, die es nicht zu weiterführenden Schulen geschafft haben. Dadurch werden Bildungschancen nicht an alle, unabhängig vom sozialen Stand, vergeben. Das kann sich ein Land wie Deutschland, das als Export- und Industrieland seit Jahrzehnten anerkannt und erfolgreich ist, auf die Dauer nicht leisten.

Trotz aller Modellversuche und Weiterentwicklungen im deutschen Bildungs- und Schulsystem sind im Bildungsbericht 2008, der von Bund und Ländern zum zweiten Mal vorgelegt wurde, unerfreuliche Fakten nachzulesen: im Jahr 2006 verließen in Deutschland rund 76 000 junge Menschen ohne Hauptschulabschluss die Schule. Das sind immerhin fast acht Prozent des Altersjahrgangs. Und nur 43 Prozent der Hauptschüler finden in den ersten sechs Monaten nach Schulende eine weiterqualifizierende Ausbildung. Oder eine weitere Erkenntnis aus dem Bildungsbericht 2008 macht auch nicht gerade Mut, dass Bildung in Deutschland für alle zugänglich sein sollte, nämlich: ein direkter Übergang aus der Berufsausbildung in die Hochschulen ist kaum möglich. Beruflich qualifizierte Bewerber ohne schulische Studienberechtigung, zusammengefasst unter dem Begriff „dritter Bildungsweg“, erhalten gerade einmal 1 % der Zulassungen an Universitäten und 2 % im Fachhochschulbereich (Autorengruppe Bildungsberichterstattung, Bildung in Deutschland 2008, Pressemitteilung vom 12.06. 2008, S.9 ff). Daraus lässt sich wiederum ablesen, wie lange es dauert bis Bildungssysteme, Bildungsstrukturen sich verändern, um dann auch bessere Erfolge hervorzubringen. Was die Bildungsinhalte und die Methoden der Wissensvermittlung an den deutschen Schulen angeht ist zumindest ein spürbarer und auch nachvollziehbarer Wandel eingetreten. Noch vor zehn Jahren wurde in allen Schularten möglichst viel Wissen abgefragt, die Schüler mussten alles nachmachen, was ihnen die Lehrer vordemonstrierten. Heute sollen sich die Schüler auch selbst Wissen aneignen, selbständig nach dem Warum fragen und am Ende des Schuljahres müssen bestimmte Bildungsstandards beherrscht werden. Dies erfordert passgenaue Bildungspläne, abgestimmt auf jede einzelne Schule. Damit wurde der Unterricht differenzierter und ermöglicht den Schülern Bildungsangebote mit freien Lernfeldern – entweder ein Muss (Pflichtfach) oder ein Kann (Neigungsfach). Das macht den Schülern mehr Spaß und sie behalten Inhalte auch besser, wenn Fächer übergreifend bestimmte Projekte und Fragestellungen in der Gruppe behandelt werden.

Bis hierher scheint mit einem deutlich verbesserten Fächerpool in den heutigen Schularten alles noch in Ordnung zu sein. Aber wie fällt das Urteil dann aus, wenn die Frage gestellt wird, wie heute in unseren Schulen Wissen über Wirtschaft dargeboten wird, wie Marktwirtschaft funktioniert?

Die Antwort darauf ist ziemlich eindeutig. Wirtschafts- und Finanzfragen werden in den Schulen kaum behandelt, wenn man von speziellen Wirtschaftsgymnasien oder einem Wirtschaftsstudium einmal absieht. Meistens nur in einem so genannten Fächerverbund, wie beispielsweise Geographie, Wirtschaft und Gemeinschaftskunde, kurz GWG genannt, kommen ökonomische Themenbereiche auf den Ausbildungsplan. Auch in den Fächern Sozialkunde oder Politik wird das Wirtschaftsleben teilweise thematisiert, wenn mit einem Fragenkatalog Fortschritt, Innovation oder die Verlagerung von Arbeitsplätzen in das Ausland hinterfragt werden. Bei einer Fächerkombination Wirtschaft / Arbeit stehen in der Regel Projekte wie berufliche Orientierung mit „Schnupperpraktikas" in den regionalen Unternehmen im Vordergrund oder es werden Hilfestellungen beim Schreiben von Bewerbungen gegeben. Alles das sind lediglich Hilfsansätze aber keine grundlegenden Abhandlungen über das Thema moderne Marktwirtschaft im 21. Jahrhundert. Die Wirtschaftsthemen setzen sich aus zwei grundsätzlichen Wissensbereichen zusammen, nämlich das Finanzwissen, die finanzielle Bildung der jungen Menschen und das Wissen um den Markt, wie der Wettbewerb funktioniert und was ein Unternehmen alles tun muss, um Erfolg zu haben. Von beiden Bereichen haben die Schüler und Absolventen von Hochschulen kaum eine Vorstellung und müssen sich aber nach ihrer Ausbildung schnell in das Berufsleben und in die Organisation eines Haushaltes einfügen und dazulernen, fast nur durch Erfahrungen, also learning by doing. Das kann heute fast auch nicht anders sein, wenn die Lehrer in den Ausbildungsstätten Deutschlands selbst kaum über Fachwissen in ökonomischen Themen verfügen können. Ihnen hat ja bei ihrem Studium auch niemand ein Wirtschaftswissen in nennenswertem Umfang vermittelt. Was kann hier dann an die Schüler und Studenten weitergegeben werden?

Der Umgang mit Geld ist für junge Menschen zweifellos ein ungemein wichtiges Thema: was das tägliche Leben kostet, was passiert, wenn Rechnungen nicht bezahlt werden oder die Vermögens- und Vorsorgeplanung für das Alter angegangen werden soll, oder ein Maßnahmenpaket zu starten ist, um nicht in die Schuldenfalle zu kommen. Das wären ebenfalls wichtige Lerninhalte für die jungen Menschen während ihrer schulischen Ausbildung. Zusammengefasst werden könnte dieser Bereich etwa unter dem Titel "Geldkunde". Hier steht aber der andere große Wissenskatalog im Vordergrund, wie die Wirtschaft heute funktioniert, wie Unternehmen sich immer wieder neu positionieren, welche Auswirkungen der internationale Wettbewerb heute auf die Strategien der Unternehmen hat u n d wie sich das alles auf den individuellen Arbeitsplatz auswirkt. Ständige Veränderungen in den Strukturen der Betriebe bringen auch stets neue Herausforderungen, aber auch immer wieder neue Risiken, nämlich Arbeitsplatz-Risiken. Wie sicher ist mein Arbeitsplatz? Auf was hat der Berufsstarter, der junge Berufstätige zu achten, sodass er den Wandel besser einschätzen kann. Es gilt eine Sensibilisierung von Entwicklungen und Vorfällen im Wirtschafts- und Berufsleben zu erzeugen, um besser reagieren zu können, um nicht so hilflos dazustehen, sofern die Ereignisse eintreten und in die Struktur des Arbeitsplatzes eingreifen oder ihn sogar bedrohen. Mit mehr Wissen über die Strukturen und den Wandel in der Wirtschaft sollen dem jungen Arbeitnehmer auch mehr Chancen verschafft werden gegen aufkommende Arbeitsplatz-Risiken besser vorgehen zu können. Anders vorbereitet sein, das ist das Motto, die Ausbildungs-Lücke so zu schließen. Die fast „ökonomiefreie Zone" in den heutigen deutschen Schulen und Ausbildungsstätten verursacht wahrscheinlich mehr Schäden als uns das heute bekannt ist. Forschungen darüber gibt es nicht. Hier ist allerdings auch klar zum Ausdruck zu bringen, dass es nicht beabsichtigt ist, aus den jungen Berufstätigen einen kleinen Betriebswirt zu machen. Aber ohne gewisse Kenntnisse über das Wirtschaftsleben, den raschen Wandel in den Unternehmen und die Treibsätze für neue Arbeitsplätze oder den Verlust von Arbeitsplätzen geht es nicht. Wirtschaft sollte daher zu einem Teil der Allgemeinbildung werden.

Wenn heute in den Fernsehnachrichten Wirtschaftsthemen behandelt werden, so schalten viele Schüler und Studenten innerlich ab, weil sie die ökonomischen Zusammenhänge einfach nicht nachvollziehen können. Fehlendes Wissen ist der Grund, warum Schüler und Auszubildende sich nicht für Ökonomie interessieren. Eines der wichtigsten Themen ist dabei immer wieder der Bericht über die jeweils aktuelle Konjunkturentwicklung, über Auftragseingänge in der Industrie, der Konsumbereitschaft der Verbraucher oder Investitionen der Unternehmer einerseits und die Auswirkungen auf die Beschäftigtensituation in der deutschen Wirtschaft andererseits. Was trägt der Staat zur Konjunkturbelebung bei, was kann er überhaupt dazu beisteuern? Jeden Monat werden von der Bundesagentur für Arbeit die Zahlen der Arbeitslosen gemeldet. Und damit ist der Inhalt eines für den jungen Berufstätigen so wichtigen Bestandteils der Ökonomie bereits angedeutet: wann entstehen neue Arbeitsplätze, welche Fakten sind wichtig, gibt es einen Indikator für eine Belebung in der Wirtschaft und damit auch für den Arbeitsmarkt?

Ein zweiter Block, warum Arbeitsplatz-Risiken heute schneller und umfangreicher auf den einzelnen Mitarbeiter zukommen als das noch vor mehr als 20 Jahren der Fall war, befasst sich mit der Rolle der Unternehmen im heutigen Wirtschaftleben, dem Verhalten der Manager und den inhabergeführten Unternehmen, dem Mittelstand generell. Hier stehen die Veränderungen eines Unternehmens im Mittelpunkt, der stetige Umbau, um fit zu sein für den nationalen und internationalen Wettbewerb. Restrukturierung oder Umorganisation, Umbau heißen die Schlagworte und was sie für die Beschäftigten generell und im Besonderen für den jungen Berufstätigen bedeuten. Verkauf, Übernahme oder Fusion eines Unternehmens sind dann weitere besondere, außergewöhnliche Ereignisse in der Entwicklung eines Unternehmens. Was weiß der junge Berufstätige, was bei solchen Ereignissen auf ihn zukommt?

Auf was muss er sich gefasst machen? Was kann er bei den herannahenden besonderen Vorfällen des Verkaufs, der Übernahme oder Fusion seiner Firma im Vorfeld tun? Dann geht es um einen Begriff, der in der heutigen Gesellschaft wie fast kein zweiter im Mittelpunkt der Diskussion steht. Gemeint ist alles, was zum Bereich Globalisierung gehört. Jeder Politiker, jeder Wirtschaftsfachmann, in Fernseh –Talk Shows, bei Tarifauseinandersetzungen, überall taucht dieser Begriff auf. Auch der junge Mensch, der gerade einmal ein oder zwei Jahre im Beruf steht, hat schon etwas von Globalisierung gehört. Aber kaum einer kann richtig einordnen, warum es Globalisierung gibt, ob dabei nur Verlierer hervorgerufen werden, wie immer wieder behauptet wird. Oder inwiefern auch Teilnehmer am Wirtschaftsleben von der Globalisierung profitieren. Der Zusammenhang zwischen Globalisierung und Beschäftigtenentwicklung, das einzelne Arbeitsplatz-Risiko sollen hier eingeschätzt und dargestellt werden. In enger Verbindung damit steht die Frage, was haben Löhne und Gehälter der Arbeitnehmer in den Schwellenländern China, Indien, Vietnam oder auch in europäischen Nachbarländern Polen, Ungarn oder Rumänien mit den Lohnentwicklungen in Deutschland zu tun? Gibt es da Zusammenhänge? Was steckt hinter dem Begriff Prekariat? Wer ist dabei besonders betroffen?

Ein wichtiges Thema wird auch sein, wie ist die eigene Firma einzuschätzen? Wie sicher ist der Arbeitsplatz im eigenen Unternehmen? Gibt es da Unterschiede zwischen den großen Konzernbetrieben und den mittelständischen Unternehmen? Welche Manager können ihre Mitarbeiter besser mitnehmen, wenn es darum geht, sich schnellen Marktveränderungen anzupassen? Schließlich soll der junge Arbeitnehmer besser vorbereitet sein, wenn das Arbeitsplatz-Risiko tatsächlich eintritt, das heißt die Kündigung vor der Tür steht und als Brief ins Haus kommt? Auch hier ist es besser, seine Rechte und auch Pflichten vorher näher zu kennen und sich mit den heute schon fast üblichen Vorgehensweisen der Personalverantwortlichen in den Unternehmen auseinanderzusetzen.

Bei der Sensibilisierung für bestimmte Ereignisse in der eigenen Firma soll und kann es nicht bleiben. Wenn der junge Arbeitnehmer bestimmte Strukturen in seinem beruflichen Umfeld schneller erkennt und darauf besser reagieren kann, ist ein beruflicher Aufstieg, ein Fortkommen im Beruf noch lange nicht gewährleistet. Da muss der Berufsstarter noch etwas mehr tun, gerade zu Beginn der beruflichen Tätigkeit sind Überlegungen angebracht, welche Ziele sind zu verfolgen, welche Vorstellungen gibt es, was liegt einem am meisten, was ist das Nahziel, was sollte auf jeden Fall erreicht werden?. Gemeint ist bei solchen Gedanken vor allem, sich im Berufsleben nicht treiben zu lassen und alles hinnehmen wie es kommt, sondern aktiv in die Berufsentwicklung einzugreifen, soweit das eben möglich ist. Dazu gehören auch Reflektionen über das eigene Können. Das Fachwissen ist das eine. Aber bald wird dem jungen Berufstätigen im Arbeitsalltag auffallen, dass andere beispielsweise in einer Projektarbeit besser vorankommen, ihnen mehr Aufmerksamkeit geschenkt wird. Zu dem Fachwissen muss demnach noch etwas anderes dazugehören, um einen beruflichen Aufstieg zu schaffen. Die Personalfachleute sprechen von Sozialkompetenz. Manchmal können auch andere Personen dazu etwas beitragen, förderlich sein, der verständliche Chef, bestimmte Kollegen in der eigenen Firma oder von anderen Unternehmen, Bekannte und Freunde. Netzwerk werden die Beziehungen, zusammen mit Pflege und Aufbau genannt. Auch dazu erhält der Berufsstarter einige Anregungen. Das einzig Stetige ist heute der Wandel, die Veränderung in den Unternehmen und auch im Wissen. Wer diese Erkenntnis ernst nimmt, kann sich daher nicht mehr auf seinem Wissen ausruhen, auch nicht als junger Berufstätiger, der gerade seine Ausbildung abgeschlossen hat. Die Arbeit für den Arbeitsplatz wird daher hier als Programm für das ganze Berufsleben angesehen. Bildung einmal ist vorbei, Bildung während des ganzen Berufslebens muss die Devise sein.

Ein Blick in die Zukunft soll dem Berufsstarter dann einige Vorstellungen darüber geben, was ihn vielleicht in 10 oder 20 Jahren erwartet. Der Wandel vollzieht sich viel schneller als früher. Einige Strukturen der Zukunft deuten sich heute schon an. Dazu gehört die Rolle der neuen Angreiferstaaten der Zukunft, angefangen von Brasilien bis Vietnam und ihr Einfluss auf die internationalen Produkt- und Arbeitsmärkte. Weiterhin wird sich die Globalisierung fortsetzen, der demografische Wandel ebenso. Der weitere Wandel von der Industriegesellschaft zur Dienstleistungs- und Wissensgesellschaft ist heute auch unbestritten. Alle diese Entwicklungen werden die Arbeitswelt weiter beeinflussen, ob nur zum Guten, das bleibt dahingestellt. Der Berufsstarter sollte sich jedoch zumindest mit der Zukunft insoweit befassen, wie sie seine berufliche Entwicklung tangieren könnte und welche Weichenstellungen heute schon getroffen werden können, um besser auf den Wandel vorbereitet zu sein. Sehr konkret werden die Aussagen zum Abschluss auch sein, wenn es darum geht, was sind die Zukunftsbranchen Deutschlands? Wo sind die Jobs auch in der Zukunft etwas sicherer als anderswo, wenn der heutige Strukturwandel nur einigermaßen fortgeschrieben werden kann. Was erwartet den heutigen Berufsanfänger? Die Zukunft war noch nie einfach, aber mit mehr Wissen gibt es einfach auch mehr Chancen. Das wäre ein gutes Motto für einen Berufsstarter.

Fest steht, die Defizite der jungen Berufstätigen in Wirtschaftsfragen, die die Sicherheit des Arbeitsplatzes angehen, müssen abgebaut, die Ausbildungs-Lücke muss so geschlossen werden. Das ist hier das Hauptanliegen.

Wann entstehen neue Arbeitsplätze?

Wer heute Fernsehnachrichten, die sonntäglichen Talkshows, Politiker im Wahlkampf oder bekannte Wirtschaftsfachleute, meistens Universitätsprofessoren oder Verbandsfunktionäre, die Vertreter von Industrie und Gewerkschaften in ihren Statements und Interviews verfolgt, der bekommt eine Vielzahl von Fachausdrücken an den Kopf geworfen. Jeder glaubt, das Allheilmittel verkünden zu können, wann und wie es mit der Wirtschaft in Deutschland wieder aufwärts geht und neue Arbeitsplätze geschaffen werden können. Jeder sieht den Hebel für mehr Wachstum und damit Arbeitsplätze aus seiner Sicht. Der Zusammenhang zwischen Wachstum der Wirtschaft und Arbeitplätzen wird übereinstimmend bestätigt, doch die Wege dorthin, das strategische Vorgehen kann nach dem Bild der Spieler auf den Tribünen der Medienlandschaft Deutschlands nicht unterschiedlicher sein. Meistens versteht der junge Arbeitnehmer am Schluss dieser Veranstaltungen kaum mehr von den ökonomischen Zusammenhängen als vorher. Dabei ist es doch für ihn so wichtig, dass er die den Reden oft nachfolgenden Maßnahmen der Manager und Verbandsvertreter überhaupt verstehen und die Rolle in seiner Firma, im gesamten System besser begreifen kann.

Es ist hier wohl angebracht, den unterschiedlichsten Ansätzen für die Klärung des Zusammenhanges zwischen Wirtschaftswachstum und Arbeitsplätzen ein Stück näherzutreten. Jahrzehntelang herrschte die Meinung vor, „die Wirtschaft müsse nur genügend Schwung haben, dann folge die Beschäftigung schon von ganz allein". Diese Ansicht ist heute überholt (Jung, Alexander, Jobkiller, Wie deutsche Unternehmen Millionen Arbeitsplätze vernichten, 1997, S. 15). Die Märkte sind generell differenzierter geworden, vor allem auch durch die verstärkte Internationalisierung. Insofern gibt es auch immer wieder unterschiedliche Meinungen zu dem

Thema Wirtschaftswachstum und Beschäftigung. Viele Politiker weisen stets darauf hin, dass Deutschland Exportweltmeister ist. Wenn der Export lange genug floriert, dann wird die ganze Wirtschaft sich beleben und es zu einem Beschäftigungsaufbau kommen. Gewerkschaftsvertreter stellen fast schon gebetsmühlenartig die Behauptung auf, erhöht die Löhne und Gehälter der Arbeitnehmer, und zwar spürbar über die Inflationsrate von zwei oder drei Prozent hinaus und die Arbeitnehmer können sich wieder etwas leisten. Der Konsum steigt an und beflügelt die Konjunktur. Die Unternehmer wehren sich verständlicherweise gegen höhere Lohnkosten und sehen ihre Wettbewerbsfähigkeit bedroht. Politiker fordern Unternehmer auch immer wieder auf, „jetzt investiert einmal schön“, sofern beispielsweise Erleichterungen bei den Unternehmenssteuern umgesetzt werden. Und wenn ein Konjunkturabschwung sich andeutet, werden die Rufe generell lauter, der Staat solle ein Konjunkturprogramm auflegen, um so die Wirtschaft anzukurbeln und neue Arbeitsplätze zu schaffen. Die Verwirrung ist perfekt. Was soll der junge Arbeitnehmer verstehen und glauben?

Eines ist zunächst einmal klar geworden, das Wirtschaftswachstum hängt vom Verhalten verschiedener Gruppen im Gefüge einer Volkswirtschaft ab. Das sind in erster Linie die Unternehmer, die vor der Entscheidung stehen zu investieren in Ausrüstungen, nämlich Maschinenpark und Produktionsanlagen. Erst wenn hier eine Erweiterung und Verbesserung der Strukturen erfolgt, braucht man mehr Personal und schafft zusätzliche Arbeitsstellen. Der Verbraucher trägt dann zum Wachstum der Wirtschaft bei, wenn er sich wieder mehr leisten kann, mehr Geld im Portemonnaie hat und die Angst um den Arbeitsplatz, die Jobangst in den Hintergrund tritt. Der Staat ist für die Gesetzgebung und die ganzen Rahmenbedingungen für eine funktionierende Wirtschaft zuständig, kann aber nur bedingt als Nachfrager, als Investor auftreten, nämlich in Form von Investitionen in die öffentliche Infrastruktur, also Straßen oder öffentliche Gebäude. Und wenn die Haushaltskassen von Bund, Ländern und Gemeinden knapp sind, dann gehen die so genannten Investitionsquoten auf ein Minimum zurück. Mit anderen Worten, der Staat investiert nur mehr so viel wie unbedingt notwendig ist und trägt kaum zu mehr Beschäftigung im Lande bei. Zu den Einflussfaktoren auf die zusätzliche Nachfrage nach Arbeitskräften kommt noch hinzu, wie die Verfassung der Weltwirtschaft dasteht. Gemeint ist, ob außerhalb von Deutschland in allen wichtigen Industrie- und Schwellenländern eine rege Nachfrage herrscht, eine gute Weltkonjunktur eben oder niedrigere Wachstumsraten im Durchschnitt erzielt werden. Das ist gerade für ein Land wie Deutschland, das so stark im Welthandel integriert ist, von hoher Bedeutung. Bis hierher sind die Rollen der verschiedenen Gruppen und Einflussfaktoren für mehr Wachstum und damit zusätzliche Impulse für mehr Nachfrage nach Arbeitskräften vom Grundprinzip her verteilt. Aber wie kommt es dann, dass in Deutschland im Jahre 2004 der Export zum neuen Höhenflug ansetzte und nicht einmal der Anstieg der Arbeitslosigkeit gestoppt werden konnte? Die Antwort lautet: es geht bei einem Konjunktur- und Jobverlauf nichts auf Knopfdruck. Hängt es vielleicht vom Zusammenspiel der einzelnen Gruppen ab, die zum Wachstum beitragen? Und sind womöglich bestimmte nachhaltigere Zeiträume erforderlich, in denen das Verhalten von Unternehmern, Verbrauchern und dem Staat in einer gleichartigen Richtung verlaufen muss?

Damit die ökonomischen Zusammenhänge zwischen Wachstum der Wirtschaft und der Entstehung von neuen Arbeitsplätzen noch besser verstanden werden können, sind vorneweg bestimmte Begriffe zu klären, die in solchen Diskussionen in der Öffentlichkeit und den Medien immer wieder verwendet werden. Es folgt mit Sicherheit kein Kursus Volkswirtschaftslehre. Aber mit einem gewissen Grundwissen über die Verfassung einer Volkswirtschaft ist ein Verständnis solcher ökonomischer Komplexe viel leichter zu erzielen.

Die erste Frage, die hier auftaucht, lautet: Was soll in der Wirtschaft überhaupt wachsen? Was bedeutet Wachstum und woran wird es gemessen? Es muss ja einen Maßstab geben, um in einer bestimmten Wirtschaftslage das Wachstum einer Volkswirtschaft beurteilen zu können. Die Antwort lautet: errechnet wird, was die gesamte Bevölkerung in einem Jahr erarbeitet, leistet. Man spricht hier von der so genannten Wertschöpfung bei allen Gütern und Dienstleistungen, also alle Werte, die im Inland innerhalb eines Jahres erstellt werden. Daran sind alle Gruppen beteiligt, Unternehmen, private Haushalte und der Staat. Diese Größe wird als Bruttoinlandsprodukt (BIP) bezeichnet (Grosjean Rene`Klaus, Was ist Wirtschaft? Düsseldorf 1998, S. 142). Das BIP stellt somit die klassische Messgrösse für Stärke und Leistung der Volkswirtschaft dar. Die Veränderung des BIP erfolgt jeweils in Prozent im Vergleich zum Vorjahr. Nimmt das BIP so gut wie nicht zu oder beispielsweise um 0,3 Prozent, also nur geringfügig gegenüber dem vorausgegangenen Jahr, so spricht man von Stagnation einer Volkswirtschaft. Für den Rückgang mit einer gewissen Nachhaltigkeit hat sich ebenfalls ein Ausdruck in der Ökonomiesprache herausgebildet. Nimmt das BIP jeweils in zwei oder drei Quartalen hintereinander ab, geht stets zurück, so steht dafür das Wort Rezession. Für Wirtschaftsanalytiker, Politiker und die Medien generell geht die rote Lampe für den Ausdruck Rezession meistens schon viel früher an, vor allem dann, wenn im gesamten vorausgegangenen Jahr das BIP auch schon kaum zugenommen hat.

Mit dem grundsätzlichen Beitrag, den die einzelnen Gruppen Unternehmer, Verbraucher, Staat zum BIP leisten können, der Vorstellung, was hinter dem Begriff BIP steckt, dem Gradmesser für die Veränderung und welcher Korridor hinsichtlich der Zunahme des BIP infrage kommt, um zusätzliche Beschäftigung zu schaffen, können nun Einzelheiten zur Frage behandelt werden: wann entstehen neue Arbeitsplätze?

Getragen wird die konjunkturelle Entwicklung in Deutschland seit Jahren vom Export, also der Nachfrage aus dem Ausland nach Produkten made in Germany. Besonders deutlich wird das im Jahr 2002. Dort befand sich die konjunkturelle Entwicklung in Deutschland mit einer Veränderung des BIP zum Vorjahr von + 0,1 Prozent auf einem Tiefpunkt. Der so genannte Außenbeitrag (Differenz zwischen Export und Import) steuerte mit + 2,0 Prozent zum gesamten BIP bei und alle anderen Bereiche, nämlich Privater Konsum, Bauinvestitionen und Ausrüstungsinvestitionen befanden sich im Minusbereich, was die Veränderung zum Vorjahr angeht. So kommt es, dass das „Nullwachstum" von 0,1 Prozent alleine noch durch die lebhafte Auslandsnachfrage erzielt wurde. Ansonsten wäre die deutsche Wirtschaft in 2002 deutlich geschrumpft. Im Jahre 2006, in dem das Wachstum der Gesamtwirtschaft + 2,8 Prozent betrug, sieht die Verteilung der einzelnen Gruppen zum Aufschwung ganz anders aus. Der Außenbeitrag hatte zwar weiterhin mit 1,3 Prozent Anteil am gesamten BIP von +2,8 Prozent eine dominierende Stellung. Das sind immerhin mehr als 46 Prozent am gesamten BIP. Doch Privater Konsum, Bauinvestitionen und Ausrüstungen trugen mit jeweils rund + 0,5 Prozent zum Gesamtwachstum von 2,8 Prozent bei (Zahlen lt. IAB Kurzbericht Ausgabe Nr. 15 vom 22.08. 2007, S.1 f). Im darauf folgenden Jahr 2007 setzte sich das wirtschaftliche Wachstum mit + 2,5 Prozent in einer ähnlichen Größenordnung fort. Die Auslandsnachfrage war auch in 2007 anhaltend und lebhaft. Die Investitionsgüternachfrage nahm ebenfalls weiter zu, sowohl die Investitionen in Ausrüstungen als auch die Bauinvestitionen in die öffentliche Infrastruktur, vor allem auch durch einen aufgelaufenen Nachholbedarf. Nur der private Konsum stagnierte, nicht zuletzt durch die Erhöhung der Mehrwertsteuer ab Januar 2007 und eine verstärkte Sparneigung der Verbraucher. In den beiden Aufschwungjahren 2006 und 2007 zusammengenommen stieg die Anzahl der beschäftigten Arbeitnehmer um 800 000, kamen so viel neue Arbeitsstellen dazu, davon 212 000 Vollzeitjobs und 590 000 Teilzeitstellen. Die Arbeitslosenquote verringerte sich im Jahresdurchschnitt von 9,1 Prozent im Jahre 2006 auf 7,5 Prozent im Jahr 2007. Die Dynamik der Beschäftigungsentwicklung setzte dabei vor allem in 2007 so richtig ein (Bach, H.-U., Gartner, H., Klinger,S., Rothe, Th., Spitznagel,E., Arbeitsmarkt 2008, Der Aufschwung lässt nach, IAB-Kurzbericht 3/2008, S. 2, Tab. A2 S.11). Was war passiert? So drängt sich hier die Frage auf.

Die Jahre zuvor wurde nach dem Boomjahr 2000 von allen Seiten immer wieder behauptet, die Unternehmer würden in Deutschland kaum noch investieren, der Arbeitsmarkt sei zu starr, zu unflexibel, die Lohnkosten seien viel zu hoch. Vom Prinzip her stimmt das auch heute noch, wenn auch in den heutigen Rahmentarifverträgen viel mehr freie Gestaltung möglich ist als das zuvor der Fall war. Man denke nur an die Vielzahl von Arbeitszeitmodellen und die neuen Möglichkeiten bei der Befristung von Arbeitsverträgen. Aber dauerhaftes Wachstum im Inland entsteht nur, wenn nicht nur der Auslastungsgrad der Produktionskapazität erhöht, sondern tatsächlich die Kapazität selbst ausgeweitet wird (vgl. Sinn, Hans-Werner, Die Basar-Ökonomie, Berlin, 2005 S. 178 f). Und dies war in den Jahren 2006 und vor allem in 2007 der Fall. Die Auslandsnachfrage im deutschen Maschinenbau, in der Elektro- und Chemieindustrie beispielsweise erzielte Höchststände bei den Auftragseingängen, die Inlandsnachfrage nach Ausrüstungen zog spürbar an, vor allem auch, weil viele Investitionen in den Jahren zuvor zurückgestellt worden waren. Der Start für einen Musteraufschwung mit Wachstum und Beschäftigungseffekten war eingetreten.

Eine der wichtigsten Voraussetzungen für einen Bilderbuch – Aufschwung ist daher: gleichgerichtete positive Erwartungen, verbunden mit dem Prinzip Hoffnung und der Annahme, dass die Aufwärtsbewegung in der Wirtschaft nicht schon bald wieder vorbei ist, also die heute oft zitierte Nachhaltigkeit aller Gruppen, die die Wirtschaft bewegen können, müssen vorhanden sein. Unternehmer verbinden mit ihren Investitionen in neue Fabrikanlagen oder Werkhallen künftig mehr Gewinne, die Verbraucher konsumieren mehr, wenn sie über die getätigten Investitionen mehr Einkommen erzielen oder ihre Arbeitslosigkeit beenden können. Und der Staat erhöht seine Ausgabenfreudigkeit, wenn über mehr Steuern ein größerer Spielraum in den öffentlichen Haushalten für Investitionen in Schulen, Straßen oder die Anstellung neuer Lehrer entsteht. Erst dann schlagen solche Einstellungen und Verhaltensweisen auf den Arbeitsmarkt durch und es entstehen neue Arbeitsplätze. Im vereinfachten Prinzip läuft ein ordentlicher Aufschwung in Deutschland nach folgendem zeitlichen Muster ab: Motor des Aufschwungs ist zunächst einmal der Export, der bereits bekannte Außenbeitrag, am besten in der Größenordnung eines Exportweltmeisters. Und die Weltkonjunktur sollte auf einem hohen Niveau mit Wachstumsraten von 4 bis 5 Prozent sein. Als zweite Säule muss dann daraus eine erhöhte Investitionsbereitschaft der Unternehmen hervorgehen, in der Industrie, im Dienstleistungssektor und auch in der Bauindustrie. Neue Anlagen, neue Dienstleistungen erfordern auch neues Personal. Begleitend kommen zu einem späteren Zeitraum die Investitionen von Bund, Ländern und Kommunen dazu. Neue Steuereinnahmen machen das möglich. Auch das schafft zusätzlich Arbeit und Einkommen. Die dritte Säule des Aufschwungs beruht dann in einer veränderten Haltung des Verbrauchers, mehr Geld auszugeben, das er vorher in Form von höheren Löhnen oder Steuererleichterungen bekommen hat. Oder, was noch den größten Nachfrageschub erzielt, es kommen neue Verbraucher in den Wirtschaftskreislauf zurück, die wieder ihr eigenes Geld verdienen und nicht auf die Unterstützung des Staates angewiesen sind, die neuen Arbeitnehmer. Inflation in Form von höheren Preisen bei Lebensmitteln und Energie können allerdings der neuen Ausgabefreudigkeit des Konsumenten wieder einen Dämpfer erteilen.

Fest steht heute auf jeden Fall, mehr Beschäftigung kommt nicht alleine durch einen florierenden Export, so wohltuend und notwendig er ist, vor allem in den Zeiten von Stagnation, in denen der Export in Deutschland fast alleine die Konjunkturlage gestützt hat. Aber neue Arbeitskräfte benötigen die hoch rationalisierten und hochmodernen deutschen Unternehmen dann nicht. Investitionen in die Modernisierung finden selbstverständlich statt, aber keine Investitionen in eine Erweiterung. Und nur das schafft Nachfrage nach zusätzlichen Arbeitskräften. Es hat seit dem Jahr 2000 rund 6 bis 7 Jahre gedauert bis alle Voraussetzungen wieder vorhanden waren und im Gleichklang einen Aufschwung mit der Dauer von drei Jahren etwa hervorbrachten, der den Arbeitsmarkt in Schwung gebracht hat und neue Arbeitsplätze dadurch entstanden sind.

Bisher weiß der Berufsstarter, wann mit einem Konjunkturaufschwung zu rechnen ist, der auch auf den Arbeitsmarkt durchschlägt. Von Wachstum war die Rede, vom Gleichklang der Erwartungen. Aber es wurde noch nicht gesagt, ab welcher Größenordnung des Wachstums überhaupt erst an einen Aufschwung und eine Einstellungsbereitschaft der Unternehmen zu denken ist. Diese Frage wird heute schon etwas kontrovers diskutiert. Grundsätzlich ist bei Wissenschaftlern, Analysten und Wirtschaftsexperten aus der Praxis anerkannt, dass erst ab einem Wachstum des BIP von zwei Prozent, also oberhalb dieser Größenordnung Beschäftigung aufgebaut wird. Dies ist jener Wert, der deshalb allgemein auch die Bezeichnung „Beschäftigungsschwelle“ trägt. Die Orientierung an einem fixen Wert, an dem der Zusammenhang zwischen Wachstum und Beschäftigung abgeleitet wird, gilt heute nicht mehr unumschränkt. Die Muster der Beschäftigungsentwicklung haben sich in den letzten zehn Jahren etwas verändert. Nachgewiesen wird das von den Fachleuten des Instituts für Arbeitsmarkt- und Berufsforschung der Bundesagentur für Arbeit durch einen Vergleich des wirtschaftlichen Aufschwungs in den Jahren 1999 / 2000 mit dem Aufschwung in 2006 / 2007. Damals wuchs die Wirtschaft real jeweils in den beiden Jahren um 5,5 bzw. 5,3 Prozent. Unterschiedlich entwickelte sich jedoch der Arbeitsmarkt. In den Jahren 1999 und 2000 nahm fast ausschließlich nur die Zahl der Teilzeitjobs zu, nämlich um 1 160 000 insgesamt, davon geringfügig Beschäftigte + 630 000 und sozialversicherungspflichtige Teilzeitarbeit + 530 000. Vollzeitstellen hingegen gab es nur rund + 20 000. Die Zahl der Zunahme von Vollzeitjobs und Teilzeitstellen in den Jahren 2006 und 2007 ist bereits bekannt, nämlich + 212 000 Vollzeitjobs bzw. + 590 000 Teilzeitstellen. Dies ist eine ganz andere Qualität, was die Veränderung der Strukturen des Arbeitsmarkts angeht. Es wird daraus gefolgert, dass die Schwelle des Wachstums, ab der Vollzeitstellen in einem Aufschwung in nennenswertem Umfang entstehen, heute sich niedriger darstellen dürfte als früher. Als Gründe werden aufgeführt, dass Arbeitslose sich heute intensiver nach einer neuen Arbeitsstelle umsehen und dadurch Stellen auch leichter zu besetzen sind und das Lohnniveau für die Einstellungsbereitschaft der Unternehmen nicht mehr so hinderlich ist wie das früher der Fall war (vgl. IAB Kurzbericht, Ausgabe Nr. 15, vom 22.08.2007, S.2). Und es kommt ja auch besonders auf die Entwicklung der Vollzeitjobs an, gerade auch für einen jungen Menschen, der am Anfang seiner beruflichen Entwicklung sich befindet. Es steht ebenso außer Zweifel, dass der Beschäftigungseffekt bei einem Aufschwung, also die Zunahme von Arbeitsplätzen, immer zeitversetzt der Wachstumsentwicklung einer Volkswirtschaft nachfolgt. Die Zuversicht aller Gruppen für eine Konjunkturverbesserung muss sich erst durchgesetzt haben.

Dabei gibt es die Übergänge in der Entwicklung von einer Stagnation oder sogar Rezession in einen Aufschwung, was das Verhalten der Unternehmer gegenüber neuen Arbeitsstellen angeht. Zunächst bewältigen die Unternehmensverantwortlichen eine größere Nachfrage mit Mehrarbeit, Überstunden, die Kapazitäten werden hochgefahren. Auch das Instrument der Zeitarbeit kommt dann verstärkt zum Einsatz, um Auftragsspitzen bewältigen zu können. Es wird in größerem Umfang befristet eingestellt. Alles das deutet darauf hin, dass zunächst viele Arbeitgeber vorsichtiger agieren. Eine vorzeitige Bindung an Personal wird so lange hinausgeschoben bis Vertrauen in einen Aufschwung aufgebaut ist. Erst dann kommt es zu Neueinstellungen, werden zusätzliche Arbeitsplätze geschaffen. Darin liegt einer der Hauptgründe, warum der verstärkten Nachfrage nach Produkten und Leistungen die Nachfrage nach neuen Arbeitskräften erst in einer Zeitversetzung folgt.

Wirtschaftsmeldungen in den Medien enthalten immer wieder Ausdrücke, die der junge Mensch am Beginn seines Arbeitslebens oft kaum versteht. Es liegt ein Fachjargon zugrunde, der den Pulsschlag der Wirtschaft, die Konjunkturentwicklung misst. Ökonomen formulieren daraus ihre Prognosen. Da geht es um Auftragseingänge der Industrie oder die Kauflaune der Verbraucher. Wohin gehen die Erwartungen, so werden regelmäßig so genannte Konjunkturindikatoren von den Marktforschungsinstituten ermittelt und veröffentlicht. Einer der wichtigsten Indikatoren für die Stärke der Volkswirtschaft ist bereits dargestellt worden, nämlich die Veränderung des BIP und die Auswirkungen auf die Beschäftigtenentwicklung. Was bedeutet aber Ifo-Geschäftsklimaindex, GfK – Konsumklimaindex oder Index Auftragseingänge der Industrie im Einzelnen, um nur die wichtigsten hier aufzuführen? Der Berufsstarter sollte auf jeden Fall ihre Grundbedeutung kennen, um die Wendepunkte für eine Konjunkturentwicklung besser nachvollziehen zu können.

Bei dem Ifo – Geschäftsklimaindex wird alle vier Wochen bei rund 7 000 deutschen Unternehmen in einer Umfrage ermittelt, wie sie ihr Geschäft einschätzen, was für die jeweils nächsten sechs Monate erwartet wird. Aus den positiven und negativen Aussagen ermitteln die Forscher des Münchener Ifo – Instituts Saldenwerte, die dann in Indexpunkte umgerechnet werden. Die Haupterkenntnis für den Außenstehenden liegt darin, dass eine Trendwende bei der Wirtschaftsentwicklung wahrscheinlicher wird, wenn die Indexwerte sich dreimal nacheinander gegen die aktuelle Lage bewegen, also entweder nach oben in Richtung Aufschwung oder nach unten mit Abwärtstendenz. In den letzten Jahren lag der Durchschnitt dieses Indexwertes bei 95 bis 96 Punkten. Ein weiterer Frühindikator für die Konjunkturentwicklung ist der GfK – Konsumklimaindex. Hier geben rund 2 000 repräsentativ ausgewählte Verbraucher alle vier Wochen an, wie ihre Ausgabepläne für die nächsten zwölf Monate aussehen, wie sie ihr Geld verwenden, was sie kaufen wollen, ein Auto oder einen Kühlschrank, und was sie vor allem auf die hohe Kante legen, also sparen. Das Marktforschungsinstitut GfK (Gesellschaft für Konsumforschung) ermittelt daraus einen Punktestand und misst so die Anschaffungsneigung, die Kauflaune der Verbraucher. Auch hier kommt es wieder auf die Veränderungsraten in den aufeinanderfolgenden zwei bis drei Monaten an. Im Zeitraum von 1993 bis 2005 lag der Punktestand im Durchschnitt bei zehn, damit sich der junge Arbeitnehmer eine Vorstellung von der Größenordnung dieses Frühindikators machen kann. Ein dritter wichtiger Frühindikator für die Konjunkturentwicklung besteht darin, dass die Auftragseingänge der deutschen Industrie in ihrer Veränderung jeweils zum Vormonat gemessen werden. Wie es um die Auftragsbücher bestellt ist, wird jeden Monat vom Statistischen Bundesamt in Prozentabweichungen festgestellt. Steigende Auftragseingänge weisen auf künftiges Wachstum hin, vor allem wenn die positiven Prozentausschläge von Monat zu Monat noch zunehmen. Umgekehrt muss eine Rezession noch nicht unmittelbar vor der Tür stehen, weil es darauf ankommt, wie hoch die Auftragspolster der Unternehmen in den einzelnen Branchen sind, auf welchem Niveau sie sich befinden und wie der Trend der Veränderungsraten nach fünf oder sechs Abwärtsbewegungen dann tatsächlich weitergeht. Grundlegende Bedeutung hat dieser Frühindikator insofern, weil die deutsche Industrie immer noch eine starke Säule der gesamten Wirtschaft darstellt.

Das Wichtigste zur Beziehung Wachstum, Konjunkturentwicklung und neue Beschäftigung

Eine der bedeutendsten Erkenntnisse bei diesem Thema besteht darin, dass Wachstum in der Wirtschaft nicht automatisch mehr Beschäftigung und damit mehr Arbeitsplätze bringt. Es kommt darauf an, ob das Verhalten der verschiedenen Gruppen im Gefüge einer Volkswirtschaft in dieselbe Richtung zielt. Die Unternehmen wollen mehr exportieren, weil ihre Wettbewerbsfähigkeit das zulässt, sie erweitern ihre Kapazitäten mit dem Ziel mehr Gewinn zu erzielen, stellen Personal zusätzlich ein für eine gestiegene Nachfrage im Ausland u n d im Inland. Die Verbraucher konsumieren mehr, kaufen mehr Güter und Dienstleistungen, sofern sie ein höheres Einkommen erzielen und weniger sparen. Wer nicht mehr so sehr um seinen Job Angst hat, verbraucht auch mehr, traut sich etwas zu. Der Staat investiert in größerem Umfang in die öffentliche Infrastruktur, nachdem die Haushalte mit zusätzlichen Steuereinnahmen besser strukturiert sind. Psychologie, viel Hoffnung auf eine Konjunkturentwicklung ohne nennenswerte Rückschläge spielen auch eine nicht unbedeutende Rolle dabei.

Das Wachstum der Wirtschaft wird an der Veränderung des BIP gemessen, jeweils im Vergleich zum Vorjahresquartal und das viermal im Jahr. Herausgeber der Zahlen ist das Statistische Bundesamt. Die Wirtschaft muss in einer Größenordnung von mindestens zwei Prozent wachsen und das nachhaltig im Sinne von zwei bis drei Jahren. Erst unter diesen Voraussetzungen ist an einen Stellenaufbau in der Wirtschaft zu denken. Es wird daher auch von der Beschäftigungsschwelle gesprochen.

Motor und Triebfeder der wirtschaftlichen Belebung ist in Deutschland nach wie vor der Export. Bis sich bei allen Gruppen in der Volkswirtschaft die Stimmung aufgehellt hat in Richtung Gleichklang der Erwartungen vergeht Zeit, manchmal fünf bis sechs Jahre, wie die Aufschwungphasen von 1999 / 2000 und dann wieder in 2006 / 2007 gezeigt haben. Neue Beschäftigung, neue Arbeitsplätze stehen immer erst am Ende der Entwicklung, in der Optimismus sich ausbreitet, mehr Gewinn durch Export in den Unternehmen erzielt wird, die Verbraucher mehr konsumieren und auch der Staat verstärkt als Nachfrager und Investor auftritt. Bemerkenswert ist auch, dass bei einem robusten Aufschwung nicht nur neue Teilzeitarbeit zusätzlich entsteht, sondern auch verstärkt Vollzeitarbeitsstellen neu dazukommen. Das ist auf jeden Fall eine Entwicklung im Konjunkturaufschwung 2006 / 2007, die es so seit vielen Jahren nicht mehr gegeben hat. Und der zusätzliche Aufbau von Arbeitsstellen findet auch noch im Jahr 2008 seine Fortsetzung, wenn auch durch die internationale Finanzkrise (Abwertung von fast wertlosen Kredit-und Hypothekenpaketen im Bankensektor, vor allem in Amerika), den stark gestiegenen Öl- und Lebensmittelpreisen die Dynamik der Wirtschaftsbelebung spürbar nachgelassen hat. Neue Arbeitsplätze, vor allem zusätzliche Vollzeitjobs entstehen vorwiegend für qualifizierte, gut ausgebildete Mitarbeiter. Das sollte nicht als Nebenbemerkung hier hinzugefügt werden. Die Unternehmer suchen im Aufschwung zum größten Teil Fachkräfte und können Stellen manchmal auch nicht besetzen.

Schließlich sollte der junge Berufstätige einen Blick auf die wichtigsten Frühindikatoren einer Konjunkturentwicklung werfen und auch in der Lage sein, sie richtig zu verstehen. Es ist ja nicht auszuschließen, dass sich je nach Branche die allgemeine konjunkturelle Entwicklung auch auf die eigene Firma überträgt. Da kann es schon von Bedeutung sein, Vorzeichen in Richtung Abschwung oder Aufschwung richtig deuten und für sich eine persönliche Verhaltensstrategie im eigenen Fortkommen zurechtlegen zu können. Beim Ifo – Geschäftsklimaindex ist die Konjunktur dann an einem Wendepunkt angelangt, wenn sich dieser Wert dreimal hintereinander gegen den aktuellen Trend weiterentwickelt. Der GfK - Konsumklimaindex misst die Kauflaune, die Anschaffungsneigung der Verbraucher und kann Monat für Monat beobachtet werden, inwieweit der Konsum in Deutschland seinen Beitrag zur Konjunkturentwicklung leistet. Ständiger Rückgang bedeutet hier sicherlich, dass ein Aufschwung nach Maß in naher Zukunft nicht bevorsteht. Der monatliche Auftragseingang in der Industrie ermittelt den Auftragsbestand. Daraus lässt sich zumindest erahnen, wie die Beschäftigung je nach Abdeckung mit Bestellungen für die kommenden Monate verlaufen wird. Der deutsche Maschinenbau hatte im Jahr 2007 beispielsweise einen so hohen Auftragsbestand, dass die Kapazitätsauslastung mehr oder weniger für zwölf Monate gesichert war.

Restrukturierung eines Unternehmens

Der junge Berufstätige hat bereits die ersten Erfolgserlebnisse in seinem Arbeitsleben erfahren dürfen. Nach der stressigen Bewerbungsphase bekam er seinen Arbeitsvertrag, die Probezeit ist gut überstanden und die ersten konkreteren Projekte können bearbeitet werden. Mit der Zeit findet er sich in der Unternehmensorganisation besser zurecht. Das Wissen wächst, wer spricht hier ein gewichtiges Wort in den Entscheidungsprozessen, wie reagiert der Vorgesetzte, mit wem sollte man am besten keine größeren Diskussionen führen. Die Aufgaben nehmen zu, die Überstunden auch. Es kommt das Gefühl auf, man wird gebraucht, Wissen und Einstellung kommen in der neuen Arbeitswelt an. Die Motivation ist gut, wenn auch das eine oder andere Mal der Chef einen nicht so guten Tag hat, ein Kollege sich immer öfter in den Vordergrund spielt, Teamsitzungen manchmal in rhetorische Übungsseminare abgleiten und der Termindruck stark anwächst.

Plötzlich kommen Gerüchte auf, dass Positionen von Kollegen, die aus Altersgründen in den Ruhestand gehen, nicht mehr neu besetzt werden, Zeitverträge bei Fristablauf nicht mehr verlängert würden. Der junge Berufstätige fängt an zu grübeln. Was bedeutet das generell und kann das auch Auswirkungen auf meinen Arbeitsplatz haben? Schließlich taucht ein Begriff auf, mit dem er wenig anzufangen weiß. Das Wort Restrukturierung macht die Runde. Manche Firmenlenker sprechen auch von Umstrukturierung oder Sanierung. Was kommt hier auf den einzelnen Mitarbeiter zu, wie werden heute Restrukturierungen umgesetzt? Das Wort „Restrukturierung“ kommt aus dem Lateinischen und bedeutet, Aufbau, die Gliederung, Struktur eines Unternehmens anders, neu gestalten. Im „modernen“ Marketing-Deutsch heißt das heute, wir müssen uns neu und besser aufstellen, positionieren. Ziel ist dabei, einen nachhaltigen Eingriff in die Organisation und das Denken der Mitarbeiter vorzunehmen, um wieder bessere Wachstumschancen zu bekommen. Letzten Endes läuft Restrukturierung darauf hinaus, man hat vorher etwas falsch gemacht. Es ist eine Schieflage von Kosten und Ertrag entstanden. Entweder wurden in der Vergangenheit Verluste gemacht, Renditeziele nicht erreicht oder neue, höhere Renditeansprüche sollen mit Restrukturierungsmaßnahmen in der Zukunft in die Tat umgesetzt werden. Je nach Gewichtung von Kosten und Ertrag kann eine Restrukturierung somit Krisenbewältigung oder bessere Ausnutzung von Ertragspotentialen bedeuten. So klar wird das meistens vom Management nicht dargelegt. Hier spricht man vom verschärften Wettbewerb, globaler Konkurrenz der Billiglohnländer, von generell zu hohen Personalkosten, einem unflexiblen Arbeitsmarkt in Deutschland oder einer nicht mehr zu verkraftenden Rohstoffkostenverteuerung. Immer sind es externe Gründe, die Anlass für eine Restrukturierung sind. Die Manager selbst sind daran so gut wie nie schuld. Das bekommt der junge Berufstätige alles zunächst zu hören. Damit er Verhalten und Begründung der Unternehmensverantwortlichen besser einschätzen kann, ist es zunächst einmal nötig, ein Wissen darüber zu bekommen, wie bei Restrukturierungen eines Unternehmens vorgegangen wird und wie sich das auf die Arbeitplätze auswirkt.

Meistens erstreckt sich die Restrukturierung auf mehrere Bereiche und mit verschiedenen Einzelmaßnahmen gleichzeitig versucht man so schnell als möglich dem Gesamtziel näher zu kommen, nämlich das Kosten-Ertrags-Verhältnis zu verbessern. Weit verbreitet ist zunächst einmal die Marktausrichtung zu verändern, das Angebots- und Leistungsspektrum neu zu gestalten. Man spricht dabei heute von einem besseren Produkt-Mix, immer mit dem Ziel, mehr Umsatz und Gewinn künftig zu erzielen. Wenn bei einem Versandhaus Bestellungen und Umsatz zurückgehen und selbst bei einer guten Konjunktur der Trend nach unten nicht aufzuhalten ist, dann beginnt fieberhaft die Suche nach so genannten neuen Geschäftsfeldern. So geschehen beim Versandhaus Schwab, einer Tochtergesellschaft des marktführenden Otto – Versands in Hamburg. In der Zukunft wird Schwab als „Spezialist für große Größen" am Markt auftreten, weil dieses Segment „enorme Umsatz- und Ergebnispotentiale" verspricht. Verbunden mit dieser Neuausrichtung wird gleichzeitig die Akquisition neuer Sammelbesteller aufgegeben und der dafür verantwortliche Außendienst vollständig aufgelöst. Immerhin handelt es sich dabei um 80 Vollzeitstellen (vgl. o.V. Kündigungen zum Abschied, in: Der Spiegel Nr. 30 vom 23.07. 2007, S. 59). Dass selbst bei der Erzeugung eines Massenartikels wie der Glühlampe im Hochlohnland Deutschland eine Neupositionierung erfolgreich sein kann, zeigt die Entwicklung des Glühlampenwerkes Philips in Aachen. Die Umstellung von der klassischen Leuchte auf Einsparlampen, von der heute überall die Rede ist, hat das Werk längst hinter sich gelassen. Heute werden dort Lampen für die Autoindustrie erzeugt, die eine Lebensdauer wie das Auto selbst haben. Das Qualitätsniveau ist so hoch, dass von einer Million gelieferten Lampen weniger als fünf versagen. Das ist auch die Forderung der Autoindustrie und dieser Anspruch wird in Aachen von Philips erfüllt. Die eigene Maschinenbau – Abteilung entwirft spezielle Roboter und Sicherungssysteme für die Produktion und erreicht so Höchstwerte bei der Produktivität. Mit Forschung und Entwicklung neuester Produkte und überdurchschnittlichem Qualitätsniveau kann sich das Werk in Aachen gegen die Billigkonkurrenz aus Asien durchsetzen. Die Innovationskraft sichert den Standort und gibt 1500 Mitarbeitern Arbeit, ohne restrukturierungsbedingte Entlassungen. Mit über fünfzig Prozent sind Produkte am Gesamtumsatz beteiligt, die vor weniger als zwei Jahren im Markt eingeführt wurden (vgl. Fründt Steffen, Dauerglüher aus Aachen, in: Welt am Sonntag Nr. 10 vom 11.03. 2007 S. 35). Solche Erfolgsstorys gibt es bei einer Restrukturierung nicht allzu oft im Wirtschaftsleben.

Der junge Berufstätige kann an dieser Stelle schon erahnen, worauf es bei einer Restrukturierung eines Unternehmens hinausläuft. Wird die Änderung des Geschäftsmodells, die Neuausrichtung des Produktspektrums als Ausgangspunkt gewählt, so kommen meistens auch andere Gesichtspunkte auf den Plan, wie die Gestaltung der internen geschäftlichen Abläufe in der Produktion und die Personalkosten generell. Es sollen ja nicht nur wettbewerbsfähigere Produkte eingeführt werden, sondern die Herstellung muss auch schneller und kostengünstiger werden. Dies konnte bei einem INA -Werk beobachtet werden, das Zug um Zug die Produktion von Wälzlager auf Hightech-Motorenelemente für die Automobilindustrie umstellte. Jahrelang waren Wälzlager für Getriebehersteller und der Anwenderindustrie Automobilbau, Textilindustrie ein Garant für wirtschaftlichen Erfolg. Ausländische Konkurrenz, die dieses Massenprodukt vor allem aufgrund von Personalkostenvorteilen deutlich preiswerter herstellen konnte, stellte plötzlich einen deutschen Standort infrage. Massiver Abbau von Arbeitsplätzen und die Existenz des Werkes standen zur Debatte. Es kam zu einem fairen Interessenausgleich. Die Mitarbeiter stimmten zu, dass die Wochenstundenzahl von 35 auf 40 erhöht wurde, und zwar ohne Lohnausgleich. Im Gegenzug investierte das Unternehmen 60 Millionen Euro für neue Montageanlagen, Qualifizierung und Umschulung der Beschäftigten. Außerdem wurde eine längerfristige Beschäftigungsgarantie ausgesprochen. Im Übrigen gehört dieses restrukturierte Werk der Schaeffler – Gruppe an, die zu den größten deutschen Industrieunternehmen in Familienbesitz zählt.

Eine ganz andere Dimension der Restrukturierung ist immer dann zu erwarten, wenn im Unternehmen der Begriff „Outsourcing“ die Runde macht. Was erwartet den jungen Berufstätigen, worauf muss er sich unter Umständen einstellen? Beim Outsourcing geht es um eine Verlagerung von einzelnen Geschäftsprozessen oder ganzen Abteilungen an Dritte, die selbständig sind, also nicht zum

Unternehmen gehören. Diese außenstehenden Dienstleister bieten spezielle Leistungen an, beispielsweise IT - (Informations-Technologie) Aufgaben zu übernehmen. Mit der Auslagerung von IT – Leistungen Ende der achtziger / Anfang der neunziger Jahre hat das Outsourcing auch seinen Anfang genommen. Oft beginnt das im IT – Bereich mit kleinen Schritten, indem die Pflege des Internetauftritts, das sogenannte „Web – Hosting“ an außen stehende Fachleute übertragen wird. Es folgt dann die Anwendungsentwicklung bis hin zur Übernahme der gesamten IT – Aufgabenbereiche. Vom Inhalt her stehen dabei vor allem Gehaltsabrechnungen, Personalverwaltungsaufgaben, sowie das Rechnungswesen insgesamt im Vordergrund. Lager- und Logistikfunktionen werden Zug um Zug seit Jahren von den Unternehmen ausgegliedert. Kommunen übertragen schon lange Energie und Abfallentsorgung an Privatunternehmen. Die Liste von Outsourcing könnte beliebig fortgeführt werden. Hauptmotive für Outsourcing sind zuallererst Kosteneinsparung, dann die Konzentration auf das Kerngeschäft, sowie fehlende Ressourcen zu ergänzen. Verluste sollen so abgebaut oder Gewinne erhöht werden. Für den einzelnen Mitarbeiter heißt das, sich je nach Stoßrichtung des Outsourcings auf eine Bedrohung oder sogar den Verlust des Arbeitsplatzes einzustellen. Wenn im IT – Bereich zunächst einzelne Rechnerleistungen oder Netzdienste von dritten Dienstleistern zur Verfügung gestellt werden, dann die gesamte Schulung des Mitarbeiterstabes der IT – Abteilung von dritten Spezialisten durchgeführt wird, so ist die komplette Verlagerung der IT – Abteilung nach draußen oft auch nicht mehr weit entfernt. Personalabbau erfolgt auf jeden Fall, entweder schleichend oder in größerem Stil. Manchmal werden bei Auslagerungen auch Spezialisten wegen ihrer Fachkenntnisse von den dritten IT – Dienstleistern übernommen. Aber wie sehen die neuen Vertragsbedingungen aus? Ein Risiko bleibt immer.

Die Restrukturierung eines Unternehmens hat noch viele weitere

Facetten. So ändern sich beispielsweise die Vertriebsstrukturen in der deutschen Versicherungswirtschaft seit vielen Jahren drastisch. Die Bereitschaft des Otto – Normalverbrauchers sich direkt über Internet – Angebote zu versichern bleibt nicht ohne Wirkung auf die Vertriebsmannschaften, sowohl im Innendienst als auch im Außendienst. Gleichzeitig nimmt mit den heute im Internet überall angebotenen Versicherungsvergleichen der Wettbewerbsdruck stets zu. Der potentielle Kunde ist deutlich besser informiert als das noch vor zehn Jahren der Fall war. Immer wieder gehen Meldungen durch die Presse, dass bei den uns allen bekannten Versicherungsfirmen wie Allianz, Hamburg – Mannheimer oder Viktoria Arbeitsplätze abgebaut werden, die mit Strukturveränderungen in der Nachfrage nach Versicherungsleistungen zu tun haben. Selbst in den erfolgsverwöhnten Pharmafirmen erfordern Veränderungen in den Rahmenbedingungen des Marktes Neuausrichtungen. Wenn bei wichtigen Medikamenten Patente auslaufen, entsteht für den einzelnen Anbieter eine härtere Konkurrenz durch die so genannten Generika – Firmen. Das sind Pharmaunternehmen, die sich von vorneherein auf Produkte ohne Patentschutz konzentrieren und jeweils preisaktivere Angebote machen. Plötzlich sind beim bisherigen Patentschutz – Inhaber wissenschaftliche Außendienstmitarbeiter zu viel oder es fällt die gesamte, wohlgemerkt, hoch qualifizierte Außendienstmannschaft weg. Für den jungen Berufstätigen heißt das, dass er lernen muss, wie schnell heute die Wirtschaft sich verändert, wie Rahmenbedingungen plötzlich ganz anders aussehen und einen Arbeitsplatz gefährden oder ihn überflüssig machen können. Man muss auch bei dem Thema Restrukturierung bedingt durch Nachfrageverschiebungen den Handlungsbedarf der Unternehmen verstehen. Wenn nicht gehandelt wird, gehen unter Umständen noch mehr Arbeitsplätze verloren, ein ganzes Geschäftsfeld, ein Werk oder ein ganzes Unternehmen könnte letzten Endes bedroht sein.

Auch die Verwaltungsstrukturen stehen bei der Restukturierung eines Unternehmens auf dem Prüfstand, wenn Gewinne stagnieren oder sogar Verluste hingenommen werden müssen. Meistens sind zu viele Gremien und Komitees am Entscheidungsprozess beteiligt, so dass es viel zu lange dauert, sich neu aufzustellen und Veränderungen in der Alltagspraxis umzusetzen. Das war beim Umbau des Karstadt – Quelle –Handelskonzerns so zu beobachten (vgl. dazu Kerbusk, Klaus-Peter,Tuma, Thomas, „Auch mal Dankeschön sagen", in: Der Spiegel Nr. 23 vom 4.6. 2007, S. 94 f, Gespräch mit Thomas Middelhoff)). Defizite in der Entscheidungsfindung trugen sogar zum Niedergang des bekannten Elektrokonzerns AEG mit bei. Als AEG – Telefunken im Jahre 1970 mit insgesamt 178 000 Mitarbeitern an 12. Stelle in der Weltrangliste der Elektrounternehmen rangierte, stand das Unternehmen mit einer niedrigen Eigenkapitalquote und hoher Verschuldung bereits auf tönernen Füßen. Es kam im Zuge eines Konjunktureinbruchs ab 1974 zu riesigen Verlusten und häufigem Management-Wechsel, sowie zu Notverkäufen. Es fehlten eine längerfristige, von Kontinuität getragene Konzernstrategie und auch klare Entscheidungsstrukturen, die ein schnelles, zupackendes und vor allem nachhaltiges Eingreifen sichergestellt hätten (vgl. Strunk, Peter, Die AEG – Aufstieg und Niedergang einer Industrielegende, Berlin 2000). Die Restrukturierung setzt bei der Verwaltung grundsätzlich bei zwei Schalthebeln an: die Zahl der Mitarbeiter wird nach Vorgaben des Managements beispielsweise um 10 bzw. x – Prozent reduziert und die Führungsebenen werden von meistens fünf auf drei reduziert. Damit sollen zunächst einmal Kosten durch den Wegfall von meist gut dotierten Positionen im mittleren Management spürbar reduziert und die gesamten Entscheidungsprozesse schneller gemacht werden. „Es reden zu viele mit" oder „die verwalten sich selbst" sind solche Ausdrücke, die neu eingestellte Manager gebrauchen, wenn sie die Restrukturierung angehen. Der junge Berufstätige kann hier festhalten, dass die Restrukturierung auch nicht vor der Verwaltung Halt macht, im Besonderen nicht in Konzernunternehmen, bei denen die Steuerung von fernen Hauptverwaltungen aus vorgenommen wird. Solche Konzernzentralen entwickeln nicht selten ein Eigenleben mit Machtansprüchen untereinander, die viel Kraft verzehren bis ein neuer Chef oder Vorstandsvorsitzender die Strukturen aufbricht und es zu solchen Restrukturierungen kommt.

Zu den Bereichen, bei denen Restrukturierungsmaßnahmen am öftesten und intensivsten vorgenommen werden, gehören alle Abteilungen und Organisationen in der Produktion. Sobald die Neuausrichtung eines Unternehmens, also eine veränderte Marktaufstellung mit einem neuen Produkt-Mix angekündigt wird, folgt fast zwangsläufig auch eine Umgestaltung der Rahmenbedingungen im Produktionssektor. Und hier zielt das Management bei Restrukturierungen ebenso in erster Linie auf die Reduzierung von Personalkosten ab. Es wird der schnelle Erfolg gesucht, das heißt hier, das Verhältnis von Kosten und Ertrag in möglichst kurzer Zeit wieder zugunsten des Ertrags zu verbessern. Unternehmenslenker, die nach mehreren Quartalen keine Verbesserung der Zahlen vorweisen können, kommen unter den Druck von Aktionären oder Gesellschaftern und müssen nachvollziehbare Gegenkonzepte vorlegen. Oft sind es auch neu eingestellte Manager, die bei Schieflagen von Unternehmen oder auch Behörden ins Haus geholt werden, um „aufzuräumen". Das Prinzip lautet: „sondieren und handeln". Schließlich sollen Entschluss- und Durchsetzungskraft von Anfang an unter Beweis gestellt werden. Weil ein solches Verhalten heute im deutschen und auch weltweiten Wirtschaftsleben so oft vorkommt, hat sich in der Öffentlichkeit auch eine recht negative Meinung über Umstrukturierung oder Restrukturierung herausgebildet: Restrukturierung ist heute eine geläufige Umschreibung für die Entlassung von Mitarbeitern eines Unternehmens oder einer Behörde. Diese Einstellung wird auch noch durch ein anderes

Phänomen untermauert. Bereits die Ankündigung eines Restrukturierungsprogramms führt bei börsennotierten Unternehmen nicht selten zu einem Kurssprung der Aktie. Das zeigte sich besonders deutlich, als im Februar 2006 Europas größter Autobauer Volkswagen, vertreten durch den damaligen Konzernchef Bernd Pietschesrieder, ein „tief greifendes Restrukturierungsprogramm zur Verbesserung der Ertragskraft „ ankündigte. Die VW - Aktie stieg um fast acht Prozent an. Was bekommt nun der junge Berufstätige alles zu hören oder auch zu spüren, wenn es darum geht bei Kostensenkungsprogrammen Personalkosten einzusparen? Die Palette ist groß und auch sehr differenziert. Die Verhandlungen über Lohn- und Gehaltsreduzierungen oder Personalentlassungen werden zwischen Betriebsrat und Geschäftführung geführt. Dort, wo es keine Interessenvertreter der Arbeitnehmer in der Form eines Betriebsrates gibt, sind die Aussichten von vorneherein nicht so gut, sich gegen restrukturierungsbedingte Entlohnungseinbußen oder den Jobverlust, verbunden mit geringen Abfindungsangeboten, zu wehren.

Bei dem großen Paket von Lohn- und Gehaltsreduzierungen ist die Regelung der Arbeitszeitverlängerung ohne Lohnausgleich in den letzten Jahren immer mehr angewandt worden. Wenn eine bisherige Wochenarbeitszeit von 35 - auf 40 – Wochenstunden erhöht wird, ohne dass sich die bisherige Entlohnung ändert, kommt das immerhin einer Einkommenseinbuße von 12,5 Prozent gleich. Im Gegenzug wird den Arbeitnehmern insgesamt eine Beschäftigungsgarantie von zwei bis maximal fünf Jahren gegeben. Dies bedeutet, dass in diesem Zeitraum keine betriebsbedingten Kündigungen ausgesprochen werden dürfen. Viele Unternehmen haben zunächst einmal den Schritt von der 35 – Stundenwoche zu 37,5 oder 38 Stunden Arbeitszeit pro Woche gemacht, jeweils ohne Lohnausgleich mit unterschiedlich langen Beschäftigungsgarantien. Dabei hält der Trend zur 40 – Stundenwochen unvermindert an. Selbst im öffentlichen Dienst ist diese Entwicklung zur Verlängerung der Wochenarbeitszeit festzustellen.

So haben die Länder Hamburg, Niedersachsen und Baden – Württemberg die Wochenstundenzahl von 39 auf 40 erhöht. Neu eingestellte Mitarbeiter müssen teilweise sogar 41 Stunden in der Woche arbeiten. Weit verbreitet ist auch freiwillige soziale Leistungen zu kürzen oder manchmal sogar ganz abzuschaffen. Dazu gehören das Urlaubsgeld, das Weihnachtsgeld oder ein dreizehntes Monatsgeld (50 Prozent zahlbar bei Urlaubsantritt, 50 Prozent zum Jahresende) als größte Einschnitte. Aber auch die Streichung von Zuschüssen für vermögenswirksame Leistungen oder zum Fahrgeld vermindern das Einkommen der Arbeitnehmer und reduzieren die Personalkosten der Arbeitgeber. Im günstigeren Fall wird die Zahlung nur vorübergehend ausgesetzt, beispielsweise für den Zeitraum von einem oder zwei Jahren. Entweder werden sämtliche bis dahin vorenthaltenen Leistungen als gestundet angesehen und wieder nachgeholt oder nach Ablauf der Frist erstmals wieder bezahlt. Teil eines Sanierungs- bzw. Restrukturierungskonzeptes kann auch sein, dass Mitarbeiter aus dem kaufmännischen Bereich in gewerbliche Jobs überwechseln sollen und dabei ihre Bezüge um zehn oder noch mehr Prozent verringert werden.

Die heute üblichen Ausgestaltungsmöglichkeiten für Personalkosteneinsparungen sind noch lange nicht erschöpft. Wenn übertariflich bezahlt wird in einem Unternehmen, werden oft auch anstehende tarifliche Erhöhungen angerechnet. Das klingt kompliziert, ist aber einfach zu erklären: wird in einer Branche zwischen den Arbeitgeberorganisationen und den Gewerkschaften beispielsweise drei Prozent Gehaltserhöhung ausgehandelt, so erhält der jeweilige Arbeitnehmer keine Einkommensverbesserung von drei Prozent, er hat nichts davon, weil der Arbeitgeber sagt, bei der bisher sowieso schon übertariflichen Zahlung rechnen wir jetzt die Tariflohnerhöhung an, zahlen nichts weiter. Die Verschiebung ausgehandelter Tariflohnerhöhungen um sechs Monate beispielsweise gehört auch zu diesem Themenbereich. Hier werden erst nach Ablauf der Frist höhere Gehälter und Löhne bezahlt. Sehr oft sind mit solchen Einkommenseinschnitten auch noch flexiblere Arbeitszeiten verbunden. Manchmal werden neben bestehenden Spätschichten zusätzlich Nachtschichten eingeführt oder der Samstag wird für bestimmte Arbeitseinsätze zum Arbeitstag erklärt. Alles wohlgemerkt mit Zustimmung des Betriebsrates, weil ja nach Aussagen der Arbeitgeber immer Arbeitsplätze gefährdet sind. Die Wettbewerbsfähigkeit sei gesunken, die Rendite ist im Vergleich zum Wettbewerb zu niedrig, der Standort sei grundsätzlich gefährdet usw.

Nach einem Personalkostenstreichprogramm kommt nicht selten das Entlassungsprogramm. Oft geht auch beides gleichzeitig nebeneinander her. Mit der Verringerung der Beschäftigtenzahlen entsteht natürlich bei der Personalkostensenkung eine neue Qualität. Auch hier haben sich im Laufe der letzten zehn Jahre viele Varianten herauskristallisiert. Zunächst werden die Arbeitsplätze ausscheidender Mitarbeiter nicht mehr ersetzt. Man spricht hier von Reduzierung der Belegschaftszahlen durch natürliche Fluktuation. Es werden gezielt die Möglichkeiten der Altersteilzeit genutzt, beispielsweise ab 55 Jahren zunächst zweieinhalb Jahre voll arbeiten und dann sich freistellen lassen bei reduzierten Bezügen über die Gesamtlaufzeit von fünf Jahren. Bestehende befristete Arbeitsverträge werden nicht mehr verlängert und Leiharbeitsverträge kommen zur Auflösung. Was sich aber in den letzten Jahren verstärkt herausgestellt hat, ist die Reduzierung der Beschäftigtenzahlen trotz einer ausgesprochenen Beschäftigungsgarantie. Das geht so: die Abfindungsangebote sind derart hoch angesetzt, dass für so manchen Arbeitnehmer ein starker Anreiz zum freiwilligen Ausscheiden entsteht. Dieses Modell ist vor allem bei den deutschen Autobauern in großem Stil praktiziert worden und wird auch weiterhin angewandt. Die Produktivitätsfortschritte sind hier so groß, nämlich oft fünf bis zu zehn Prozent pro Jahr. Der Absatz kann aber nicht im selben Umfang gesteigert werden wie die Produktivität. Die Folge ist, es kommt zu einem Personalüberhang, wie die Fachleute das nennen. Die klare Feststellung muss lauten, es ist zu viel Personal vorhanden. Deshalb wird versucht, mit attraktiven Abfindungsangeboten den einen oder anderen Mitarbeiter zu bewegen, freiwillig aus dem Unternehmen auszuscheiden. So hat die Daimler – Gruppe innerhalb eines Zeitraumes von zirka 2 Jahren fast 10 000 Stellen über Abfindungen und Frühpensionierungen gestrichen, mehr als ursprünglich geplant. Das wird von den Managern mit einigem Stolz verkündet. Bei VW sind Abfindungsprämien bis zu 250 000 Euro pro Mitarbeiter für das freiwillige Ausscheiden bekannt geworden. Selbst der Autobauer BMW in München, der sich lange Zeit von solchen Restrukturierungskampagnen distanzierte und als d e r Arbeitsplatzbeschaffer schlechthin galt, wird künftig verstärkt Beschäftigte durch Abfindungsangebote zum freiwilligen Abgang animieren.

Auf etwas Anderes muss sich der junge Berufstätige gefasst machen, wenn in einem Unternehmen verstärkt Begriffe auftauchen wie „Lean Production“ (schlanke Produktion), „TPS“-(Toyota – Produktionssystem), „Kanban“ (Einsatz von produktionsinternen Bestellkarten), „Kaizen“ (Verbesserung), „Just – in Time“ (Herstellung und Lieferung von Gütern und Bauteilen erst bei Bedarf, direkt an das Montageband des Abnehmers). Alle diese Begriffe gehören heute zum ständigen Vokabular deutscher Manager. Dahinter steckt überall der Gedanke, die Produktion schneller, schlanker und damit kostengünstiger zu machen, mit möglichst geringer Verschwendung von Ressourcen. Und vor allem wird der einzelne Mitarbeiter stärker mit in die Verantwortung einbezogen. Jeder soll wissen, was sein Ziel ist. Ein fundamentales Element besteht darin, dass Verbesserungsvorschläge aus der Belegschaft kommen. Beim TPS – Management, wie es seit Jahrzehnten bereits beim Japanischen Autogiganten Toyota angewandt wird, sollen die Mitarbeiterpotenziale mit zwei Methoden besser erfasst werden: erstens mit einer zielorientierten Kommunikation. Das bedeutet, dass alle Unternehmensabläufe durch ein konsequentes Ausrichten an den Bedürfnissen des Kunden gesteuert werden. Jeder hat das Bestreben, die Abläufe stets zu verbessern. Und das ist nur möglich durch ständige und zielorientierte Kommunikation. Zweitens sollen alle Arbeitsabläufe so standardisiert werden, dass für den einzelnen Mitarbeiter Platz bleibt für Flexibilität und Kreativität. Im Gegensatz zum üblichen Vorschlagswesen werden bei TPS Verbesserungsideen schnell und unbürokratisch im Team umgesetzt. So soll der Arbeitsinhalt bereichert und die Motivation erhöht werden.

Mit der Teamarbeit, einer weiteren Arbeitsorganisation, wird der heutige Berufsanfänger mit hoher Wahrscheinlichkeit schnell Bekanntschaft machen. Dabei ist es wichtig zu wissen, dass Teamarbeit einmal direkter Bestandteil einer Arbeitsorganisation oder nur ein episodisches Gruppenkonzept für bestimmte Aufgaben sein kann. Zu Projektgruppen oder Qualitätszirkeln finden sich Mitarbeiter zusammen, die üblicherweise an Einzelarbeitsplätzen tätig sind. Die Gruppenmitglieder arbeiten nur zeitweise zusammen, kommen in der Regel aus verschiedenen Abteilungen, um bestimmte Analysen oder Lösungskonzepte gemeinsam zu erarbeiten. Die Ergebnisse werden dann den Vorgesetzten präsentiert, bewertet und zur praktischen Umsetzung freigegeben. Bei einer Gruppen- oder Teamarbeit hingegen, die Bestandteil einer Arbeitsorganisation mit größeren Anteilen von Eigenverantwortlichkeit ist, handelt es sich um eine inhaltliche Veränderung einer bestehenden Organisation. Und damit kommt das Wort Restrukturierung wiederum zum Tragen, wenn eine so verstandene Teamarbeit im Unternehmen eingeführt werden soll.

Vor allem in der Produktion ist Teamarbeit als eine hierarchiearme Form der Zusammenarbeit in den Betrieben zum Einsatz gekommen. Einen besonders hohen Bekanntheitsgrad in Deutschland hat dabei das Modellprojekt „Auto 5000" des Volkswagenkonzerns erreicht. Es wurde bereits im Jahr 2001 eingeführt. Mit 5000 zum größten Teil zuvor arbeitslosen Mitarbeitern kam auf Basis des Metall - Flächentarifs, das heißt wesentlich niedrigere Entlohnung als sonst bei VW üblich, eine neue Arbeitsorganisation zum Tragen. Die Teams nehmen ihre Organisation weitgehend selbst in die Hand, angefangen von den Arbeitsabläufen, der Personalbesetzung, dem Arbeitspensum bis hin zur Urlaubsplanung, jeweils in Abstimmung mit anderen Teams und dem Betriebsrat. Jedes Team hat einen Teamsprecher, der für mehr Sicherheit bei der Selbstorganisation sorgen kann. Die Zahl der Hierarchiestufen ist somit niedriger als sonst innerhalb des VW - Konzerns üblich. Wirtschaftlich war diese neue Organisationsform so erfolgreich, dass der neue Geländewagen „Tiguan"von VW nicht im Ausland, wie ursprünglich vorgesehen, sondern von der Wolfsburger Auto 5000 GmbH hergestellt wurde. Das Soziologische Forschungsinstitut der Universität Göttingen hat das Modellprojekt Auto 5000 vier Jahre lang von 2002 bis 2006 begleitet und kam zu einem recht positiven Ergebnis: „Mit diesem Vorhaben werden arbeits- und beteiligungsspezifische Optionen des Modells Deutschland erkennbar, die bisher nur unzureichend genutzt wurden". Eine größere Wirtschaftlichkeit verbunden mit attraktiverer Arbeit für den Einzelnen setzen im Gegensatz zur traditionellen Fabrikorganisation Leistungspotentiale frei. Es entsteht ein „moderner" Arbeitnehmertyp, der sich mehr mit dem Unternehmen identifiziert, Engagement zeigt und mit mehr Selbstverantwortung, aber auch mit Eigeninteresse zum Erfolg des Unternehmens seinen Beitrag leistet (Schumann, Michael, Kuhlmann, Martin, Sanders, Frauke, Sperling, Hans Joachim, Vom Risiko- zum Vorzeigeprojekt: Auto 5000 bei Volkswagen, in: WSI – Mitteilungen 06 / 2006).

Was soll der junge Berufstätige bei dem Thema Restrukturierung stets im Auge behalten?

Auslöser für eine Neuausrichtung eines Unternehmens sind in erster Linie Defizite in der Produkt- und Servicepalette. Bisherige Umsatzrenner, so genannte Leitprodukte stagnieren in ihrer Entwicklung. Neueinführungen bringen nicht die Planumsätze oder sind schlichtweg ein Misserfolg, eben ein Flop, wie das heute bezeichnet wird. Die Qualitätskonstanz der Produkte stimmt nicht mehr, Rückholaktionen aus Qualitätsgründen kommen immer öfter vor. Marktanteile gehen so verloren. Die Konkurrenz wirbt Großkunden ab, mit attraktiveren Produkten und besserem Service. Mitarbeiter im Vertrieb spüren das als erste, wenn sie immer mehr um Aufträge kämpfen müssen oder die Bestellfrequenzen von Stammkunden sich verlängern. Im Unternehmen spricht sich schnell herum, dass die Maschinen kürzer laufen, die Läger sich auffüllen und angekündigte Investitionen nicht getätigt werden. Überstunden werden kaum noch verlangt, Zeitguthaben abgebaut. Umbau, Neuausrichtung, Sanierung, eben Restrukturierung heißt immer, dass vorher etwas falsch gemacht wurde. Viele Unternehmer oder Unternehmensverantwortliche übersehen allzu oft, dass die Beziehungen zum Markt, zum Kunden für den Unternehmenserfolg ausschlaggebend sind. Der Kunde in einem Unternehmen oder einer Behörde ist der wahre Arbeitgeber. Und diejenigen Manager, die sich kaum die Frage stellen, was sagt unser Kunde zu unseren Entscheidungen, unserem Angebot, kommen in eine Schieflage von Kosten und Ertrag und greifen dann sehr schnell zur Kostenkeule, sprich vorwiegend Personalentlassungen.

Nachdenklich sollte der junge Berufstätige auch dann werden, wenn eine Restrukturierung auf die andere folgt. Gerade ist der Einzelne dabei, sich mit einer Umorganisation zurechtzufinden, wird schon wieder alles anders gemacht. Eine Restrukturierung jagt die andere. Ein Extremfall sorgt hier immer wieder für öffentliches Aufsehen, nämlich die deutsche Telekom, das ursprünglich reine Staatsunternehmen. Dort fanden in zehn Jahren insgesamt 17 drastische Umorganisationen statt. Darüber hinaus standen die einzelnen Geschäftsfelder jahrelang miteinander in Konkurrenz, arbeiteten gegeneinander. Welche Kunden von welchen Teams betreut werden, stand nicht eindeutig fest. Mit anderen Worten, trotz ständiger Restrukturierung sind Organisation, Arbeitsabläufe und Service so schlecht, dass Telekom ständig Hunderttausende Kunden verliert. Eine echte Restrukturierung sieht anders aus. Auf der Basis einer längerfristig angelegten Denkhaltung heraus sollten zunächst einmal Restrukturierungsziele festgelegt, nicht nur vorgegeben werden. Das bedeutet, dass das Management die Mitarbeiter von vorneherein mit einbeziehen muss, dass Information und vor allem Kommunikation stattfindet. Restrukturierungsziele müssen erarbeitet und transportiert werden, ohne Katastrophen – Stimmung zu verbreiten. Das Problem – und Veränderungsbewusstsein darf nicht allein auf die Führungsspitze beschränkt bleiben. Einfache und nachvollziehbare Restrukturierungsziele können beispielsweise sein: wir müssen in den kommenden fünf Jahren unseren Anteil von neuen Produkten am Gesamtumsatz von 20 Prozent auf 40 Prozent verdoppeln. Oder unsere Exportquote ist mit 30 Prozent viel zu niedrig. Wachstum findet vor allem in den Auslandsmärkten statt. Deshalb wollen wir in den kommenden fünf Jahren unseren Anteil der Auslandskunden auf 50 Prozent des Umsatzes erhöhen. Wenn es dann bei der Umsetzung der Restrukturierungsziele darum geht, Forschung, Entwicklung auszubauen oder den Vertrieb in den Exportländern neu zu organisieren, muss das Management hohe Präsenz zeigen. Dazu gehört beispielsweise auch, dass die Unternehmensverantwortlichen sich während der Restrukturierungsphase Zwischenberichte von den einzelnen Teammoderatoren geben lassen. Schließlich darf eine Anerkennung des Managements für die geleistete zusätzliche Arbeit nicht fehlen. Auf diese Weise ist in vielen Fällen möglich so etwas wie ein „Wir – Gefühl" zu erzeugen.

Werden hingegen im Kostenbereich Restrukturierungsziele ausgegeben, dass generell 20 Prozent der Gesamtkosten eingespart werden müssen, um das Unternehmen für die Zukunft aufzustellen und wieder wettbewerbsfähig zu machen, dann entsteht zunächst einmal Unruhe, Angst im Unternehmen. Auch in einem solchen nicht vermeidbaren Fall können die Grundregeln für eine echte Restrukturierung hilfreich sein: Offenheit, Klarheit und Kommunikation. Die Einsparvoluminas sollten nach ihren Bereichen aufgeteilt werden, beispielsweise im Einkauf, der Verwaltung, der Produktion, dem Leistungsangebot oder im Vertrieb. Es sollte auch klar kommuniziert werden, in welchem Zeitraum die Kostenreduzierung zu erzielen ist und ob Personalkostenabbau über natürliche Fluktuation oder auch mit betriebsbedingten Kündigungen erreicht werden muss. Alle diese Informationen helfen, der Kostenkeule die Spitze zu nehmen.

Wenn der junge Berufstätige mit dem Wissen über eine echte Restrukturierung an einer ersten oder zweiten Umorganisation in seiner Firma mitarbeitet, dann kann er viel besser einschätzen, steht die Restrukturierungspolitik im Zeichen eines schnellen Erfolges, der Eitelkeit des Managements mit schnellem Personalabbau oder steckt ein längerfristig aufgestelltes Konzept dahinter: mit welchen Leistungen und wo wollen wir in fünf Jahren Gewinne erzielen und somit die Zukunft meistern. Im Laufe der Zeit entsteht auch ein Gefühl für die Stimmungslage im Unternehmen, ob Markterfolge erzielt werden, Stagnation herrscht oder Rückschläge auf den

Märkten des Unternehmens hingenommen werden müssen. Ein wachsames Auge für eine Veränderung in der Informations- und Kommunikationspolitik ist viel Wert. Mit solchen Überlegungen und Beobachtungen wird der Berufsanfänger zumindest in die Lage versetzt, das eigene Arbeitsplatz-Risiko etwas besser in den Griff zu bekommen.

Wie Manager und Investoren Arbeitsplätze vernichten

In Zeiten von Stagnation und geringem Wirtschaftswachstum kommen Manager und Wirtschaftsbosse in besonderem Maße ins Gerede. Sie würden bei ihren Mitarbeitern stets den Verzicht predigen, sich selbst jedoch davon ausnehmen. Wenn die Konjunktur wieder aufwärts geht, koppeln sich die Managergehälter von den Leistungen immer mehr ab und steigen in Deutschland auf bisher nicht für möglich gehaltene Größenordnungen. Neben dem Grundgehalt gibt es Prämien, Sonderzahlungen und Aktienoptionen. Und wenn ein Firmenchef eines Konzerns seinen Arbeitsplatz verlassen muss, wird der Rauswurf mit großzügig bemessenen Geldern schmackhaft gemacht: Abfindungen, Übergangsgelder, ja sogar Handgelder als Boni für den Wechsel zu anderen Unternehmen und Luxusrenten können einige Millionen Euro zusätzlich ausmachen. Dies alles hat das Vertrauen in die deutschen Wirtschaftslenker rapide absinken lassen. Nach einer Umfrage des Forsa – Instituts, die im Auftrag des Stern – Magazins durchgeführt wurde, haben 88 Prozent der Befragten kein Vertrauen mehr zu den obersten Managern. Darüber hinaus sind sogar 75 Prozent der Meinung, dass die Wirtschaftsbosse nicht für die Ziele der Anteilseigner, der Mitarbeiter und Kunden eintreten, sondern persönlichen Zielen nachgehen (vgl. Braun, Stefan, Eichblatt, Juliane, Rittgerott, Mathias, Was die Bosse wirklich verdienen, in: Stern Nr. 42 vom 11.10. 2007 S. 27 ff). Die persönlichen Absichten der Manager konzentrieren sich darauf, zusätzliche Macht zu gewinnen, Stärke zu zeigen und damit vermeintliche Kompetenz auszustrahlen, alles im Sinne der Karriere. Auf Basis eines solchen Images bei der Bevölkerung generell und vor allem bei den Arbeitnehmern wird daher heute sehr genau hingeschaut, was echte Restrukturierung ist und was etwas mit Arbeitsplatzvernichtung zu tun hat, um möglichst schnell bessere Unternehmenszahlen vorweisen zu können. Gerade auch der junge Berufstätige sollte sich mit solchen

Vorgängen in der Wirtschaft auseinandersetzen und so ein besseres Gefühl für seinen Arbeitsplatz, sprich Sicherheit des Arbeitsplatzes und damit seine Zukunft bekommen.

Als Manager wird ein leitender und verantwortlicher Angestellter eines Unternehmens bezeichnet, ausgestattet mit einer weitgehenden Verfügungsgewalt und großer Entscheidungsbefugnis. Generell zählen die Führungskräfte von der mittleren bis zur obersten Hierarchieebene zu den Managern. Vom Unternehmer unterscheidet sich der Manager, dass er nicht zwingend Anteile des von ihm geleiteten Unternehmens besitzt. Wenn man einer solchen herausragenden Position eines Managers ausgeht, dann bedeutet das, dass der oder die Eigentümer des Unternehmens einer dritten Person bzw. mehreren Personen ein hohes Vertrauen entgegenbringen mit dem Hauptziel, den Unternehmenswert zu steigern, eine Erfolgsbilanz zu schreiben und so eine angemessene Kapitalrendite sicherzustellen. Da liegt die Frage nahe, was macht einen guten Manager aus? Darauf hat Andre‘ Kudelski, in den neunziger Jahren ein gefeierter Börsenstar als Hersteller von Verschlüsselungs-Software für digitale TV – Geräte, geantwortet: „Er hat eine langfristige Vision, ohne die kurzfristigen Probleme zu vergessen. Und er muss diese Vision auf eine glaubwürdige und plausible Art seinen Mitarbeitern vermitteln“. (Thomann, Andreas, Andre´Kudelski: High–Tech–Manager im Gespräch, http: // emagazine – credit – suisse.com, Online Publications). Dazu gehören auch Anpassungs- und Lernfähigkeit, wenn die ursprüngliche Geschäftsidee und Geschäftsgrundlage in Gefahr kommt. Daran scheitern heute viele Manager, vor allem auch deswegen, weil die Märkte eines Unternehmens und die Marktumfelder sich viel schneller verändern und weiterentwickeln als das in den neunziger und achtziger Jahren des letzten Jahrhunderts der Fall war.

Strukturelle Veränderungen in den Märkten werden von Firmenlenkern oft zu spät erkannt. Hersteller von beschichtetem Durchschreibepapier halten zu lange an ihrem angestammten Programm fest, obwohl der Markt für Kohlepapier schon lange rückläufig ist. Fast bis Ende der neunziger Jahre erweiterten die deutschen Großbanken ihr Filialnetz noch in der Provinz, um den in der Fläche dominierenden Sparkassen, Volks- und Raiffeisenbanken Paroli bieten zu können. Jahrzehntelang arbeiteten deutsche Banken weitgehend abgeschirmt vom internationalen Wettbewerb. Auf Profitabilität wurde dabei nicht so sehr geachtet. Zu diesem Zeitpunkt hatten sich die angelsächsischen Banken bereits voll dem Shareholder-Value verschrieben und erzielten deutlich höhere Eigenkapitalrenditen als die deutschen Konkurrenten. Die Folgen konnten damals nicht ausbleiben. Der Umbau der deutschen Geldinstitute setzte Ende der neunziger Jahre und zu Beginn des 21. Jahrhunderts in vollen Zügen ein: Die Großbanken rationalisierten und entließen Tausende von Beschäftigten. Heute scheinen die deutschen Bankmanager bereits wieder einen Megatrend nicht richtig zu erkennen, um nicht zu sagen zu verschlafen. Mehr als ein Drittel der Deutschen ist über 50 Jahre alt und für diese kaufkräftige Kundengruppe gibt es kaum spezielle Produktprofile. Im Rahmen der vorausgegangenen Restrukturierungswellen wurden ältere Berater zum größten Teil entlassen und die Kundengruppe „50 Plus“ hat so seine Schwierigkeiten den jüngeren Beratern ihr volles Vertrauen zu schenken(vgl. Syre, Rita, Generation „50 Plus“, Banken verschlafen Megatrend, www. manager–magazin.de vom 18.04.2006).

Videocassetten-Hersteller hielten viel zu lange an ihren Produkten fest als der Siegeszug der CD schon längst feststand. Auch die Manager der deutschen Kaufhäuser klammerten sich zu lange an dem jahrzehntelangen Konzept „alles unter einem Dach“ fest. Sie positionierten ihre Warenhäuser als Versorger der Nation. Dies funktionierte hervorragend in den Zeiten des Wirtschaftswunders bis

Anfang der 70er Jahre. Dann machte den Kaufhäusern der Boom der spezialisierten Ladenketten immer mehr zu schaffen, die in den Fußgängerzonen mit preiswerten Markenprodukten und stets aktuellen Artikeln immer mehr Zulauf fanden. Heute kaufen viele Deutsche ihre Schuhe bei Deichmann, Parfüm bei Douglas und den Fernseher im Media Markt. Einen kräftigen Rückschlag mussten die Warenhäuser alten Stils schließlich in den letzten zehn Jahren durch die Politik der Discounter in Deutschland hinnehmen. Wenn Aldi, Lidl oder auch Tchibo beispielsweise im Sommer ein ganzes Sortiment von Artikeln für den Tauchsport vom Overall über Tauchschuhe bis hin zur Unterwasser-Kleinbildkamera anbieten, dann ist auf Monate hinaus die Nachfrage beim Fachhandel für diese Produkte stark blockiert, so das Urteil von Handelsexperten. Hier rächt sich eben der Irrtum vieler Manager im deutschen Handel, ein Rezept, das einmal Erfolg hatte, müsste immer erfolgreich sein. Die Folgen sind hinreichend bekannt, wenn man sich nur die spektakuläre Entwicklung des Kaufhauskonzerns Karstadt-Quelle vor Augen führt: nur mit einem für die Mitarbeiter schmerzlichen Sanierungspaket, das zwischen Gewerkschaft und Vorstand ausgehandelt wurde, konnte sich der Konzern vor dem Konkurs retten. Tausende Mitarbeiter verloren ihren Job, ob Verkäufer, Dekorateure, Betriebstechniker oder Verwaltungsangestellte, harte Lohneinbussen für mindestens drei Jahre und der Verkauf von einzelnen Sparten wie 77 kleinere Warenhäuser und der Logistiksparte mussten zusätzliche Liquidität bringen, um den Zugriff auf die mit den Banken vereinbarten Kreditlinien erhalten zu können. Die später eingetretene Insolvenz kündigte sich damals schon an.

Die Liste von schwerwiegenden Managementfehlern mit dem zwangsläufig verbundenem Personalabbau ließe sich über viele Branchen hinweg noch fortführen: im Autosektor ist vor allem die zum Amerikanischen Konzern General-Motors gehörende Sparte Opel zu nennen, die ihre Werke in Deutschland nur vollkommen unzureichend auslasten konnte, weil Opel im Vergleich zu den wichtigsten Wettbewerbern nicht die richtigen Modelle anzubieten hatte. Opel hatte wesentliche Trends der Branche geradezu verschlafen. Den Managern ist einfach entgangen, dass der Absatz von Geländewagen in Europa besonders stark wächst. Opel hatte keinen im Programm. Obwohl Dieselmotoren in Europa ebenfalls besonders gefragt sind, konnte Opel lange Zeit auch hier kein gutes Angebot vorlegen. Zudem schickten die Unternehmenslenker von General Motors aus der Zentrale von Detroit fünf Vorstandsvorsitzende innerhalb von sechs Jahren nach Rüsselsheim in die deutsche Verwaltung. Jeder von ihnen kümmerte sich vorwiegend um Kosteneinsparung. Heraus kamen abgespeckte Modelle mit fast schon eingebauten Qualitätsmängeln. Die schmerzlichen Sanierungsfolgen sind hinreichend bekannt, wie Personalabbau mit Hilfe von – jeweils großzügig bemessenen Abfindungen und der Wechsel in eine Beschäftigungsgesellschaft, die den ausscheidenden Mitarbeitern helfen soll, eine neue Arbeit zu finden. Und heute kämpft Opel – allerdings – im Zuge des Gläubigerschutzes der Mutter GM ums Überleben. In jüngster Zeit hat der Indische Hersteller Tata das billigste Auto weltweit mit einem Verkaufspreis von 1 700 Euro (2 500 Dollar) auf den Markt gebracht. Das wäre für die etablierten Autofirmen Europas und Amerikas noch keine aufsehenerregende Meldung, zumal dieses Billigauto nicht die hohen Sicherheits- und Abgasvorschriften der Industrieländer erfüllen kann. Aber ein Warnhinweis liegt darin schon, dass ein solches Auto von einem Schwellenland wie Indien kommt. Der frühere Geschäftsführer des deutschen Automobilverbandes Ferdinand Dudenhöfer glaubt, dass der Absatz von Billigautos in den stark wachsenden Märkten Asiens (Emerging Markets) künftig eine bedeutende Rolle einnehmen und somit auch die Strategie der Automobilhersteller in Europa beeinträchtigen wird. Wer dort nicht mit einem preiswerten, aber modernen Angebot vertreten ist, wird Probleme mit seinem Wachstum bekommen. (vgl. Sümeg, Adrienn, Tatas-Billig-Auto, Deutsche Autobauer dürfen Trend nicht verschlafen, www.sueddeutsche.de vom 09.01. 2008). Es ist anzunehmen, dass mit einem solchen Angebot aus Indien der Start für ein Billig – Segment weltweit eröffnet wurde, zumal auch herauskam, dass ein Nachfolgemodell für die nächsten Jahre ansteht mit den neuesten Abgasvorschriften und Crashanforderungen. Damit ist der Eintritt in die großen Automärkte der Industrieländer in Europa und den USA bereits vorprogrammiert.

Besonders bezeichnend für den Mangel an Marktgespür der verantwortlichen Manager ist schließlich auch, wenn solche Traditionsfirmen wie Agfa-Gevaert mit ihrer Foto-Stammsparte (Fotopapier, Fotochemikalien und Laborgeräte) in existentielle Schwierigkeiten kommen. Zuerst wurde diese Sparte an eine Investorengruppe verkauft, nachdem wegen des Booms der Digitalkameras und des Preisverfalls hohe Verluste entstanden sind. Ein halbes Jahr später mussten die neuen Eigentümer den Antrag auf Eröffnung eines Insolvenzverfahrens stellen. Betroffen waren insgesamt 1 800 Mitarbeiter und die 130-jährige Geschichte des deutschen Fotopioniers ist plötzlich zu Ende. Das Management hat die heraufziehenden Risiken in Form von Substitution der herkömmlichen durch die digitale Fotografie einfach nicht rechtzeitig erkannt.

Eine weitere seit Jahren zu beobachtende Entwicklung zeichnet sich in Deutschland ebenfalls ab, die wiederum mehr Arbeitsplätze kostet als das in vielen Fällen notwendig wäre. Es geht darum, dass Manager oft schlechte Krisenmanager sind. Mit einer autoritären und rigiden Führung versuchen sie bedrohliche Unternehmenssituationen mit einer Handvoll ergebener Zuarbeiter in den Griff zu kriegen. Dabei schotten sie sich immer mehr von dem Gros ihrer Mitarbeiter ab. Bei einer Krise kommen stets weniger konkrete Informationen an die Öffentlichkeit. Die Chefs gehen von einer Krisensitzung zur anderen, die Gesichter sind angespannt und versteinert. Schnell gehen Gerüchte um, die Angst um den Arbeitsplatz ist näher als sonst, die Leistungsbereitschaft der Mitarbeiter nimmt rapide ab. Ein Klima von Misstrauen macht sich breit. Die Manager müssten ihre Mitarbeiter in einem Krisenfall (Verlust von Großkunden, Preiseinbruch bei bisherigen Umsatzrennern, Qualitätsverluste mit großen Rückholaktionen, Fehleinschätzungen von Investitionen und Markt etc.) mitnehmen, sie mit einbeziehen in Lösungskonzepte und Misstrauen gegenüber der Unternehmensleitung abbauen. Mehr Transparenz und Offenheit könnten zumindest eine tiefe Vertrauenskrise abwenden. Welche Konzepte werden stattdessen vorwiegend angewandt? Schnell Personalkosten reduzieren, Mitarbeiter entlassen. Und das manchmal noch in einer entwürdigenden Art. Ein besonders extremes Beispiel ist hier aus England bekannt geworden. Dort hat ein Unternehmen 2500 Beschäftigte entlassen – den überwiegenden Teil per SMS, der Rest erhielt die Kündigung per E-Mail. Die Mitarbeiter bekamen eine SMS – Botschaft, in der sie dazu aufgerufen wurden, eine bestimmte Telefonnummer anzurufen. Ein Anrufbeantworter vermittelte ihnen dann, dass sie mit sofortiger Wirkung ihren Job verloren hätten. Information und Kommunikation über einschneidende Ereignisse, die Arbeitsplätze kosten, sind in Deutschland beispielsweise bei manchen Discountfirmen des Handels ebenfalls Mangelware. Der deutsche Drogeriediscounter Schlecker schließt in Deutschland Filialen, informiert dabei Betriebsrat und Beschäftigte erst drei Wochen vor Schließung oder der Betriebsrat hört zum ersten Mal durch Dritte von einer Schließung bevor eine offizielle Mitteilung erfolgt. Die Begründung für ein solches rigoroses Vorgehen lautet stets nüchtern: Verkaufsstellenoptimierung.

Sehr oft hängt die Entlassung von Personal oder die Schließung eines Standortes auch mit dem schnellen Wechsel des Managements in den Unternehmen zusammen. Neue Manager sollen die Krise bewältigen. Sie bringen meistens einen Strategiewechsel mit sich. Konzeptionen früherer Unternehmenslenker werden dabei geradezu in das Gegenteil pervertiert. Besonders schlimm wird es dann für die Beschäftigten, wenn ein Unternehmen Facharbeiter sucht, von anderen Betrieben diese Facharbeiter abwirbt und nach wenigen Monaten ein inzwischen neues Management plötzlich Personal entlassen will. Begründungen dafür gibt es genügend. Man müsse sich auf die Kernkompetenzen konzentrieren, bestimmte Produktsegmente aufgeben oder von Dritten fertigen lassen, um die Wettbewerbsfähigkeit zu sichern. Das mag ja alles zutreffen. Aber eine „Zick-Zack-Politik" von einem Extrem in das andere kann niemand verstehen, vor allem die Belegschaft eines Unternehmens nicht. Hier wird jede Glaubwürdigkeit des Managements verspielt. Die Mitarbeiter werden zum Spielball von Management, zur Manövriermasse degradiert. Es kommt zu Entlassungen, weil neue Manager eine ganz andere Unternehmenspolitik machen. Stellen sich die Erfolge dieser Politik in Form von zusätzlichen Umsätzen und ersten Gewinnen innerhalb eines Jahres nicht ein, dann beginnt das Management-Karussell oft von vorne, in der Regel wieder mit Personalabbau. Besonders häufig kommt so etwas in großen Aktiengesellschaften vor. Sie müssen ihre Ergebnisse nach jedem Quartal an die Öffentlichkeit geben. Dabei entsteht vonseiten der Aktionäre und der professionellen Analysten ein enormer Druck auf die Vorstandsvorsitzenden von Aktiengesellschaften. Und wir wundern uns schon lange nicht mehr darüber, dass die Aktienkurse dann bemerkenswert ansteigen, wenn das Management Massenentlassungen ankündigt oder die Verlagerung von Produktionskapazitäten in das kostengünstige Ausland bevorsteht.

Auf einen Widerspruch sollte gerade der junge Berufstätige an dieser Stelle auch aufmerksam gemacht werden. Bisher galt die Gleichung: entstehen im Unternehmen höhere Gewinne, dann schaffen diese erfolgreichen Unternehmen mit der Zeit auch mehr

Arbeitsplätze. Die Wirklichkeit sieht jedoch anders aus. So haben die 30 deutschen Unternehmen im Börsenindex DAX im Jahre 2004 soviel verdient wie nie zuvor. Der Großkonzern Siemens beispielsweise hat mit 3,4 Milliarden Euro Überschuss das zweitbeste Ergebnis der Konzerngeschichte vorgelegt, die Zahl der Stellen im Inland wurde jedoch um 6 000 auf 164 000 reduziert, im Ausland aber um 19 000 erhöht. Das bedeutet demnach Aufstockung des Personals, jedoch nicht im deutschen Inlandsmarkt, sondern im kostengünstigen Ausland. Genauso stellt sich die Situation bei der Deutschen Bank dar: Gewinn 2,5 Milliarden Euro im Jahr 2004 und dennoch verkündet der Vorstandsvorsitzende Josef Ackermann den Abbau von weiteren 2 600 Arbeitsplätzen auf dem deutschen Markt. Vorausgegangen waren ähnlich gute Ergebnisse in den drei Jahren zuvor und die Einsparung von 21 000 Stellen in diesem Zeitraum. Als Begründung gibt Herr Ackermann an, dass er die Bank für den Weltmarkt konkurrenzfähig machen will. Das soll heißen, eine Eigenkapitalrendite von 25 bis 35 % Prozent zu erzielen wie das bei den Großbanken in den USA und England der Fall ist. Ansonsten drohe die Übernahme durch diese ausländischen Schwergewichte und Konkurrenten auf den Weltmärkten.

Wahrscheinlich müssen jetzt mit harten Bandagen die Strukturen einer international tätigen Bank sehr schnell auf die modernen Wettbewerbsstrukturen umgestellt werden. Und das bedeutet Personalabbau in Deutschland trotz Rekordgewinne und Personalaufbau in Indien, China oder Ozeanien. Der Zusammenhang zwischen guter Ertragslage und Personalabbau gilt zumindest nicht mehr für den deutschen Markt. Die Gewinnexplosion bei der Deutschen Bank ging in den darauffolgenden Jahren 2 Jahren 2005 und 2006 um ein Vielfaches weiter, der Personalabbau auch. So glänzte die Deutsche Bank im Jahre 2006 mit einem Vorsteuerergebnis von mehr als acht Milliarden Euro. Die Eigenkapitalrendite stieg inzwischen auf nahezu 40 Prozent.

Diese Entwicklung ist generell durch sämtliche 30 Firmen des Deutschen Aktienindex (DAX) festzustellen. 20 der 30 Dax-Unternehmen konnten im Jahre 2006 ihren Jahresüberschuss zweistellig erhöhen. Und trotz der Gewinnexplosionen fielen in 2006 knapp 44 000 Stellen weg. Fast 12 000 Stellen wurden neu aufgebaut und gleichzeitig im selben Jahr mehr als 55 000 gestrichen, so eine Untersuchung des Tagesspiegels (Mortsiefer, Henrik, Dax–Konzerne streichen 55 000 Jobs, in: www.tagesspiegel.de vom 05.03. 2007).

Das Phänomen „Abkoppelung der Personalstärke vom Gewinn" ist heute nicht mehr allein auf Großkonzerne oder die 30 Dax- Unternehmen beschränkt. Nach dieser „Logik" handeln bereits viele mittelständische Unternehmen in Deutschland. Der schwäbische Kolbenhersteller Mahle in Stuttgart beispielsweise ist seit Jahren gewachsen mit guten Gewinnen und weltweit 25 000 Mitarbeitern, davon rund 10 000 in Deutschland. Die Zahl der Beschäftigten geht an den deutschen Standorten ständig zurück, Mitarbeiter werden entlassen, kleinere Standorte ganz geschlossen. Alle Werke in Deutschland sind profitabel, aber damit gibt sich das Management nicht zufrieden. Die Kapitalrendite soll auf 17 Prozent gesteigert werden, neue Arbeitsplätze entstehen dabei nur im kostengünstigen Ausland. Noch größer ist der Schock in einem Unternehmen, das jahrelang gute Gewinne macht, den Mitarbeitern in Dankesschreiben dies bestätigt und mit Gewinnbeteiligungsmodellen arbeitet, wenn plötzlich betriebsbedingte Kündigungen ausgesprochen werden. Jeder fünfte Mitarbeiter, 300 von insgesamt 1 500 wurden entlassen. Mit Mehrarbeit ohne Lohnausgleich und billigen Leiharbeitern soll dann der Gewinn noch gesteigert werden. Dieses besonders krasse Beispiel ging durch die Medien und stammt von dem führenden CD- und DVD-Hersteller Cinram in Aalsdorf bei Aachen, dessen Zentrale im kanadischen Toronto sitzt (vgl. Steffen Judzikowski, Hans Koberstein, Einziges Ziel Profit, in: Frontal 21, http://www.zdf.de vom 08.03.2005).

Die Beschäftigungsstrukturen in den deutschen Unternehmen werden in jüngster Vergangenheit noch von einer anderen Entwicklung tangiert. Auch hier, so muss der junge Berufstätige erfahren, kann die Sicherheit seines Arbeitsplatzes beeinträchtigt sein. Es geht um Macht und Einfluss von Fondsgesellschaften, die riesige Summen von Kapital bei Pensionskassen, Versicherern und Vermögensverwaltern einsammeln und dann gewinnbringend anlegen. Ziel sind dabei in den vergangenen Jahren immer mehr deutsche Firmen. Die eingesammelten Gelder werden in deutsche Unternehmen investiert. Entweder übernehmen diese Fondsgesellschaften ganze Firmen komplett, erwerben ein größeres Paket an Aktien bei deutschen Publikumsgesellschaften oder auch Anteile bei großen mittelständischen Unternehmen. Das Ziel ist dabei ganz eindeutig: aus atemberaubend viel Kapital noch viel mehr zu machen, mit Höchstrenditen in einem Zeitrahmen von maximal fünf Jahren. Dies kann nur erreicht werden, wenn die Fondsmanager sich aktiv in die Firmenpolitik der Unternehmen einmischen. Mit ihren Milliarden von Kapital beeinflussen sie immer mehr die Handlungsfähigkeit der Manager zu ihren Gunsten. In kürzester Zeit werden bestehende Unternehmensphilosophien über Bord geworfen, Restrukturierungen durchgeführt und es wird zunächst einmal Personal entlassen. Weil sich die Fondsmanager davon schnelles Geld, höhere Rendite versprechen.

Diese Entwicklung kommt vor allem aus den USA. Solche Fondsgesellschaften heißen Private-Equity-Gesellschaften, weil sie privates Kapital anhäufen, in Unternehmen einsetzen und vervielfältigen wollen zugunsten ihrer Anleger. Die Adressen der aggressiven Investoren sind in Deutschland bisher kaum bekannt. Die Namen der US-Fondsgesellschaften mit einer solchen Investoren-Politik lauten beispielsweise: Apax, Advent, BC Partners, Blackstones, Carlyle, Permira oder Saban Capital. Viel bekannter sind dafür die Kaufobjekte, nämlich die Firmen in Deutschland, die in den letzten

Jahren übernommen wurden. Die Firmenliste ist lang. Dazu zählen beispielsweise: das Duale System Deutschland (Grüner Punkt), die Fernsehsender ProSieben, Sat1 und Premiere, der Triebwerkshersteller MTU, der Brillenhersteller Rodenstock, der Armaturenproduzent Friedrich Grohe, der Chemiekonzern Dynamit Nobel, der Netzbetreiber Kabel Deutschland, die Telefongesellschaft Debitel oder die Restaurantketten Tank & Rast und Nordsee. Die Private Equity-Gesellschaften bauen diese meist gut gehenden Firmen nach ihren Vorstellungen um (vgl. Peters, Rolf-Herbert, Wintzenburg, Jan Boris, Kapitalismus brutal, in: Stern Nr. 08 / 2005, S. 132 ff). Fragen nach sozialer Gerechtigkeit, von der in der deutschen Politik heute viel die Rede ist, werden hier nicht gestellt. Ihr Motto lautet: Kapital muss fließen, sodass es noch mehr wird und zwar in kurzer Zeit. Die Mitarbeiter sind dabei nur Mittel zum Zweck und viele verlieren bei dieser aggressiven Politik solcher Investoren ihren Arbeitsplatz. Nach etwa fünf Jahren soll dann das jeweilige Unternehmen mit dementsprechenden Gewinnen an einen neuen Investor veräußert werden. Und das Bangen um den Arbeitsplatz beginnt wieder von vorne.

Wie das im Einzelnen vor sich geht, wurde am Beispiel des Armaturenherstellers Friedrich Grohe besonders deutlich, vor allem auch deswegen, weil dieser Fall in den deutschen Medien bundesweit hohe Aufmerksamkeit fand. Bereits im Jahre 1999 verkauften die Söhne des Firmengründers die Firma Friedrich Grohe mit drei Standorten in Deutschland, einem Werk in den USA, und einer Weltmarktführerschaft auf dem Sektor Badarmaturen an den US-Amerikanischen Finanzinvestor BC-Partners. Es wurde kräftigt investiert, rationalisiert und gutes Geld verdient. Der Personalabbau beschränkte sich auf die natürliche Fluktuation. Im Jahre 2004, also genau nach fünf Jahren kam es zu einem zweiten Verkauf des gut florierenden Unternehmens an eine private Investorengruppe unter der Führung der Texas Pazific Group. Dabei wurde zu diesem Zeitpunkt von der Unternehmensleitung versichert, durch den weiteren Verkauf des Unternehmens seien keine Arbeitsplätze gefährdet. Kaum ein Jahr nach der Übernahme verkündet der Vorstandsvorsitzende von Friedrich Grohe AG, dass im Gesamtunternehmen ein „nennenswerter Arbeitsplatzabbau" bevorstehe. Begründet wird das Vorgehen damit, dass die Firma Grohe mittlerweile 80 Prozent des Umsatzes außerhalb Deutschlands erziele. Durch die weitere Globalisierung von Einkauf und Produktion wolle das Unternehmen seine Wettbewerbsfähigkeit in den globalen Märkten stärken. Übersetzt bedeutet das, dass mehr im Ausland gefertigt werden soll, also Produktionsverlagerung in das kostengünstigere Ausland und Vorprodukte verstärkt in Osteuropa und China kaufen. Konkret wird dann von den Managern noch hinterher geschoben, dass in den kommenden fünf Jahren bei Grohe die Kosten um insgesamt 150 Millionen Euro gesenkt werden müssen. Nach massiven Protesten der Belegschaften und einem Aktionsbündnis mit der Politik wurden dann rund 1000 Stellen von insgesamt 4300 Beschäftigten in Deutschland abgebaut. Ein kleineres Werk mit insgesamt 300 Beschäftigten wurde ganz geschlossen. "Wir machen Gewinn und werden trotzdem arbeitslos", so die Mitarbeiter (vgl. Diehl, Jörg, Wojtuschak, Uwe, Wir machen Gewinn, wir werden arbeitslos, in: Bild am Sonntag vom 18.12. 2005, S.8). Eine Beschäftigungsgarantie galt nur bis zum Jahre 2008. Was danach passiert, ist demnach wieder vollkommen offen. Schließlich wollen die Investoren – so könnte man interpretieren – im Fünfjahresrhythmus bleiben, um ihre Anlagepolitik nach ihren Idealvorstellungen umsetzen zu können, möglichst viel Rendite für ihre Geldgeber in einem Zeitraum von fünf Jahren zu erwirtschaften. Man kann das Unternehmen ja nach diesem Zeitraum mit hohen Veräußerungsgewinnen wieder dem nächsten Investor übergeben, selbstverständlich steuerfrei, seitdem in Deutschland im Jahre 2000 die Besteuerung von Veräußerungsgewinnen bei Unternehmensverkäufen aufgehoben wurde. Die Mitarbeiter gehen meistens leer aus, sprich sie müssen sich immer mehr Sorgen um ihren Arbeitsplatz machen. Eines fällt dabei noch zusätzlich auf. Die neuen Investoren finanzieren die Firmenübernahme entweder ganz oder zum überwiegenden Teil mit Krediten. Dabei muss das erworbene Unternehmen die Zinsen für das aufgenommene Kapital plus Tilgung selbst bezahlen, nicht der Investor und Käufer. Die Forderung nach Gewinn bleibt selbstverständlich bestehen. Der Druck auf die Mitarbeiter wird dadurch noch verstärkt. Auf diese Weise ist das auch bei dem Armaturenhersteller Friedrich Grohe „abgewickelt" worden.

So stellt sich heute der Zusammenhang zwischen Gewinnerzielung und Sicherheit der Arbeitsplätze in einem Unternehmen dar. Für den jungen Berufstätigen, der gerade einmal seine ersten Schritte und Erfahrungen an seinem Arbeitsplatz hinter sich hat, kann das zum erstmaligen „Praxisschock" führen. Aber das Thema Gewinne und Arbeitsplatzvernichtung ist noch nicht zu Ende. Dies zeigt der Fall „Nokia", nämlich der Beschluss der Konzernzentrale in Helsinki die gesamte Handy – Produktion im Werk Bochum stillzulegen. Und dies obwohl das Unternehmen mit seinen 2 300 Mitarbeitern schwarze Zahlen schreibt, also Gewinne erzielt. Dies behaupten die dortigen Gewerkschaftsvertreter und das Management widerspricht dem auch nicht. Zwischen der überraschenden Ankündigung und der Schließung des Werkes liegen gerade einmal sechs Monate. Der Profitgier von Managern fallen damit 2 300 Arbeitsplätze und noch zusätzlich 1000 Leiharbeiter zum Opfer mit der Begründung, der Standort Bochum sei wegen der hohen Arbeitskosten nicht mehr zu halten. Deswegen müsste das Werk in das kostengünstige Rumänien verlagert werden. Dabei betragen die Arbeitskosten bei der Handy – Fertigung nur fünf Prozent und der Mechanisierungsgrad im Bochumer Werk ist nach langjährigen Investitionen sehr hoch. Die Wahrheit liegt wo anders für diese Entscheidung. Es kam heraus, dass am neuen Standort in Rumänien die so genannte Immobiliensteuer in Höhe von ein Prozent des Wertes des Grundstückes für 30 Jahre erlassen wird. Über weitere Vergünstigungen darf spekuliert werden. Die Aufregung in der ganzen Bundesrepublik ist auch deshalb so groß, weil für das Nokia – Werk in Bochum mindestens 50 Millionen Euro an Subventionen geflossen sind. Die Manager haben nach ihren Aussagen die Bindungsfrist (Zeitraum Standortsicherheit) für die gezahlten Subventions -Millionen eingehalten und ziehen jetzt weiter an den nächsten Subventionsstandort. Der Aufschrei ist zu Recht groß in Deutschland. Von „Subventionsheuschrecke" ist die Rede, zumal noch hinzukommt, dass der Vorstandsvorsitzende von Nokia für den Gesamtkonzern einen Nettogewinn von rund 6,8 Milliarden Gewinn für das Jahr 2007 angekündigt hat. Und dies wenige Tage nach Bekanntgabe der Schließung des Werkes in Bochum (vgl. Kietzmann, M, Steinkühler, K.-H., Nokia, Böse Worte ohne Wirkung, in: Focus Nr. 4 vom 21.01. 2008, S. 130 f). Die bösen Worte, die gefallen sind, ließen sich beliebig fortsetzen, wie „Schamloser Kapitalismus", „Kapital ohne Moral", „Turbokapitalismus". Das nützt leider alles nichts, auch nicht die Massenproteste von Mitarbeitern im Einklang mit Gewerkschaften und Politikern. Der junge Berufstätige hat zur Kenntnis zu nehmen, der Zusammenhang zwischen Gewinn und Arbeitsplatzsicherheit ist sehr lose geworden, um nicht zu sagen, er besteht nicht mehr. Allerdings darf zum Trost behauptet werden, in dem einen oder anderen mittelständischen Unternehmen ist der Zusammenhang zwischen Gewinnerzielung und Sicherheit des Arbeitsplatzes doch noch stärker ausgeprägt. Aber jeden kann es treffen. Das ist hier die Kernaussage.

Die neue Steuerpolitik mit der Befreiung von der Steuer bei Veräußerungsgewinnen hat in Deutschland während der letzten fünf Jahre auch noch eine andere Investorengruppe auf den Plan gerufen. Es handelt sich dabei um so genannte Hedge Fonds. In

Deutschland können Hedge Fonds seit 2004 nach Verabschiedung des Investment-Modernisierungsgesetzes ebenfalls vertrieben werden. Im Gegensatz zu den herkömmlichen Investmentfonds verwenden Hedge Fonds alle Arten von Finanzinstrumenten wie Anleihen, Aktien, Rohstoffe, Devisen etc. Hinzu kommt ein spekulatives Element, indem auf steigende oder fallende Kurse gewettet wird, um so mit kurzfristigen Unterschieden möglichst schnell eine hohe Rendite zu erzielen. Uns interessiert an dieser Stelle nur das Engagement der Hedge Fonds an deutschen Unternehmen und das für Hedge Fonds typische Vorgehen mit den Auswirkungen auf die Arbeitsplätze.

Anders als bei den Privat Equity-Gesellschaften, die ihre Beteiligung im Schnitt vier bis fünf Jahre halten, ist der Anlagenhorizont bei den Hedge Fonds noch kurzfristiger ausgerichtet. In der Regel werden Firmen nicht komplett übernommen, sondern Beteiligungsquoten von 5 oder 10 Prozent bevorzugt. Dies geschieht zunächst ganz geräuschlos. Es werden unbemerkt Aktien am Markt aufgekauft. Dann gibt der Investor seine Beteiligung über die Medien bekannt und schon steigt der Aktienkurs des betreffenden Unternehmens in einer ersten Stufe an. Mit nur so viel Kapital wie nötig soll die Politik des teilweise aufgekauften Unternehmens entscheidend umgestaltet werden. Dabei sucht man bei den restlichen Eigentümern Mitstreiter, die eine ganz neue Strategie unterstützen. Meistens gelingt dies sehr schnell, da die Manager des Hege Fonds für alle Eigentümer hohe Gewinne in Aussicht stellen. Weiterhin konzentrieren sich Hedge Fonds auf bisher schon erfolgreiche Firmen in zukunftsträchtigen Marktsegmenten, die im internationalen Vergleich dazu noch unterbewertet sind, z.B. ausgedrückt im niedrigen Aktienkurs. Ein klassisches Beispiel für ein solches Vorgehen eines Amerikanischen Hedge Fonds stellt der Verpackungsmaschinenhersteller IWKA in Karlsruhe dar, der seit vielen Jahren auf dem Weltmarkt erfolgreich ist und profitabel arbeitet. Der US-Hedge Fonds Guy Wyser – Pratte hatte sich mit nur 6,6 Prozent der Anteile bei IWKA eingekauft, das sich heute Kuka nennt, und bestimmt seither zusammen mit anderen Eigentümern die Unternehmenspolitik. Die Forderung lautete: Konzentration der Produktpolitik auf die hochprofitable Roboter-Sparte, der Rest der Palette sollte verkauft werden, obwohl auch der bisher Gewinn bringt. Der Aktienkurs soll steigen. Das bisherige Management musste das Unternehmen verlassen. Diese Forderungen erzeugen einen Kulturschock, die Mitarbeiter müssen um ihren bisher sicheren Arbeitsplatz bangen. Letzten Endes gingen wieder Arbeitsplätze verloren bei einem Unternehmen, das mit 12 000 Arbeitsplätzen zu den Weltmarktführern auf dem Sektor Verpackungsmaschinen gehört. Die Ideen des neuen Investors sind sicherlich nicht verwerflich, aber die Methoden der Umsetzung mit Sicherheit schon. Hier geht es nur um kurzfristigen Profit. So ziehen mehr und mehr Kapitalseigner in Deutschland ein, die sehr aggressiv nur die kurzfristige Vermehrung ihres Kapitals sehen, aber auf die, die es erarbeiten müssen, keine Rücksicht nehmen, so ein Vertreter der IG Metall. Der schwäbische Holzverarbeiter Pfleiderer, Finanzdienstleister MLP sowie der Rüstungskonzern Rheinmetall bekamen ebenfalls schon den Druck von US – Hedge Fonds zu spüren.

Hedge Fonds mischen sich als Anteilseigner vermehrt in die Geschäftspolitik ein mit dem alleinigen Ziel so schnell wie möglich die bisher schon erzielten Renditen deutlich zu steigern. Sie setzen Restrukturierungen durch, erzwingen Strategiewechsel und dann Personalabbau. Überall dort, wo sich Hedge Fonds in die Firmen einkaufen, wird das Betriebsklima in der Regel kälter und Arbeitsplätze sind nicht selten in Gefahr. Wenn es nicht ganz so läuft, wie sich dies die Hedge Fonds – Manager vorstellen, verkaufen sie sehr schnell wieder ihre Minderheitsbeteiligung an dem jeweiligen Unternehmen.

Wie Manager und Investoren in Deutschland Arbeitsplätze vernichten – der Überblick?

Zuerst sollte der junge Berufstätige immer wieder einmal das Augenmerk darauf richten, wie es grundsätzlich um „seine“ Firma steht. Dazu gehören vor allem Informationen über die bekannten Umsatzträger. Gibt es Stagnation, Umsatzrückgänge? Dabei ist nicht die Entwicklung in einem bestimmten Jahr ausschlaggebend, sondern ob ein Trend über mehrere Jahre hinweg festzustellen ist. Begleitet wird eine solche Entwicklung im Unternehmen meistens mit ständigen Veränderungen bei der Produktausstattung der bisherigen Umsatzrenner, z.B. beim Design, bei der Verpackungsgestaltung, der technischen Ausrüstung usw. Dann werden Sonderpreis-Aktionen verstärkt gefahren und schließlich ist die Konkurrenz an dem Niedergang der liebgewordenen bisherigen Umsatzrenner schuld, weil man nicht mehr mit den heruntergeschraubten Preisen mithalten könne. Und dann müsse man Personal entlassen. Der Markt wäre ja so ruinös geworden, so die Argumentation der Unternehmensverantwortlichen. In Wirklichkeit liegt in einem solchen Falle sehr oft die Tatsache zugrunde, dass das Management an inzwischen nicht mehr marktgerechten Produktlösungen festhält anstatt wirklich neue Produkte dagegen zu setzen. Strukturelle Weiterentwicklungen in der Technik, im veränderten Konsumverhalten oder neuartigen Leistungsmerkmalen bei Ausrüstungsgütern in der Industrie lassen sich nicht durch ständiges „Herumdoktern“ auffangen. Auch wenn man bei solchen Aktionen heute von einem Relaunch des Produktes oder der Leistung spricht. Strukturelle Veränderungen in den bisher bearbeiteten Märkten werden so einfach zu spät erkannt oder Entwicklungssprünge technologischer Art können nicht so schnell bewältigt werden, weil Forschung und Entwicklung jahrelang auf Sparflamme gehalten wurden. Der Managementfehler wird zum Supergau, meistens mit Arbeitsplatzverlusten. Es ist daher notwendig, dass der junge Berufstätige für

Entwicklungen in der eigenen Firma sensibel wird, die meistens ganz klein daherkommen, aber oft schnell eine Gefahr für den Arbeitsplatz darstellen.

Wenn im Unternehmen die Hektik in der Führungsebene ständig zunimmt und eine Sitzung die andere jagt, dann ist besonders darauf zu achten, wie wird informiert. Wird überhaupt informiert? Oder bleiben Gerüchte lange Zeit im Raum stehen. Meistens sind das dann keine guten Vorzeichen. Die Situation kann sich besonders zuspitzen, wenn die Manager sich die Klinke in die Hand geben, sprich ein ständiger Wechsel in der Führungsebene stattfindet. Plötzlich sollen einzelne Sparten des Unternehmens ausgegliedert werden, nachdem das vorherige Management Zukäufe getätigt hat, um das Leistungsangebot zu ergänzen. Strategiewechsel bedeutet in der Regel Arbeitsplatzabbau.

Der Zusammenhang zwischen Gewinnerzielung und Beschäftigungsentwicklung hat sich in Deutschland in der jüngsten Zeit verändert: Gewinn überhaupt, hoher Gewinn und selbst Gewinnexplosion sind heute keine Garantie mehr für einen sicheren Arbeitsplatz. Das gilt besonders für weltweit tätige Konzerne. Je weiter die Konzernzentrale von einem konzernzugehörigen Werk entfernt liegt, umso leichter tun sich die Herren Vorstandsvorsitzenden Personalabbau oder Werkschließung zu verkünden. Hinter den Begründungen für die jeweilige Entscheidung stehen in der Regel Profitgier, Druck der Eigentümer oder beides zusammen. Bei vielen Mittelstandsfirmen in Deutschland, die hier groß geworden sind und ihre Betriebs- oder Vertriebstätten hauptsächlich im Inland haben, ist der Zusammenhang von Gewinn und Sicherheit der Arbeitsplätze noch am ehesten zu spüren. Aber auch hier steht eine Entwicklung an, die immer mehr dem Verhalten der Konzernherren näher kommt, vor allem bei großen mittelständischen

Firmen mit hohen Exportquoten. Der Turbokapitalismus lässt auch hier grüssen.

Der Einfluss von privaten Fonds-Gesellschaften und Hedge Fonds auf die jeweilige Unternehmenspolitik ist schon fast beängstigend, was den schnellen und radikalen Umbau der Strukturen angeht. Kurzfristige Gewinnmaximierung steht vor längerfristiger Entwicklung. Umbau und Personalabbau sollen in kurzer Zeit den Wert des Unternehmens erhöhen. Spätestens nach fünf Jahren wird Kasse gemacht. Fairerweise ist hinzuzufügen, dass der Umbau von Unternehmen nach dem Einstieg von Private Equity – Gesellschaften und Hedge Fonds vom Ansatz her nicht zu verwerfen ist. Oft haben mittelständische Inhaber oder Vorstandsvorsitzende die Zeichen der Internationalität und der schnellen Marktveränderungen nicht erkannt. Die Restrukturierungen sind meistens gerechtfertigt. Nur das Tempo, das die neuen Inhaber oder Mitinhaber vorlegen, ist verwerflich. Auf der Strecke bleiben in der Regel die Mitarbeiter, die jahrelang an Qualitätsniveau und Image engagiert mitgearbeitet haben. Die neuen Herren haben aber keine Zeit. Sie müssen ihren Geldgebern schnell hohe und überdurchschnittliche Renditen erwirtschaften. Da kommen Radikalschnitte wie drastischer Personalabbau gerade recht. Der junge Berufstätige sollte daher auch auf bestimmte Vorzeichen in seiner Firma achten.

Eine besondere Gefahr für den Einstig solcher aggressiver Anteilseigner besteht immer dann, wenn aus dem bisherigen Kreis der Kapitalbesitzer eines Unternehmens der eine oder andere Mitinhaber seine Anteile verkaufen will. Fälle dafür gibt es heute in Deutschland genug. Die Erben von gut gehenden mittelständischen Firmen haben beispielsweise keine Lust die Nachfolge ihrer Eltern oder Inhaberfamilien anzutreten. Sie haben andere Berufe gewählt, nur nicht den des engagierten Unternehmers. Eine Unternehmensnachfolge, die ungelöst ist, bringt immer ein Potential für strukturelle Veränderungen mit sich, auch für Personalabbau. Und die deutschen Großkonzerne haben in den letzten zehn Jahren so viel rationalisiert, gekauft und verkauft und sich für den Weltmarkt fit gemacht. Neue Miteigentümer in Form von Fonds-Gesellschaften gehören schon zur Tagesordnung. Die sozial Kälte damit auch. Darauf muss sich der junge Berufstätige gefasst machen.

Verkauf, Übernahme und Fusion. Wo bleiben die Arbeitsplätze?

„Unsere Firma wird verkauft, wer weiß, was da alles noch passiert“. So oder ähnlich lauten die Kommentare von Mitarbeitern, wenn sie etwas von einem Eigentümerwechsel erfahren. Eine Diskussion über Firma und Arbeitsplatz ist dann auch nicht mehr weit. Der Verkauf des Unternehmens wird als außergewöhnliche Situation empfunden mit vielen Unbekannten. Was machen die neuen Eigentümer oder die neuen Manager? Unwillkürlich entsteht der Gedanke, was passiert mit dem eigenen Arbeitsplatz? Ist er gefährdet, wird die Abteilung, die das erste Arbeitsumfeld darstellte und in der ein auskömmliches Einkommen möglich war, vielleicht sogar geschlossen? Die Worte „Rationalisierung“, „Stellen streichen“ kommen in den Sinn, weil die kaufende, die übernehmende Firma eventuell schon genügend qualifizierte Mitarbeiter in dem Bereich hat, in dem der eigene Arbeitsplatz angesiedelt ist?

Beim Verkauf eines Unternehmens oder eines Unternehmensteils geht die Initiative zur Veräußerung vom Eigentümer oder den Eigentümern der Firma aus. Die Verkaufsabsicht wird an verschiedene Partner herangetragen, wie beispielsweise an Beratungsgesellschaften, Banken oder auch an Zulieferer oder Großkunden. Noch mehr verbreitet ist allerdings der Verkauf an unmittelbare Konkurrenten. Ausschlaggebend für einen Unternehmensverkauf können mehrere Gründe sein: Teile des Unternehmens werden verkauft, weil man sich auf die Kernkompetenzen konzentrieren will. Der zu verkaufende Bereich passt nicht mehr zur neu formulierten Unternehmensphilosophie. Oder insgesamt soll mit verstärkten Investitionen in die angestammten Sortimentsbereiche die Wettbewerbsfähigkeit erheblich gesteigert werden. Dies ist heute der bei weitem häufigste Grund für einen teilweisen Verkauf eines Unternehmens. Ein zweiter Anlass für die Veräußerung – meist des gesamten Unternehmens – sind mangelnde Profitabilität und Kapitalknappheit. Vor allem mittelständische Unternehmen erkennen in zunehmenden Wettbewerbssituationen immer mehr ihre Lage, entweder mit hohen kapitalintensiven Investitionen den Schritt nach vorne zu wagen oder an Wettbewerbsfähigkeit zu verlieren. Für Großinvestitionen fehlen aber oft Finanzkraft und Kreditfähigkeit. Den technischen Fortschritt in Form von High-Tech- Fertigungsstrassen oder den arbeitsintensiven Vertrieb bei Dienstleistungsbetrieben muss man sich leisten können. Schließlich spielt bei mittelständischen Unternehmen die Nachfolgeregelung eine nicht zu unterschätzende Rolle für einen Verkauf des Unternehmens. Nach einer Untersuchung des Instituts für Mitteltandsforschung (IfM) Bonn stehen in Deutschland jedes Jahr von 2005 bis 2009 ca. 70 900 kleinere und mittelgroße Familienunternehmen zum Verkauf. Betroffen sind dabei 678 000 Arbeitsplätze. Mit rund 54 Prozent (38 300 Unternehmen und 423 500 Beschäftigten) erfolgt der größte Teil des Verkaufs zwar an Familienmitglieder und eigene Mitarbeiter. Aber immerhin ca. 21 Prozent (15 000 Unternehmen / 114 000 Beschäftigte) werden an dritte Unternehmen veräußert und fast 17 Prozent (11 700 Unternehmen / 107 000 Mitarbeiter) an externe Führungskräfte. Schließlich bleiben 8 Prozent der Familienunternehmen mit 5 900 Unternehmen und 33 500 Beschäftigten auf der Strecke, weil eine „Stilllegung mangels Nachfolger" unvermeidlich ist. Das ist immerhin jedes zwölfte Unternehmen (IfM Bonn, www.ifm-bonn.org/ergebnis/nachfolge vom 14.02 2008). Es wird somit in deutschen mittelständischen Unternehmen bei der Unternehmensnachfolge nach Lösungen gesucht und auch hart daran gearbeitet. Aber selbst hier gibt es den Zusammenhang zwischen Verkauf und Arbeitplatz-Risiko.

Die Verkaufsbereitschaft bei Unternehmern und Inhabern ist auch von Branche zu Branche unterschiedlich ausgeprägt. Das hängt sehr stark mit den jeweiligen Rahmenbedingungen zusammen.

Dort, wo der Wettbewerb von Jahr zu Jahr zunimmt und noch eine mittelständische Struktur mit kleineren und mittelgroßen Beschäftigtenzahlen vorherrscht, steigen die Fälle von Firmenverkäufen stets an. Das ist beispielsweise in der Getränkeindustrie der Fall. Mit dem Markteintritt von ausländischen und international tätigen Wettbewerbern wie Interbrew oder Heineken werden die deutschen Brauereien immer mehr zum Handeln gedrängt. Und dabei steht der Verkauf des Unternehmens meistens im Vordergrund. Auch in der deutschen Pharmasparte gibt es noch viele mittelständische Traditionsunternehmen, die immer mehr mit hohen Forschungsausgaben, verschärften Gesundheitsvorschriften und langen Zulassungszeiten von 10 Jahren und mehr für Medikamente zu kämpfen haben. Auch hier wird in den meisten deutschen Pharma - Unternehmen bei einem nicht mehr zu vermeidenden Verkauf der Firma um vertretbare Ergebnisse gerungen, was die Sicherheit der Arbeitsplätze und damit das Schicksal der Beschäftigten angeht. Viele Unternehmer haben jahrzehntelang ihre Firma geleitet, aufgebaut und fühlen sich für ihre dreihundert oder fünfhundert Mitarbeiter verantwortlich. Aber was nach ein oder zwei Jahren der Käufer mit der erworbenen Pharma – Firma anfängt, wie er sie umbaut oder einordnet in einen meist größeren Firmenverbund, das kann auch ein sorgfältig handelnder Verkäufer nicht beeinflussen. Verträge geben keine Sicherheit für einen längeren Zeitraum. Das muss der junge Berufstätige immer wieder sich in Erinnerung rufen, wenn ein Verkauf des Unternehmens wie auch immer bevorsteht.

Der Zusammenhang zwischen Verkauf eines Unternehmens oder eines Unternehmensteils und Arbeitsplatz-Risiko wird aber bei Konzernbetrieben oder großen Unternehmenseinheiten noch viel deutlicher vor Augen geführt. Das hängt auch damit zusammen, dass die Medien größeren Transaktionen auch eine höhere Aufmerksamkeit schenken. Um in der Pharmabranche zu bleiben, so hat der Verkauf der Pharmasparte bei dem Bad Homburger Konzern Altana an den dänischen Arzneimittelhersteller Nycomed hohes Aufsehen hervorgerufen, vor allem auch was die Folgen für die Arbeitsplätze betrifftt. Der dänische Arzneimittelproduzent streicht nach der Eingliederung 930 Stellen in Deutschland, dabei allein 790 Jobs am Produktionsstandort Konstanz. Das bedeutet, dass dort beinahe jede zweite Stelle nach dem Verkauf dem Rotstift zum Opfer fällt. Zudem handelt es sich dabei um gut bezahlte Positionen in den Bereichen Forschung, Entwicklung und dem Vertrieb (vgl. o.V. Nycomed, 1250 Stellen fallen weg, www.manager-magazin.de/unternehmen vom 21. März 2007). Zur Begründung wird vom Management des Käufers Nycomed angeführt, dass mit der Eingliederung der Altana-Pharmasparte Überschneidungen vermieden werden müssten. Der Bereich Forschung und Entwicklung müsste daher neu ausgerichtet werden. Wenn das Manager – Deutsch übersetzt wird, heißt das, plötzlich sind im Konzern in bestimmten Bereichen zu viele Leute an Bord und daher überflüssig. Betriebsbedingte Kündigungen sind nicht zu vermeiden. So „einfach“ ist das heute, wenn es um einen außergewöhnlich Vorfall wie den Verkauf eines Unternehmensteils in einem Konzernbetrieb geht und den Managern alles viel zu langsam umgesetzt wird. Wer hat das Nachsehen? Der Mitarbeiter, oft langjährig erfahren und gut ausgebildet. Das Arbeitsplatz-Risiko wird harte Realität.

Alles was bisher über den Zusammenhang zwischen Verkauf einer Unternehmenssparte in einem Konzern und dem Arbeitsplatz-Risiko gesagt wurde, wird mit dem Verkauf der Siemens – Handysparte an den taiwanischen Elektronikkonzern BenQ noch in den Schatten gestellt. Im Juni 2005 gab Siemens bekannt, dass das Mobiltelefon-Geschäft mit weltweit etwa 10 000 Beschäftigten verkauft werden soll, und zwar an den bis dahin nahezu international unbekannten Konzern BenQ aus Taiwan. Vorausgegangen waren bei Siemens jahrelange Schwierigkeiten in dem boomenden Markt für Mobiltelefone erfolgreich Fuß zu fassen. Die Bedienung der Geräte war lange zu umständlich, das Design eher hausbacken und mit der eigenen Produktion von Handys wurde viel zu spät begonnen, immer im Vergleich zu den Pionieren auf diesem Segment, dem Handy-Giganten Nokia und dem US – Anbieter Motorola. Den Siemens -Mitarbeitern in den Werken Bocholt und Kamp-Lintfort wurden Zugeständnisse beim Lohn in Höhe von knapp 30 Prozent abverlangt. Das half alles nicht, die hoch defizitäre Sparte zu sanieren. Am 1. Oktober 2005 startete die neue Handy-Firma BenQ-Siemens. Stolz verkündeten die neuen Manager: „Wir werden auch noch in fünf Jahren in Deutschland Handys herstellen". Diese Vision dauerte jedoch gerade ein Jahr. Am 28. September 2006 stoppt der Mutterkonzern BenQ seine Zahlungen und am Tag darauf stellt BenQ – Mobile einen Insolvenzantrag beim Münchener Amtsgericht. Die deutsche Handy-Fertigung wird Geschichte und BenQ produziert künftig nur noch in Asien (vgl.Kerbusk, Klaus-Peter, Konzerne, Vom Tiger gefressen in: Der Spiegel Nr. 40 vom 02.10. 2006 S. 78 f). Letzten Endes verlieren 3 300 Mitarbeiter bei der Pleite von BenQ-Deutschland ihren Arbeitsplatz. Und dies trotz Garantien für den Standort und die Mitarbeiter in Deutschland durch den Käufer. Missmanagement hier, Gier nach Patent- und Markenrechten da. Es darf spekuliert werden. Aber die Arbeitsplätze sind weg.

Wenn von einem Verkauf des Unternehmens die Rede ist, fällt oft auch der Begriff Übernahme. Bei einer Übernahme will ein Unternehmen das Vermögen eines anderen Unternehmens kaufen, akquirieren und gliedert dieses Unternehmen in seine Firmenstruktur mit ein. Deshalb spricht man auch von der Akquisition eines Unternehmens. Geschieht die Übernahme mit Einwilligung der Eigentümer des Unternehmens, so ist die Rede von einer freundlichen Übernahme. Im anderen Fall, wenn zum Beispiel eine Aktiengesellschaft alles daran setzt, die Übernahme zu verhindern, dann liegt eine so genannte feindliche Übernahme zugrunde. Als spektakulärste feindliche Übernahme der deutschen Wirtschaftsgeschichte gilt der Erwerb des deutschen Mannesmann - Konzerns durch das britische Mobilfunkunternehmen Vodafone. Die britischen Manager waren vor allem an dem damals erfolgreichen D2-Netz des Düsseldorfer Mannesmann – Konzerns interessiert, sowie an der Marktposition der Mobilfunksparte von Mannesmann in Deutschland und Europa generell. Die Übernahmeschlacht – so muss man das gesamte Vorgehen bezeichnen – begann Ende 1999 und dauerte monatelang bis zum 4. Februar 2000. An diesem Tag stimmte der Aufsichtsrat von Mannesmann dem Aufkauf und damit der Übernahme von Mannesmann durch Vodafone zu. Was zunächst einmal als spektakulär zu bezeichnen ist, war der anschließende Strafprozess, in dem der Vorstandsvorsitzende von Mannesmann Klaus Esser wegen seiner Rekordabfindung von rund 30 Millionen Euro und mehrere Mitglieder des Mannesmann-Aufsichtsrates wegen des Verdachtes der Untreue angeklagt wurden. Darunter waren so bekannte Mitglieder wie der Deutsche–Bank–Chef Josef Ackermann und der Ex–IG–Metall–Chef Klaus Zwickel. Es ging um Höhe und Genehmigungsverfahren für die großzügigen Abfindungen. Der Strafprozess dauerte sage und schreibe insgesamt sechs Jahre und wurde im November 2006 bei Zahlung von Geldbußen eingestellt. Das Echo der Medien über diesen Strafprozess war in Deutschland riesig (vgl. Mannesmann / Vodafone, Chronik einer Übernahmeaffäre, in: manager-magazin.de/unternehmen vom 18.10.2004 ff).

Was jedoch in der Öffentlichkeit vollkommen untergegangen ist und für den größten Teil der Beschäftigten von Mannesmann als spektakulär betrachtet werden muss, ist die Tatsache, dass der traditionsreiche deutsche Mannesmann-Konzern nach der Übernahme regelrecht zerschlagen wurde, mit allen Risiken für die Arbeitsplätze, die mit einem Weiterverkauf verbunden sind. Nur die Aktivitäten der Mannesmann-Festnetz- und Internetsparte um Arcor, sowie der Mobilfunkbereich D2 wurden in die Vodafone Group eingegliedert. Die traditionellen Geschäftsbereiche Maschinen- und Anlagenbau unter der Firmierung Atecs verkaufte Vodafone an ein Konsortium von Siemens und Bosch und die Röhrenwerke wurden an die Salzgitter AG veräußert. Bei weitem nicht alle früheren Mannesmann-Mitarbeiter konnten nach diesen Transaktionen noch ihren Arbeitsplatz behalten. Aber das war dann in den Medien kein großes Thema mehr.

Egal aus welchen Motiven heraus Übernahmen von Firmen durchgeführt werden, ob neue Märkte zu erschließen, Wachstum zu kaufen statt selbst zu schaffen oder um noch größer zu werden und so nicht selbst übernommen zu werden oder Konkurrenten auszuschalten. Fast immer werden Arbeitsplätze abgebaut. Die Beispiele dafür sind vielfältig: Der Chemie- und Pharmakonzern Bayer übernimmt den Berliner Pharma-Riesen Schering, in diesem Fall mit Zustimmung der Aktionäre, feiert dies als großen strategischen Schachzug und streicht 6100 Arbeitsplätze weltweit, davon rund 1 500 allein in Deutschland. Doppelt vorhandene Positionen, vor allem in der Forschung und Entwicklung werden abgebaut. Damit soll die Übernahme „rentabel“ werden (vgl. Schering-Übernahme, Bayer streicht in Deutschland 1500 Stellen, SpiegelOnline, www.spiegel.de/wirtschaft vom 02. März 2007). Der Autozulieferer Continental übernimmt den Autoelektronik-Spezialisten Siemens VDO, erwartet einen „Synergie-Gewinn“ von 300 Mil. Euro in zwei Jahren, sprich Kosteneinsparung vor allem durch Stellenabbau. Kein Wunder, es sollen 2000 VDO-Positionen wegfallen. Und dies alles, nachdem auch ohne die übernommene VDO der Continental-Konzern im sechsten Jahr hintereinander Rekordergebnisse erzielt hatte (vgl. Continental will Tausende Stellen streichen, www.handelsblatt.com vom 21.Februar 2008). Wer kann da als Beschäftigter noch an die Sicherheit seines Arbeitsplatzes glauben, obwohl meistens gut ausgebildet und hoch motiviert?

Der Zusammenhang zwischen Übernahme eines Unternehmens und Sicherheit der Arbeitsplätze kann auch etwas anders aussehen. Gemeint ist damit, dass nicht unbedingt immer massenweise Stellen abgebaut und damit Mitarbeiter entlassen werden müssen. Und hier kommt die Überraschung aus einer Ecke, wie sie so nicht ohne weiteres zu erwarten ist. Es geht um die Übernahme von deutschen Firmen durch Indische Unternehmen, nicht im IT-Bereich – dort wird die Gründung von Tochterfirmen bevorzugt – aber im Maschinenbau, der Autozuliefer-, Textil- und Pharmaindustrie. Auch Spezialmärkte wollen indische Unternehmen in Deutschland erschließen. So übernahm der Lampenhersteller Havell´s India für 300 Mio. Dollar den deutschen Beleuchtungsspezialisten Sylvania. Von Personalabbau nach der Übernahme fehlt jede Spur. Grundsätzlich ist bekannt, dass die Investoren aus Indien im Ausland und auch in Deutschland ziemlich umsichtig vorgehen, bedacht auf lokale Rahmenbedingungen und reibungslose Zusammenarbeit. Das Management einer übernommenen Firma wird in der Regel auch nicht ausgetauscht (vgl. Rybak, Andrzej, Agenda, Indische Welteroberer, in: www.ftd.de/unternehmen vom 04.04. 2007).

Unter den großen Megadeals von Übernahmen gibt es auch gelungene Beispiele was die Folgen für die Sicherheit der Arbeitsplätze angeht. Sie sind zweifellos die Ausnahme. Aber eine solche Ausnahme liegt bei der Übernahme des drittgrößten Sportartikelherstellers Reebok in der Welt durch den deutschen Vizeweltmarktführer Adidas vor. Die USA haben eine überragende Bedeutung im weltweiten Sportartikelmarkt. Mehr als 50 Prozent des gesamten Umsatzes in der Welt werden dort erzielt und die Wachstumsraten sind hoch. Nur Adidas konnte seit Jahren an diesem Boom nicht so richtig partizipieren. Mit der Übernahme von

Reebok wurde nicht nur Wachstum gekauft, sondern der Abstand zum Weltmarktführer Nike konnte so deutlich verringert werden. Und was sich eben sehr positiv von Übernahmen in diesen Größenordnungen abhebt, sind die beschäftigungssichernden Entscheidungen: die zwei Marken Adidas und Reebok bleiben unangetastet im Markt, die Zentrale von Reebok bleibt bestehen, ebenso der Vorstand und die Werbeetat-Grössenordung und es gibt keine Entlassungen. Und dennoch sollen nach der gelungenen Integration von Reebok jährlich 125 Mill. Euro eingespart werden (vgl. Tietz, Janko, Übernahmen, Bereit zum Endspurt, in: Der Spiegel Nr. 32 vom 08.08. 2005, S. 66 f). Es geht auch anders, könnte hier angefügt werden, wenn Übernahmen längerfristig und strategisch professioneller gemanagt werden.

Der" M & A-Markt" hat seit Mitte der neunziger Jahre in Deutschland neue Rekorde erreicht. Was sich dahinter verbirgt, ist für den jungen Berufstätigen erklärungsbedürftig. Das „A" bedeutet Akquisition, also Übernahme. Die möglichen Auswirkungen auf die Sicherheit der Arbeitsplätze sind bereits dargelegt und somit Bestandteil des neuen Wissens eines jungen Berufstätigen. Und was steht für „M"? Die Antwort lautet: Mergers. Das ist der englische Ausdruck für Verschmelzungen. In der Sprache der Ökonomie steckt dahinter das Wort Fusion, also Fusionen von Unternehmen. Und hier taucht somit unwillkürlich wieder die Frage auf, was bedeuten Fusionen für die Arbeitsplätze, weniger Sicherheit, Arbeitsplatzabbau? Dazu ist mehr Wissen nötig, wie heute Fusionen in Deutschland, aber auch in Europa generell und vor allem in den USA in der Praxis umgesetzt werden.

Bei einer Fusion handelt es sich um die Verschmelzung von zwei oder auch mehr Unternehmen, die bisher rechtlich selbständig sind, zu einer neuen Gesellschaft, also zu einer neuen Einheit. Die Verschmelzung kann durch Aufnahme erfolgen. Dies heißt, ein

Unternehmen übernimmt das Vermögen und die Schulden einer anderen Firma. Oder die Verschmelzung geht so vor sich, dass die Vermögenswerte und die Schulden beider fusionierender Unternehmen in eine neue Gesellschaft eingebracht werden. Motive und Ziele sind bei Unternehmensfusionen vielfältig. Jedes Unternehmen will wachsen, kann Umsatz- und Marktanteilsteigerungen oder Wettbewerbsvorteile aus eigener Kraft nicht in dem Maße erreichen, wie das angestrebt wird, vor allem nicht in kurzer Zeit. Mit der Fusion sollen diese Ziele schnell erreicht werden. Und gleichzeitig hat jeder Unternehmensverantwortliche die Einsparung von Kosten im Hinterkopf, die berühmten „Synergieeffekte“ in allen möglichen Abteilungen, ob im Einkauf, der Produktion, dem Vertrieb oder beim Personal generell. Aber davon spricht man nicht so gerne, zumindest nicht was einen eventuellen Abbau von Beschäftigten angeht und schon gar nicht vor dem Vollzug einer Fusion. Nicht zuletzt ist die Fusion eine willkommene Strategie für machtbewusste Manager, die ihre Kompetenz und Überlegenheit auch hier beweisen wollen. Insofern decken sich Fusionsziele weitgehend mit den Plänen bei den bereits besprochenen Unternehmens - Übernahmen. Nur die Begleitumstände und damit auch die möglichen Konsequenzen für Erfolg oder Misserfolg und damit die Sicherheit der Arbeitsplätze stellen sich etwas anders dar.

Besonders veranschaulich lässt sich am Beispiel der Autobaugiganten Daimler-Benz und Crysler nachvollziehen, wie schwierig eine Fusion längerfristig zu meistern ist. Am 7. Mai 1998 kündigen die beiden Automobilkonzerne ihre Fusion an, vertreten durch die damaligen Vorstandsvorsitzenden Jürgen Schrempp von Daimler-Benz und Chrysler – Chef Robert Eaton. Die Fusion wird am 17. November 1998 vollzogen. Beide früheren Vorstandsvorsitzende führen den neuen Konzern zunächst gemeinsam. Bereits nach zwei Jahren, genau am 17. November 2000 setzt das Personalkarussell in der Konzernspitze massiv ein. James Holden von der Crysler-

Spitze wird entlassen, der erst im Januar 2000 dem Fusionsverantortlichen Robert Eaton gefolgt war. Gleichzeitig wird Dieter Zetsche, ein Daimler – Manager neuer Crysler – Chef. Unmittelbar danach kündigt Zetsche 30 000 Stellenstreichungen bei Crysler an. Es stellte sich nämlich bald nach der Fusion heraus, dass Chrysler ein Sanierungsfall war und die Verluste sich ständig erhöhten. Erst im Februar 2005 kann Crysler durch den straffen Restrukturierungskurs zu schwarzen Zahlen zurückkehren. Und am 28. Juli 2006, also nach etwas mehr als acht Jahren der Fusion trennt sich DaimlerCrysler von Daimler - Chef Jürgen Schrempp. Die bisher so erfolgreiche Kernmarke Mercedes – Benz war plötzlich in Schwierigkeiten geraten. Produktpalette und Qualitätsniveau hatten gegenüber dem Wettbewerb keine Vorreiterstellung mehr. Das operative Ergebnis sank um 50 Prozent ab. Bereits am 1. Januar 2006 übernimmt dann Crysler – Chef Dieter Zetsche den Vorstandsvorsitz von Daimler – Crysler und wechselt in die Zentrale nach Stuttgart (vgl. DaimlerChrysler, Chronik einer Auto-Ehe, in: www.focus.de vom 14.02. 2007). Das Ende der Fusion ist allgemein bekannt: im Mai 2007 kündigt Konzernchef Zetsche den Verkauf von Crysler an den US-Finanzinvestor Cerberus an. Rund 80 Prozent übernimmt Cerberus und 20 Prozent der Crysler-Anteile bleiben bei Daimler. Im August 2007 erfolgt die Trennung offiziell. Die Namensänderung wird dann in Daimler AG im Herbst 2007 auf einer Hauptversammlung beschlossen. Was war passiert? Warum musste die Daimler-Crysler-Fusion letzten Endes scheitern?

Der junge Berufstätige generell, die Mitarbeiter der beiden Unternehmen, ihre Aktionäre, die gesamte Öffentlichkeit haben doch von Herrn Schrempp gesagt bekommen, es sei die „Welt AG" geboren, es handele sich um einen Zusammenschluss unter Gleichen, sprich gleichstarken Partnern. Beide würden von der Fusion profitieren, es sollten neue Größenordnungen bei Wachstum und Ertragskraft erreicht werden. Die Fusion sei eine „Hochzeit im Himmel“. Und hier waren die Worte wohl viel stärker – wie sich hinterher herauskristallisierte – als die Wirklichkeit. Bereits gut nach einem Jahr der Fusion stellten sich bei Crysler anhaltende Verluste ein. Im Massensegment der Amerikaner wurde wenig produktiv gearbeitet, die Produktpalette war nicht auf dem neuesten Stand. Es mussten fast 30 000 Arbeitsplätze abgebaut und sechs Produktionsstätten geschlossen werden. Die Fusionsangst der Mitarbeiter war bei Crysler schon in der harten Realität angekommen. Es bestätigte sich auch bald, dass die beiden Autogiganten einfach nicht zusammenpassen. Die Autos mit dem Daimler –Stern sind der Absender für Hightech, für das gehobene Premiumsegment und Crysler-Fahrzeuge haben eher etwas mit der Transportleistung schlechthin zu tun, ohne Prestige auszustrahlen, eben mehr ein Nutzfahrzeug. Da halfen auch keine gemeinsamen Vertriebswege in den USA und Europa. Diese vollkommen entgegengesetzte Positionierung, der Grundwiderspruch bei den Autoangeboten generell machte dem Konzern von Anfang an seit der Fusion schwer zu schaffen (vgl. Hawranek, Dietmar, Konzerne, Teure Trennung, in: Der Spiegel Nr. 8 vom 17.02. 2007, S. 84 f). Hinzu kam, dass die Manager von beiden Fusionspartnern am Anfang zunächst mehr mit der sogenannten „Hackordnung“ beschäftigt waren, wer bestimmt, wer sorgt für Motivation. Köpfe mussten rollen anstatt sich intensiv mit den nun gemeinsamen Produkten, den Kunden und den Mitarbeitern zu beschäftigen, die Mitarbeiter auf beiden Seiten des Atlantiks in der Fusion mitzunehmen, sie zu begeistern. Viele Top-Manager von Daimler waren mehr in den Fabriken von Crysler in den USA unterwegs, als sich dort Absatzprobleme und damit die Verluste immer mehr vergrößerten. So wurden Qualität, Modernität und Weiterentwicklung der Daimler-Palette vernachlässigt. Es kam zu zahlreichen Rückholaktionen, ernsthaften Qualitätsproblemen und damit Prestigeverlusten. Und wieder hatte die Fusionsangst der Mitarbeiter, diesmal in den Daimlerwerken, die Wirklichkeit erreicht. Es wurde nämlich festgestellt, dass nur eine

Restrukturierung dazu beitragen kann, wieder auf die Erfolgsspur zu kommen. Dabei sollten auch Stellen gestrichen werden. Nur der Beschäftigungspakt zwischen den Gewerkschaften und der Unternehmensleitung von Daimler schützte vor betriebsbedingten Kündigungen. So kam es zu freiwilligen Abgängen mit hohen Abfindungen. Und so viel zur „Hochzeit im Himmel", wie Jürgen Schrempp die Fusion zwischen Daimler und Crysler beim Start allen schmackhaft machen wollte.

Fusionen sind heute eine weit verbreitete Unternehmensstrategie, nicht nur in der Industrie, sondern auch in den großen Dienstleistungsbranchen wie beispielsweise bei den Versicherungen oder im Bankensektor. Stets wiederholen sich die strategischen Ansätze der Manager: Unternehmensgröße ausbauen, Marktposition stärken, die Effizienz steigern, Kostenvorteile sicherstellen und dann ganz selbstverständlich Personal entlassen, obwohl meistens gute Gewinne erzielt werden. So verfährt auch der italienische Mutterkonzern Generali mit seinen beiden Tochterunternehmen Volksfürsorge mit Hauptsitz in Hamburg und AMB Generali mit Hauptsitz in München. Der Hauptsitz der fusionierten Unternehmen wird künftig in München sein. Die in Deutschland nach der Allianz zweitbekannteste Versicherungsmarke Volksfürsorge soll nur mehr im Vertrieb teilweise genutzt werden. Ansonsten gibt es nur noch die Marke Generali. Und was das Arbeitsplatz-Risiko bei einer Fusion angeht die entscheidende Nachricht zum Abschluss: bis zum Ende der Fusionierung sollen bei den beiden deutschen Versicherungsunternehmen rund 500 Stellen abgebaut sein. Unmittelbar nach Bekanntgabe der Fusion erhöhte AMB Generali seine Gewinnziele von 400 Millionen für das laufende Geschäftsjahr auf 550 Millionen Euro in den kommenden zwei Jahren (vgl. AMB GENERALI, Volksfürsorge wird wegfusioniert, www.manager-magazin.de/ unternehmen vom 27. September 2007) Da ist sie wieder die „Beschäftigungskeule". Wenn Fusionsgerüchte sich verbreiten, bangen Mitarbeiter sofort um ihren Arbeitsplatz, auch der junge Berufstätige, nicht zu Unrecht, wie auch das nächste Beispiel zeigt. Es stellt sich geradezu als eine Chronik von Fusionen dar.

1998 fusionierten die beiden Münchener Großbanken Bayerische Hypotheken- und Wechselbank AG und die Bayerische Vereinsbank zur Hypo-Vereinsbank (HBV) mit Sitz in München, weil die Hypotheken- und Wechselbank massive Probleme im Immobiliengeschäft hatte. Im Jahr 2001 wurde die Fusion mit der Bank Austria AG vollzogen. Damit stieg die HBV zur zweitgrössten Bank in Deutschland auf, konnte sich aber wegen milliardenschwerer Wertberichtigungen auf Immobilienkredite nie richtig aus den Verlustzonen befreien, trotz Arbeitsplatzabbau und Kosteneinsparungen. Dies war auch der Grund, warum dann im Jahre 2005 die Fusion der HBV mit der italienischen Grossbank Unicredito erfolgte: rund 4 200 Stellen werden abgebaut. Das bedeutet jeder sechste Arbeitsplatz fällt weg. Davon ist vor allem der Hauptstandort München betroffen mit den Bereichen Rechenzentrum und EDV. Auch im Ausland, in Österreich und Osteuropa kommt es zu einem massiven Stellenabbau von insgesamt 7000 Positionen (vgl. Geiger, Michaela, Jubel und Katerstimmung im Arabellapark, in: WELT-ON-LINE, www.welt.de/print vom 19.06. 2005). Managementfehler führten letzten Endes zu immensen Verlusten und erhöhten jeweils den Druck zu Fusionen mit der Folge, dass Arbeitsplätze unsicher werden und in drastischem Ausmaß wegfallen.

Verkauf, Übernahme, Fusion von Unternehmen und die Gefährdung von Arbeitsplätzen – das Resümee

Beim Verkauf eines Unternehmens kommt es darauf an, in welchem Zustand und aus welchem Anlass heraus das Unternehmen veräußert werden soll. Werden seit mehreren Jahren Verluste gemacht oder steht ein gut geführtes und profitables Unternehmen zum Verkauf an, weil der Inhaber keinen Nachfolger hat? Leicht zu verstehen ist, dass im ersten Fall die Gefahr von Arbeitsplatzverlusten wesentlich größer ist als bei einer Veräußerung im Zuge der Weiterführung des Unternehmens. Wird beispielsweise ein Vorzeigeunternehmen verkauft, weil sich kein Nachfolger findet, so kann das Management des verkaufenden Unternehmens einen viel größeren Einfluss auf den Bestand und die Bedingungen der künftigen Arbeitsverträge nehmen. Bei der Akquisition, der Übernahme eines Unternehmens diktiert in der Regel das übernehmende Unternehmen die Bedingungen. Der eine ist der Sieger, der andere muss mehr oder weniger klein beigeben. Es ist deshalb empfehlenswert, sich bei einer anstehenden Übernahme so viel Informationen wie möglich zu beschaffen, wie wird bei der übernehmenden Firma geführt, welche Eigentümer stecken dahinter oder warum erfolgt eine Übernahme, welche grundsätzlichen Ziele werden verfolgt? Arbeitsplätze sind vor allem dort gefährdet, wo die übernehmende Firma eine hohe Kompetenz besitzt, Wettbewerbsvorteile gegenüber dem Übernahmekandidaten aufzuweisen hat. Bei der Fusion zweier rechtlich selbständiger Unternehmen entstehen in den zentralen Abteilungen so gut wie immer Personalüberhänge. Das gilt besonders für die Bereiche Vertrieb und Marketing, Verwaltung oder die Abteilung Forschung und Entwicklung. Plötzlich sind hier zwei Führungsriegen vorhanden und nur eine, vielleicht etwas größere wird auf die Dauer gebraucht. Stellenabbau ist geradezu vorprogrammiert.

Der junge Berufstätige sollte vor allem wissen, wie schwierig eine Unternehmenstransaktion generell zu meistern ist und vor allem sein Augenmerk darauf richten, wie eine Übernahme oder eine Fusion bei seinem Arbeitgeber im Berufsalltag umgesetzt wird. Je umfangreicher die Integrationsprobleme sind und je länger die

Eingliederung dauert, umso gefährdeter sind die Arbeitsplätze. Das Management konzentriert sich nach dem Zusammenschluss meistens nur auf die Kostenseite. Es geht um Einsparungen in allen Bereichen, eben um die berühmten Synergieeffekte. Die Einstellung der Mitarbeiter zu einer Übernahme oder Fusion wird auch entscheidend davon beeinflusst, wie die Manager informieren. Werden die Arbeitnehmer von den Unternehmenslenkern mitgenommen, die Gründe und vor allem die Hintergründe für eine Transaktion so erklärt, dass Glaubwürdigkeit überhaupt entstehen kann? Oder geht nur eine Mitteilung durch das Intranet über den Bildschirm an den einzelnen Mitarbeiter? Das wäre bereits ein schlechter Start. Die Zusammenführung der Mitarbeiter ist ohnehin eine der wichtigsten und damit schwierigsten Aufgaben bei Firmentransaktionen. Das wird leider von den meisten Managern vollkommen unterschätzt. Wer jahrelang in seinem Unternehmen gearbeitet hat, entwickelt eine gewisse Bindung, auch eine Loyalität zum Chef, zur Firma generell. Dies ist ja sehr positiv und von Unternehmenslenkern auch meistens gewollt. Und da kommt bei einem Zusammenschluss eine neue Organisation dazu mit einer anderen Unternehmensmentalität, einer unterschiedlichen Unternehmensphilosophie. Die Kollegen aus dem anderen Unternehmen haben andere Rechte, Pflichten, Vergünstigungen oder Gehälter. Wenn ein Konkurrenzunternehmen bei einer Übernahme eingegliedert werden soll, werden die Mitarbeiter angehalten, das frühere Feindbild abzulegen und kooperativ miteinander umzugehen und zusammenzuarbeiten. Das ist oft nicht leicht. Gewohnheiten, die über Jahre gewisse Einstellungen hervorgerufen haben, können nicht von heute auf morgen verschwinden. Wer die Mitarbeiter bei einem Fusionsprozess nicht auf seine Seite bringen kann, ist einfach chancenlos. Und wie sieht es mit dem Kundendialog in einem solchen Fall aus? Meistens gehen kurze Rundschreiben heraus und jeder im Management denkt, damit ist die neue Situation im Unternehmen zur Genüge erklärt. Dem ist in der Regel nicht so. Es entsteht eine gewisse Verunsicherung bei den Kunden. Manche Großkunden wandern zur Konkurrenz ab oder fassen erst wieder nach einem längeren Zeitraum Vertrauen zum früheren Lieferanten.

Was den Integrationszeitraum im Einzelnen angeht, so steigen die Chancen für einen dauerhaften Erfolg einer Transaktion dann stark an, wenn nach spätestens zwei bis drei Jahren der Eingliederungsprozess abgeschlossen ist. Das hängt sicherlich auch davon ab, wie stark vor einer Übernahme oder einer Fusion in die Strukturen des jeweils schwächeren Partners eingegriffen wurde. Bei der Fusion DaimlerChrysler dauerte es bekanntlich fast acht Jahre bis es zur endgültigen Aufhebung der Fusion kam. Hier brachte es keiner der beiden Partner in diesem Zeitraum zu einer kontinuierlichen, vereinbarungsgemäßen Weiterentwicklung. Immer wieder traten Absatzprobleme auf, begleitet von Stellenstreichungen. Die Unternehmensphilosophien beider Unternehmen waren einfach zu unterschiedlich.

Für den jungen Berufstätigen ist es auf jeden Fall wichtig zu wissen, dass nach etwa zwei bis drei Jahren die berühmte Hackordnung zwischen den Managern abgearbeitet sein muss. Neue, funktionierende Machtstrukturen sollten sich bis dahin gebildet haben. Wenn dann nach einer Transaktion innerhalb der Führungsebene immer noch keine Einigkeit erzielt ist und es bei Grundsatzentscheidungen ständig zu Reibungsverlusten kommt, wie sollen da die Mitarbeiter engagiert arbeiten? Unruhe, kaum Motivation und weiterhin Angst vor dem Arbeitsplatzverlust sind Gift für eine erfolgreiche Unternehmenstransaktion. Es gibt auch bestimmte Empfehlungen, wie sich Mitarbeiter verhalten sollen, wenn eine Übernahme oder Fusion im eigenen Unternehmen ansteht. Ein erster Grundsatz besteht darin, dass sich der Mitarbeiter aktiv einbringt, profiliert und auf keinen Fall zurückzieht und abwartet, was passiert. Eine gute Gelegenheit eröffnet sich dafür beispielsweise, in Teams mitzuarbeiten, die aus Mitgliedern von den bisher zwei verschiedenen Unternehmen zusammengestellt werden und Konzepte für die neue Zukunft erarbeiten sollen. Das hat den Vorteil, die neuen Mitarbeiter besser kennenzulernen, ihre Denkweise, Einstellung, die Art Probleme zu lösen. Gute Leistungen allein genügen nicht, Arbeitsplatz-Risiken zu reduzieren. So heißt der zweite Grundsatz. Man muss auch nach einer Unternehmenstransaktion schnell ein neues Netzwerk aufbauen. Mit einem gewissen Gespür und auch etwas Glück kann schnell gelingen herauszufinden, wer hat hier unter den neuen Partnern etwas zu sagen, wessen Wort gilt. Wer in Kürze neue Beziehungen aufbauen kann, der hat ein kleineres Arbeitsplatz-Risiko, ja vielleicht neue Chancen für einen Aufstieg. Bei solchen Einschnitten in eine Firma wie Verkauf, Übernahme oder Fusion werden die Karten neu gemischt und solche Gelegenheiten sollte der junge Berufstätige auch nutzen.

Große Ängste, viele Fragen und Befürchtungen treiben die Mitarbeiter um, wenn es darum geht, wie sieht die rechtliche Position aus, was ist mein Arbeitsvertrag beim Verkauf, einer Übernahme oder Fusion noch wert? Was kommt da auf den einzelnen Mitarbeiter zu? Zunächst ist einmal festzustellen, dass sich bei einem Verkauf und der Übernahme eines Unternehmens an der rechtlichen Struktur von Verträgen nichts ändert. Das Arbeitsverhältnis bleibt sozusagen eins zu eins bestehen. Das klingt recht beruhigend. Die Wirklichkeit stellt sich allerdings oft anders dar. Der einzelne Mitarbeiter kann beispielsweise jeder Zeit versetzt werden, in eine andere Position, die als gleichwertig deklariert wird, oder sogar an einen anderen Standort. Hier kommt es darauf an, was im Arbeitsvertrag steht. Je konkreter hier Aufgaben und Einsatzort beschrieben sind, umso besser ist die Position des einzelnen Arbeitnehmers. Daher gilt es zunächst einmal den Arbeitsvertrag genau zu prüfen. Die meisten Arbeitsverträge enthalten heute so genannte Weisungsklauseln, die einen breiten Handlungsspielraum des Arbeitgebers sicherstellen. Da heißt es dann beispielsweise: „Der Arbeitgeber behält sich vor, dem Arbeitnehmer eine andere zumutbare Arbeit / Aufgabe auch für Unternehmen, die mit dem Arbeitgeber oder dessen Gesellschaften verbunden sind, zuzuweisen, die den Kenntnissen und Fähigkeiten des Arbeitnehmers entspricht". Selbst wenn solche Öffungsklauseln nicht so umfangreich definiert sind, wird bei so außergewöhnlichen Vorfällen wie Verkauf oder Übernahme einer Firma oft Druck ausgeübt, entweder den neuen Anweisungen zu folgen oder den Arbeitsplatz auf Dauer zu verlieren. Bei Fusion von zwei oder mehr Unternehmen entsteht ja rechtlich gesehen eine neue Einheit, ein neues Unternehmen. Hier sind Befürchtungen angesagt, wer setzt sich bei der Verschmelzung durch, wer stülpt sozusagen seine Unternehmensverfassung dem anderen Partner über? Meistens ist es das stärkere Unternehmen, mit mehr Finanzkraft, höherer Marktdurchdringung und vielleicht auch den geschickteren Managern. Deshalb kann es durchaus passieren, dass der junge Berufstätige sich auf einen neuen Tarifvertrag einstellen muss, mit anderen Regelungen hinsichtlich Verdienst, Arbeitszeit oder auch Ansprüchen aus einer betrieblichen Altersversorgung. Die Fusion kann somit die größten Unsicherheiten für die Beschäftigten bringen. Kündigungen wegen eines Betriebsüberganges durch Verkauf, Übernahme oder Fusion allein sind unwirksam. Kündigungen aus anderen Gründen sind zulässig, soweit die gesetzlichen Voraussetzungen erfüllt sind, so die Rechtslage.

Und hier beginnt ab einem Zeitraum von sechs oder zwölf Monaten nach einer Transaktion meistens der Personalabbau. Wenn die Manager von Synergieeffekten geradezu schwärmen, steht von vorneherein schon fest, dass sie dabei vorwiegend an Stellenstreichungen denken. Die Beschäftigten scheinen bei Verkäufen, Übernahmen oder Fusionen immer die Verlierer zu sein. Alle anderen verdienen daran: die verantwortlichen Manager, die die Verhandlungen führen, bekommen „Erfolgsprämien“, die Banken, die die Transaktionen finanzieren, erhalten ihre üppigen Provisionen, die Unternehmensberater, die den bisherigen Eigentümern die Transaktion schmackhaft machen und als Erfolgsobjekt verkaufen, ebenso. Jeder bekommt in kurzer Zeit viel Geld. Dem jungen Berufstätigen kann nur geraten werden, alle Möglichkeiten auszunutzen, sich über seine Rechte zu informieren und einen Erfahrungsaustausch in Gang zu setzen, wenn eine Übernahme, ein Verkauf oder eine Fusion seiner Firma bevorsteht. Anlaufstellen sind ein Gespräch mit dem Vorgesetzten, mit dem Betriebsrat, mit vertrauten Kollegen, mit Bekannten, die schon Erfahrungen mit einer Firmentransaktion gesammelt haben. Viele Informationen sammeln, sich stark einbringen und nicht zurücklehnen und abwarten, was da kommt, das muss die Devise sein. Mehr kann auch der junge Berufstätige nicht machen.

Die Globalisierung verändert auch die Arbeitswelt

Bis hierher weiß der junge Berufstätige, dass Unternehmen sich wegen des zunehmenden Wettbewerbs immer wieder neu aufstellen müssen, um auf die Dauer wettbewerbsfähig zu sein und auch die bestehenden Arbeitsplätze zu sichern. Von Restrukturierungen war die Rede, von den Fehlern, die Manager und Investoren machen, wenn sie Firmenstrukturen verändern, Firmen verkaufen, übernehmen, fusionieren und dabei viele Arbeitplätze in Deutschland vernichtet haben. Nicht zuletzt auch aus einem Profitstreben heraus, das in so kurzen Zeiträumen meistens nicht zufrieden gestellt werden kann, wie sich das die Macher, Investoren und auch die Medien vorstellen. Die genauen Hintergründe des weltweiten Wettbewerbs bei Produkt- und Leistungsangeboten und den Folgen daraus für Arbeitsplätze sind noch vielseitiger und müssen detaillierter dargestellt werden. Ein kurzer Blick zurück gibt hier Aufschluss.

Noch vor 15 bis 20 Jahren, also Ende der achtziger bis Anfang der neunziger Jahre war in Deutschland trotz einiger Probleme auf dem Arbeitsmarkt immer noch ein ordentliches Wachstum in der Wirtschaft zu verzeichnen vor allem auch im Vergleich mit den Europäischen Nachbarstaaten. Plötzlich stiegen die Arbeitslosenzahlen überproportional an. Wachstum wurde bald zum „Nullwachstum“, obwohl keine grundlegende Veränderung im Aufbau der Bundesrepublik Deutschland stattgefunden hatte. Wohl aber hatte sich das internationale wirtschaftliche Umfeld in einem relativ kurzen Zeitraum stark gewandelt. Hans – Werner Sinn spricht in seinem viel beachteten Buch, Die Basar-Ökonomie von fünf „großen Umwälzungen oder Schocks“: der erste Schock bestand in dem Auftreten des rigorosen Preiswettbewerbs auf den internationalen Märkten durch die Niedriglohnländer China und Indien. Zweitens brachte die europäische Einigung mit den nördlichen und südlichen Erweiterungen den kleineren Ländern wie Spanien, Portugal oder Finnland besondere wirtschaftliche Vorteile. Mit dem Wegfall der Binnengrenzen eröffnete sich ein wesentlich größeres Marktgebiet und damit auch die Möglichkeit, größere Serien preiswerter herzustellen als das vorher der Fall war. Mit Produktivitätsgewinnen war auch ein größerer Wettbewerb von Firmen aus diesen Ländern für deutsche Unternehmen verbunden. Drittens wirkte sich zunächst die deutsche Wiedervereinigung unter wirtschaftlichen Gesichtspunkten nicht gerade positiv auf den Standort Deutschland aus. Die neuen Bundesländer hatten ein niedriges Ausrüstungsniveau, geringes Wirtschaftswachstum, das den Durchschnitt für Gesamtdeutschland nach unten drückte. Hinzu kam ein riesiger Finanzbedarf an öffentlichen Mitteln, der die Finanzsituation stark belastete und ebenso das Vertrauen in die Zukunft des Standortes Deutschland. Auch das schwächt bekanntlich das Wirtschaftswachstum ab.

Der vierte Schock bestand darin, dass in der Zeit des schwachen Wirtschaftswachstums auch noch der Euro im Jahre 2002 eingeführt wurde. Das erzeugte eine Annäherung des langfristigen Zinsniveaus in Europa. Noch in der Mitte der neunziger Jahre mussten manche Länder in Europa wegen ihrer international eingeschätzten Währungen 5 bis 7 Prozent mehr Zinsen an internationale Anleger bezahlen als das in Deutschland bei der D – Mark der Fall war. Dieser Risikoaufschlag fiel nun mit der Einführung des Euro weg. Auch das verstärkte die Wettbewerbsfähigkeit vieler anderer EU – Länder. Der fünfte Schock hatte ein besonders großes Gewicht. Er kam durch die Osterweiterung der Europäischen Union im Mai des Jahres 2004 zustande. Dadurch ergaben sich einerseits neue Handels- und Anlagechancen, aber auch große zusätzliche Wettbewerbsstrukturen durch das Niedriglohnniveau in den Ländern Polen, Tschechien oder Ungarn. (vgl. Hans – Werner Sinn, Die Basar – Ökonomie, S. 43 f).

Diese Veränderungen im wirtschaftlichen Umfeld in kurzen aufeinander folgenden Zeitabständen waren sicherlich für Deutschland eine etwas zu große Herausforderung auf einmal, wenn auch längerfristig gesehen die Vorteile für ein exportorientiertes Land wie Deutschland zum Tragen kommen werden. Die Angst vor der Zukunft begleitete das Denken der Menschen allerdings schon länger, vor allem kurz nach der Wiedervereinigung Deutschlands im Jahre 1990. Mit dem sich abschwächenden Wirtschaftswachstum nach dem ersten Vereinigungsboom gingen schnell die Arbeitslosenzahlen nach oben, die Firmeninsolvenzen ebenfalls und vor allem kam es zu ersten Betriebsverlagerungen in Niedriglohnländer des Ostens. Hier hatte die Entwicklung schnell einen Absender. Es kam ein Begriff immer mehr in den Vordergrund, den es zwar schon lange gibt, der aber jetzt das Ventil für die Angst vor der Zukunft war, der Grund für Entlassungen und weniger Arbeit in den Betrieben: das Wort „Globalisierung“, die Herausforderung und Bedrohung, in Deutschland und den westlichen Industrieländern generell. Was steckt im Einzelnen hinter der Bezeichnung Globalisierung? Wie werden die Strukturen in den Betrieben, in der gesamten Wirtschaft verändert? Bedeutet Globalisierung nur der Export von Arbeitsplätzen, Sozialabbau schlechthin, die Veränderung der Arbeitswelt oder gibt es auch positive Signale, die von der Globalisierung ausgehen? Fragen über Fragen, die nicht nur vor 15 oder 20 Jahren heiß diskutiert wurden, sondern auch heute noch die Gemüter von Politikern, Gewerkschaften, Unternehmenslenkern, Berufstätigen erregen und natürlich auch den Berufsanfänger beschäftigen?

Unter Globalisierung versteht man „die engere Verflechtung von Ländern und Völkern der Welt, die durch die enorme Senkung der Transport- und Kommunikationskosten herbeigeführt wurde, und die Beseitigung künstlicher Schranken für den ungehinderten grenzüberschreitenden Strom von Gütern, Dienstleistungen, Kapital, Wissen und (in geringerem Grad) Menschen“ (Stiglitz, Joseph, Die Schatten der Globalisierung, Berlin 2002, S. 24). Daraus lässt sich bereits folgern, wie vielseitig die Gründe für die zunehmende Internationalisierung des Handels, der Kapital-, der Produkt- und Dienstleistungsmärkte sind. Der Startschuss wurde zunächst im politischen Sektor gegeben, als im Rahmen des Freihandelsabkommens GATT (General Agreement on Tariffs and Trade) und später durch die WTO (Welthandelsorganisation) Handelsbeschränkungen und Investitionsbarrieren abgebaut wurden. Die Liberalisierung der Kapitalmärkte machte den freien Zugang von ausländischem Kapital auf die Märkte überall in der Welt möglich. Heute setzen die Investoren ihr Kapital dort ein, wo der höchste Ertrag zu erwarten ist. Besondere Triebkräfte der Globalisierung kamen dann mit dem ungeheueren technischen Fortschritt in der Logistik hinzu. Heute werden Waren in riesigen Containerschiffen mit einem Bruchteil Transportkosten für das einzelne Produkt von China nach Europa gebracht, und das noch in einem relativ kurzen Zeitraum. Stellvertretend für die großen Innovationen in der Kommunikation soll hier nur das Internet erwähnt werden. Wissen und Informationen können durch die Vernetzung über das Internet und durch die fast unbegrenzten Möglichkeiten der Kommunikation zu jeder Zeit und von jedem Ort der Welt ausgetauscht werden. Die grenzüberschreitende Mobilität von Sach-, Finanz- und Wissenskapital ist eine ungeheuere Triebkraft der Globalisierung. Das sind die Bausteine der Globalisierung und die Folgen für die einzelnen Volkswirtschaften, die Unternehmen und die Mitarbeiter in den Firmen bleiben nicht aus. Die Strukturen verändern sich und haben schon drastisch ihr Gesicht verwandelt.

Durch die grenzüberschreitende Transparenz ergibt sich bei den Produktionsfaktoren Arbeit und Kapital ein weltweiter Markt. Diese Produktionsfaktoren können sich rund um die Welt jeweils die besten Standorte und Anlagemöglichkeiten mit den günstigsten

Ertragsprofilen heraussuchen. Gleichzeitig erkennen die Niedriglohnländer ihre Chancen und machen bei diesem internationalen Wettbewerb mit. Wer kann ihnen das auch verdenken? Niedrige Arbeitskosten verbunden mit westlichem Wissens- und Geldkapital eröffnen ihnen neue, vorher nie gekannte Wettbewerbsvorteile in bestimmten Segmenten und Branchen. Die westlichen Industrieländer müssen sich diesem Wettbewerb stellen. Ansonsten bleibt ihnen keine weitere Chance. Das führte zunächst dazu, dass die arbeitsintensiven Branchen wie Bekleidungsindustrie, die Lederindustrie, die Spielwarenindustrie oder auch die Möbelindustrie Zug um Zug aus Deutschland abwanderten, ihre Produktionsstätten aufgaben oder neue Firmen in den Niedriglohnländern wie China, Indien oder Polen, Ungarn oder neuerdings in Rumänien aufbauten. Die arbeitsintensiven Sektoren setzten ihre Arbeitskräfte frei, wie das in der Fachsprache heißt. Deutschland und auch die anderen Hochpreisländer in Westeuropa suchten ihren Ausweg in der Spezialisierung auf kapitalintensive Fertigungsprozesse, in denen zudem für einen dauerhaften internationalen Erfolg viel High-Tech-Wissen und viel Erfahrung notwendig sind. Dazu zählen beispielsweise der deutsche Maschinenbau, die Autoindustrie, die Kunststoffverarbeitende Industrie oder die Chemische Industrie, alles deutsche Vorzeigebranchen mit vielen Weltmarktführern. Ein Aber kommt allerdings sogleich hinterher: die kapitalintensiven Sektoren benötigen pro Einheit Kapital weniger Arbeitnehmer als die arbeitsintensiven Branchen, die es heute in Deutschland kaum noch gibt. Was entsteht? Die Antwort ist eindeutig: ein Überangebot an nicht mehr benötigten Arbeitnehmern und damit ein gewisser Druck auf Löhne und Gehälter. Die Entwicklung der letzten Jahre in Deutschland bestätigt damit, wie es sich auswirkt, wenn der Faktor Arbeit in vielen Teilen der Welt deutlich billiger ist als in sämtlichen Regionen der Bundesrepublik, einschließlich der neuen Länder in Ostdeutschland. Der deutsche Arbeiter und Angestellte steht auf dem Arbeitsmarkt nicht nur in Konkurrenz zu seinen Kollegen im heimischen Markt, sondern konkurriert auch mit den vielen Arbeitskräften in der ganzen Welt, die ihre Arbeitskraft erheblich billiger anbieten.

Die Spezialisierung deutscher Unternehmen auf kapitalintensivere Produktionszweige ist nur eine Reaktion auf die große Lohnschere zwischen Westeuropa und vielen Schwellen- und Entwicklungsländern der Welt. Der Strukturwandel, der durch den globalen Wettbewerb ausgelöst wird, beeinflusst auch die strategischen Investitions-, Produktions- und Absatzziele der Unternehmen. Die Unternehmensverantwortlichen planen ihre Standorte schon lange nicht mehr deutschland- oder europaweit, sondern suchen sich die günstigsten Standortbedingungen unter allen Ländern der Erde. Da haben die niedrigen Lohnkosten zunächst einmal eine hohe Priorität bei der Auswahl eines Standorts. Die großen Konzernbetriebe, die schon früh international aufgestellt waren, sind hier Motor, Triebkraft der Globalisierung. Sie waren als erste in der Lage, Kapital und Güter und vor allem hochwertige Technologien über ferne Grenzen hinweg zum Einsatz zu bringen. Bereits in den achtziger Jahren gründeten die deutschen Großunternehmen wie BASF, Siemens und VW die ersten Betriebe in China und anderen asiatischen Niedriglohnländern. Diese Gründungswelle verstärkte sich dann zusehends mit dem Wegfall des Ost–West–Konflikts Anfang der neunziger Jahre. Mit der EU – Osterweiterung im Mai 2004 durch zehn Beitrittsländer entstand in unmittelbarer Nachbarschaft zu Deutschland eine Niedriglohnzone mit ungeheuerer Anziehungskraft für deutsche Unternehmen. Vor allem die größeren Länder wie Polen, Tschechien, Ungarn und auch die Slowakei waren schnell im Mittelpunkt des Interesses deutscher Auslandsinvestitionen. Und hier nahm gerade auch der deutsche Mittelstand seine Chance wahr, sich mit der Gründung von Tochterfirmen Wettbewerbsvorteile durch die Niedriglohnkosten der Osteuropäischen Länder zu verschaffen. „Dank ihrer nach Osteuropa verlängerten Werkbänke wurden und werden die mittelständischen Unternehmen Deutschlands zu Global Players im Kleinen“ (Sinn, Hans-Werner, Die Basar – Ökonomie, S.99). Im Januar 2007 kamen dann die Extrem-Niedrigkostenländer Rumänien und Bulgarien als Mitglieder zur EU. Kostenunterschiede im Lohnniveau zu anderen Ländern werden bekanntlich seit vielen Jahren von deutschen Firmenlenkern als Drohkulisse benutzt, um den Beschäftigten Zugeständnisse bei der Lohn- und Gehaltsfindung abzuringen. Wir verlagern nach Polen, Rumänien, China oder Indien, wenn eine Arbeitszeitverlängerung und eine zweijährige Tarifzeitlauf mit geringen nominalen Aufschlägen nicht akzeptiert werden, so der Tenor von vielen Lohnverhandlungen. Bisher ist dem jungen Berufstätigen immer nur gesagt worden, in Lettland, Rumänien oder Bulgarien arbeiten die Menschen zu einem Bruchteil des Lohnes deutscher Arbeitnehmer.

Wie groß die Lohnkostenunterschiede in den Mitgliedstaaten der Europäischen Union heute noch sind geht aus der jährlichen Übersicht des Statistischen Bundesamtes für das Jahr 2007 hervor: danach werden in Deutschland in der gesamten Privatwirtschaft 29,10 Euro je geleistete Arbeitsstunde bezahlt. Dänemark hat mit 35,00 Euro die höchsten Arbeitskosten aufzuweisen, während in Bulgarien mit 2,10 Euro, Rumänien 3,90 und in Lettland mit 4,80 Euro die Arbeitskosten am niedrigsten sind (Statistisches Bundesamt, Arbeitskosten und Lohnnebenkosten im EU-Vergleich für das Jahr 2007, Pressemitteilung Nr. 160 vom 22.04. 2008, www.destatis.de/jetspeed/portal). Die Lohnkosten für einen Industriearbeiter in China betragen für das Jahr 2005 im Durchschnitt 2,00 Euro pro Stunde und liegen damit bei knapp einem Zehntel der Kosten in Deutschland. Allerdings fallen die Lohnkosten je nach Region sehr unterschiedlich aus. So müssen in den von westlichen Firmen bevorzugten Küstenregionen Chinas mit besserer Logistik und Infrastruktur bereits 3,90 Euro je Industriearbeiterstunde bezahlt werden. Westliche Unternehmen geben für gut ausgebildete Industriearbeiter auch schon 6,90 Euro pro Stunde aus, vor allem im Raum Schanghai. Indien und Thailand liegen mit rund 1,00 Euro pro Arbeitsstunde im Jahre 2005 am Ende der Lohnkostenskala. (Kaufmann, Lutz, Panhans,Dirk, Poovan, Boney, Sobotka, Benedikt, Die niedrigen Löhne locken, in: io new management Nr. 11 / 2005, S. 47 ff). Hier entspringt zunächst einmal eine der wichtigsten Quellen für das schlechte Image der Globalisierung: sie sei die Hauptursache für Betriebsverlagerungen in das kostengünstige Ausland und damit verantwortlich für die Arbeitsplatzverluste in Deutschland und das rücksichtslose Management deutscher Firmenlenker. Stimmt das so, kann diese immer wieder aufgestellte Behauptung so stehen bleiben, von bestimmten Politikern und Gewerkschaftsvertretern stets gebetsmühlenartig heruntergebetet? Der junge Berufstätige wird heute schnell mit diesem Themenblock konfrontiert, wenn seine Firma ein so genannter Global Player ist, also ein Unternehmen mit Produktionsstätten in den Ostländern Europas oder in den Niedriglohnländern Asiens oder auch in Afrika und Lateinamerika. Eine Tochterfirma mit einer Produktion in einem Billiglohnland eröffnet bereits das Thema, wie gefährdet ist der eigene Arbeitsplatz? Oder gibt es auch noch eine andere Seite der Globalisierung?

Das Thema Verlagerung von wirtschaftlichen Tätigkeiten in das Ausland und die Folgen für den deutschen Arbeitsmarkt waren bisher kaum wissenschaftlich untersucht worden. Jetzt gibt es Ergebnisse einer Erhebung, in der 20 000 deutsche Unternehmen aus fast allen Bereichen der Wirtschaft befragt wurden, warum sie Betriebe im Ausland gründen, in welchem Umfang und wie sich diese Aktivitäten auf die Wettbewerbsfähigkeit und den deutschen Arbeitsmarkt generell auswirken. Das Material wurde vom Statistischen Bundesamt ausgewertet und auch veröffentlicht. Danach haben etwa 14 % der Unternehmen mit 100 Beschäftigten und mehr im Zeitraum von 2001 bis 2006 Aktivitäten von Deutschland aus in andere Länder verlagert. In der Industrie betrug die Verlagerungsquote sogar 20 %, während in den restlichen Bereichen wie Handel und Dienstleistungen nur 7 % der Unternehmen Verlagerungen vornahmen. Als Hauptmotive stellen sich Markterschließung und Kostensenkung heraus. In dem jeweiligen Auslandsmarkt vertreten zu sein und niedrige Lohnkosten ausnützen zu können ist für jeweils 82 % der Unternehmen wichtig oder sogar sehr wichtig. Dann folgen zu 74 % die übrigen Kosten und immerhin fast 60 % der Unternehmen halten die steuerlichen Anreize für wichtig und sehr wichtig. Der Grad der Erfüllung der Erwartungen ist hoch, vor allem was die verbesserte Wettbewerbsfähigkeit und die niedrigen Lohnkosten angeht. Dort werden Werte von 73 bzw. 67 % erreicht. Hinsichtlich der Bewertung des Zugangs zu neuen Märkten sind immerhin auch noch mehr als die Hälfte der Unternehmen zufrieden. Bei den Verlagerungen von Unternehmensaktivitäten nach Zielregionen zwischen 2001 und 2006 standen die Neuen EU-Mitgliedsstaaten mit 60 % Prozent an der Spitze, gefolgt von China mit 36 % (Industrie überdurchschnittlich 38 %), die EU-15-Staaten mit 30 %. Indien war hingegen nur mit knapp 20 % an den gesamten Verlagerungen beteiligt.

Untersucht wurde in dieser Studie aber auch, ob den Verlagerungen von Arbeitsplätzen im gleichen Zeitraum neue Stellen in Deutschland gegenüberstehen. Insgesamt haben danach die größeren deutschen Unternehmen ab 100 Beschäftigten in den Jahren von 2001 bis 2006 188 000 Stellen ins Ausland verlagert, also abgebaut. Die Gesamtbilanz wird aber dadurch wieder entscheidend verbessert, dass im selben Zeitraum 105 000 neue Arbeitsplätze in Deutschland geschaffen wurden. Das sind rund 56 % der verlagerten Stellen. Noch entscheidender sind die Erkenntnisse der Studie in der Frage wovon das Verhältnis zwischen verlagerten und neu aufgebauten Arbeitsplätzen abhängt. Hier gibt es durchaus gravie-

rende Abweichungen von der durchschnittlichen Ersatzquote in Höhe von 56 %.
Maßgeblich sind nämlich Branchenzugehörigkeit und Qualifikation des einzelnen Mitarbeiters. In der gesamten Wirtschaft wurde der größte Teil, nämlich 125 000 gering qualifizierte Arbeitsplätze verlagert und nur 37 % neue Stellen in vergleichbarer Qualifikation an den bisherigen Standorten neu eingerichtet. Die meisten gering qualifizierten und verlagerten Arbeitsplätze waren mit 95 000 in der Industrie zu verzeichnen und hier wurde nur ein Drittel davon neu aufgebaut. Bei den verlagerten Stellen mit höherer Qualifikation sieht das ganz anders aus. Hier kam es in der Gesamtwirtschaft zu einer Verlagerung von 63 000 Positionen, aber im gleichen Zeitraum sind 59 000 Stellen neu geschaffen worden. Das sind immerhin 94 %, also fast jeder verlagerte Job entstand am heimischen Arbeitsmarkt wieder neu. Die Industrie hinkt hier ebenfalls wieder etwas hinterher, das heißt es wurden dort 88 % der abgebauten höher qualifizierten Stellen wieder neu geschaffen. Bei der Hochtechnologie wie dem Autobau oder der chemischen Industrie ist diese Relation mit 94 % genau auf dem Niveau des Gesamtdurchschnitts. Und im Dienstleistungssektor schufen die Unternehmen sogar mehr Arbeitsstellen für höher Qualifizierte als sie durch Verlagerung ins Ausland abgebaut haben, nämlich mit einer Quote von 102 %. Noch deutlicher war der Aufbau von neuen Arbeitsplätzen im Sektor wissensintensive Dienstleistungen, wie Unternehmensberatung und Softwareentwicklung. Hier wurden 20 % mehr qualifizierte Stellen neu geschaffen als ins Ausland durch Verlagerung verloren gingen (Höh Hartmuth, Unternehmen und Arbeitsstätten, Engagement deutscher Unternehmen im Ausland, Statistisches Bundesamt Deutschland, www.destatis.de,jetspeed/portal, am 21.04. 2008).

Es ist somit festzuhalten, dass mit den neuen Aktivitäten der deutschen Unternehmen im Ausland auch heimische Arbeitplätze gestützt, ja gesichert werden. Ansonsten dürften überhaupt keine neuen Stellen im Inland entstehen. Dies gelingt in der Industrie mit Massenfertigung allerdings immer weniger und vor allem gering qualifizierte Arbeitnehmer sind davon am meisten betroffen. Es steht auch fest, dass ohne Betriebsgründungen im kostengünstigeren Ausland im Industriesektor die Arbeitsplatzverluste in Deutschland noch größer wären. Im Hochtechnologiebereich und den Dienstleistungen werden durch die gestiegene Wettbewerbsfähigkeit entweder gleichviel oder mehr Stellen geschaffen als durch die Verlagerungen wegfallen. Die Globalisierung hat aber insgesamt gesehen den Arbeitsplatz-Effekt, dass mehr Stellen verloren gehen als neue geschaffen werden. Immer mehr Positionen für geringer Qualifizierte fallen in Deutschland und auch den anderen Industrieländern der weltweiten Öffnung der Märkte, dem dadurch gestiegenen Wettbewerbs- und Kostendruck, sowie der neuen Schnelligkeit auf den Märkten zum Opfer.

Auch konnte sich zu Beginn der neunziger Jahre, als mit dem Fall der Mauer die große Globalisierungswelle begann, kaum jemand vorstellen, dass nicht nur Arbeitsplätze im verarbeitenden Gewerbe ins Ausland verlagert werden, sondern auch Stellen bei Banken, Versicherungen, Softwarehäusern oder Ingenieurleistungen. Und das in erheblichem Umfang. Ganze Forschungs- und Entwicklungsabteilungen von deutschen Konzernen wie Siemens oder Bosch gehen nach China, Programmierer aus Sibirien übernehmen Projekte für deutsche Mittelstandsfirmen und die Buchhaltung von deutschen und europäischen Konzernen wird von indischen Fachleuten erledigt. Durch das Internet gibt es keine Distanzprobleme mehr. Das Netz schafft für gut ausgebildete Kräfte selbst in den entlegensten Regionen der Erde neue Chancen. Hier steht in erster Linie der Gedanke von deutschen Firmenlenkern dahinter, gleich gute Arbeit zu deutlich niedrigeren Kosten in gleicher oder sogar noch kürzerer Zeit zu bekommen.

Die Untersuchung des Statistischen Bundesamtes hat aber auch gezeigt, dass bei der Verlagerung das Thema Markterschließung in etwa denselben Stellenwert besitzt wie die niedrigen Lohnkosten. Nicht nur vor Ort zu produzieren und gleichzeitig Entwicklungsingenieure, Vertriebs- und Marketingspezialisten im Ausland zu engagieren, hat auch etwas mit Marktvolumen und vor allem mit Marktnähe zu tun. Die Markterschließung in großen Schwellenländern kann nur dann auf die Dauer erfolgreich sein, wenn der riesige Bedarf schnell und mit größtmöglicher Präzision gedeckt werden kann. Der asiatisch – pazifische Raum stellt beispielsweise mehr als die Hälfte der Weltbevölkerung. Der Wunsch nach Autos und industriellen Ausrüstungsgütern und Dienstleistungen steigt stetig an und es besteht ein enormer Nachholbedarf. Ein mittelständischer Hersteller von gewerblichen Geschirrspülmaschinen und einer der Weltmarktführer auf diesem Sektor schätzt den chinesischen Markt folgendermaßen ein: alle Paar Monate eröffnet in China ein neuer Flughafen. In den großen Städten werden laufend Grundsteine für neue Hotels gelegt. Und für alle solche Projekte ist eine große Nachfrage nach leistungsfähigen, High – Tech – Gewerbespülmaschinen vorhanden. Die zu erwartende Marktentwicklung in China ist deshalb um ein Mehrfaches höher als in den weitgehend gesättigten Industrieländern Europas. Der deutsche Softwarekonzern SAP, einer der Weltmarktführer bei Unternehmens-Software, hat im indischen Bangalore eine Niederlassung zum zweitgrößten Konzernstandort ausgebaut. Die Begründung ist eindeutig. Die schärfsten Konkurrenten von SAP kommen aus den USA und errichten massiv Niederlassungen in Indien, haben dadurch nicht nur Kostenvorteile, sondern können vor Ort viel flexibler und schneller auf den wachsenden Bedarf von Unternehmenssoftware im Indischen Sub – Kontinent eingehen. Bei SAP ist aber auch deutlich sichtbar, dass dieser Konzern nicht nur im Ausland einen großen Stellenaufbau betreibt, sondern ebenso neue Arbeitsplätze am heimischen Standort in nennenswertem Umfang schafft, im Gegensatz zu manchen deutschen Großbanken und Versicherungskonzernen. Die deutschen Zulieferer in der Automobilindustrie wie Bosch oder Continental folgen ihren Großkunden, den Autobauern in die Schwellen- und Entwicklungsländer. Man könnte auch sagen, sie müssen ihnen folgen. Nur so ist eine so genannte just–in-time-Lieferung an das Band des Autoherstellers möglich. Entwicklungs- und Testserien können schneller und produktiver gefahren werden, um die hohen Qualitätsansprüche der Auftraggeber vor Ort zu erfüllen.

Alles dies deutet darauf hin, wie verzahnt die Betriebs- und Unternehmensstrukturen heute sind, wie die Globalisierung mit ihrem weltweiten Wettbewerb das Angebot von Produkten, Dienstleistungen, aber auch Arbeitskräften verändert und die deutschen Betriebe sich stets neu aufstellen, ja aufstellen müssen. Dazu trägt neben der Spezialisierung der deutschen Unternehmen auf kapitalintensivere Sektoren, auf High-Tech- Produkte und der Verlagerung von Arbeitsplätzen infolge der Niedriglöhne in den Entwicklungsländern noch ein dritter Effekt bei. Auch hier ist die Globalisierung wiederum Ursache als auch Wirkung zugleich. Es geht um den immer stärker werdenden Zukauf von Halbfabrikaten, Bauelementen und ganzen Baugruppen durch die deutschen Unternehmen im kostengünstigen Ausland. Die preiswert importierten Teile werden dann in den deutschen Betrieben zum fertigen Produkt zusammenmontiert, versehen mit der eigenen Wertschöpfung und als „made in Germany“ verkauft. Dies verändert die Fertigungsstrukturen der deutschen Industriebetriebe nachhaltig und hat damit auch entscheidenden Einfluss auf den Arbeitsmarkt in Deutschland.

Die Firmen halten ihren Standort in Deutschland, konzentrieren sich auf kapitalintensivere Fertigungsstufen und setzen immer mehr vorgefertigte Teile aus den Niedriglohnländern in ihren Erzeugnissen ein. Sie stellen deutlich weniger selbst her als das noch zu Beginn der Neunziger Jahre der Fall war. Die Fertigungstiefe sinkt, die eigene Wertschöpfung nimmt ab. Der Volkswirtschaftler Sinn hat das als „Basar – Effekt" bezeichnet. Er besteht darin, „dass der inländische Wertschöpfungsanteil an der Industrieproduktion, die so genannte Fertigungstiefe, zugunsten des Auslands fällt und dass sich die deutsche Industrie auf die Endstufen der Produktion spezialisiert" (Sinn, Hans-Werner, Die Basarökonomie, S. 91/92). Das Motiv für ein solches Verhalten ist eindeutig. Mit den preiswert zugekauften Teilen aus den Niedrigkostenländern sollen die Produktionskosten gesenkt werden. Die Wettbewerbsfähigkeit der deutschen Unternehmen auf den internationalen Märkten kann sich so deutlich verbessern. Arbeitgebervertreter und die Manager selbst stellen dann fest, die deutschen Unternehmen sind gut aufgestellt für den globalen Wettbewerb, sie hätten ihre Hausaufgaben gemacht. In der Elektrotechnik und im Fahrzeugbau, hier speziell in der Autoindustrie nahm die Fertigungstiefe in den Jahren von 1991 bis 2002 mit rund 10 Prozent am stärksten ab (vgl. Sinn, Hans-Werner, Die Basarökonomie, S. 100 f). Wenn ganze Motoren in einem speziell im kostengünstigen Ausland aufgebauten Werk nach Deutschland geliefert und dort in die „deutschen" Autos eingebaut werden, dann hat dies eben Beschäftigungseffekte. Immer mehr hoch technisierte, automatisierte Fertigungsstraßen mit hämmernden und schweißenden Robotern kommen noch hinzu. Alles dies zusammen, Spezialisierung auf kapitalintensive Fertigungen, Verlagerung von Produktionen in das Billiglohnland, der Basareffekt mit dem preiswerten Einkauf von Bauteilen im Ausland und der verstärkte Robotereinsatz hat dazu geführt, dass in der deutschen Industrie immer weniger Arbeitsplätze zur Verfügung gestellt wurden. Globalisierung vertreibt so vor allem die gleichmäßig wiederkehrende Arbeit, schnell erlernbar, ohne höhere Ausbildungsqualifikationen aus Deutschland. Und solche Arbeitsplätze waren zunächst einmal vor der großen Globalisierungswelle zu Beginn der neunziger Jahre, eben nach Ende des Kalten Krieges noch in spürbarem Unfang vorhanden.

Nun ist auch dem jungen Berufstätigen bereits das Schlagwort zu Ohren gekommen, dass den Dienstleistungsbranchen die Zukunft gehört und es dort neue Arbeitsplätze gibt. Wer in der Industrie seinen Arbeitsplatz verliert, solle sein Heil im Handel, der Gastronomie, in Callcentern, im Vertrieb bei Versicherungen, Banken oder Pharmafirmen versuchen. Das klingt alles sehr logisch, aber auch theoretisch. Die Wirklichkeit sieht etwas anders aus in Deutschland. Fest steht zunächst einmal, dass das Arbeitsvolumen im öffentlichen und privaten Sektor zugenommen hat, allerdings nur in einem geringen Umfang. Gegenüber dem Jahr 1991 mit einer Basis 100 weist das Jahr 2005 einen Indexwert von knapp 105 aus. Vergleicht man dazu die Beschäftigungsentwicklung im öffentlichen und privaten Dienstleistungssektor so liegt der Indexwert des Jahres 2005 gegen über dem Basisjahr 1991 bei 115, also eine deutlich höhere Steigerung. Was ist daraus zu folgern? Die erhebliche Differenz von „Köpfen“ und „Arbeitsvolumen“ ist darauf zurückzuführen, dass im Dienstleistungssektor Deutschlands in den letzten Jahren viele Beschäftigungsverhältnisse in Teilzeit und geringfügiger Beschäftigung aufgebaut wurden (vgl. Allmendinger, Jutta, Schlüsselfaktoren für eine erfolgreiche Dienstleistungswirtschaft mit sicheren Arbeitsplätzen, ver.di.-Tagung am 20./21. 02. 2006, Berlin S.19 f.). Vollerwerbsarbeitsplätze mit einem Einkommen, das einen ausreichenden Lebensunterhalt sicherstellt, wurden demnach zwar im Dienstleistungssektor geschaffen, aber viel zu wenige, um die Verluste in den deutschen Industriebranchen auszugleichen.

Wenn der jeweils freigesetzte Mitarbeiter nicht auf Dauer arbeitslos werden will oder bei fortgeschrittenem Alter nicht in den vorgezogenen Ruhestand gehen kann, muss er sich umorientieren.

Für eine Näherin, die jahrelang in einem Bekleidungsunternehmen Herren- und Damenhosen anfertigte, mag es möglich sein, einen Job in einem Supermarkt als Kassiererin oder Regalpflegerin zu bekommen. Neues Betätigungsfeld und oft noch Ortswechsel müssen angegangen werden. Aber was macht ein Bauhelfer oder Maschinenbediener in einer Metallwarenfabrik, der einen schlechten Hauptschulabschluss besitzt oder keine Lehre absolviert hat? Technischer Fortschritt, verstärkter Computereinsatz, weltweiter Wettbewerb und Globalisierungsdruck setzen solche Leute massenhaft frei. Die Globalisierung stellt immer höhere Anforderungen an die Ausbildung der Mitarbeiter. Fortbildung, Umschulung, neue zukunftsträchtige Berufe sind die Schlagworte, die dann auftauchen. Der Elektriker wird zum Elektroniker, der Mechaniker zum Mechatroniker. Aber wie soll das alles passieren, wenn jemand zwanzig Berufsjahre hinter sich hat, mit vierzig Jahren plötzlich seinen Arbeitsplatz verliert und nochmals von vorne anfangen muss? Der Elektriker oder Mechaniker kann vielleicht einen Job als Hausmeister bekommen mit einem Gehalt, das seinen Lebensunterhalt absichert. Der Maschinenbediener, der zwanzig Jahre lang mit Zuverlässigkeit und hoher Präzision seine Handgriffe geleistet hat, muss plötzlich sein Geld als Wachmann oder Angestellter in einem Sicherheitsdienst verdienen. Seine Arbeitskraft ist dort nicht mehr allzu viel wert. Manchmal werden nur fünf bis sieben Euro die Stunde bezahlt und davon soll dann eine ganze Familie leben. Solche Beispiele zeigen, wie wichtig es ist, dass junge Menschen zukunftsfähige Berufe ergreifen. Der junge Berufstätige ist deshalb auch immer wieder aufgerufen zu prüfen oder sich zumindest mit dem Gedanken zu befassen, wie hoch ist heute das Arbeitsplatz-Risiko in meiner Firma oder Dienststelle?

Längst hat die Dynamisierung der Globalisierung eingesetzt. Anders ausgedrückt, es wandern Produktionsstätten von Deutschland und den anderen westlichen Industrieländern dorthin, wo die

Menschen für wenig Geld, niedrigen Sozialstandards und geringen Schutz arbeiten und so die Produktionskosten niedrig gehalten werden können. Ändern sich die Rahmenbedingungen, verlangen die Fließbandarbeiter in China 50 Euro pro Monat statt wie bisher 40, werden Lohnsteigerungen von zwanzig Prozent angeprangert. Das Management deutscher Unternehmen fürchtet um seine Firmengewinne. Schon werden neue Firmenstandorte ins Kalkül gezogen, ein Umzug von China beispielsweise nach Vietnam oder Kambodscha. Schuhfabriken haben solche Pläne bereits in die Tat umgesetzt (vgl. Kazim Hasnain, Gier der Globalisierer, www.spiegel.de/wirtschaft, am 15.05.2008). Der Reifenhersteller Continental investierte im westrumänischen Temeschburg 100 Millionen in ein großes Produktionswerk. In dieser Region herrscht inzwischen Vollbeschäftigung. Firmen wie Alcatel, Coca-Cola und Siemens sind ebenfalls vertreten und Arbeitskräfte, vor allem besser ausgebildete werben sich die Firmen schon gegenseitig ab. Aus diesem Grunde errichtet Continental bereits im weiter östlich gelegenen Hermannstadt (Sibiu) ein Werk für elektronische Bauteile, sogar Forschung und Entwicklung mit inbegriffen (vgl. Dometeit Gudrun, Rumänien, Wie die Goldgräber, in: Focus Nr. 9 vom 21.2.2004, S.202 f). Die anderen osteuropäischen Länder wie Tschechien und Polen sind nach Meinung der deutschen Firmenlenker inzwischen schon zu teuer geworden, weil dort die Löhne überproportional steigen. Eine ganze Anzahl von Firmen, die von deutschen Unternehmen dort gegründet wurden, ist bereits wieder dabei, den Sprung in Länder mit noch niedrigeren Lohnkosten zu machen. Erste IT – Hersteller sind bereits weiter in den Osten gezogen, nach Weißrussland oder in die Ukraine. Am besten lässt sich diese neue Schnelligkeit der Globalisierung an der Handyfertigung demonstrieren.

Die Handymärkte wachsen weiter, vor allem in Afrika und Asien mit Veränderungsraten von 20 bis 40 Prozent jedes Jahr. Kaum ein zweites Produkt hat je so schnell weltweit eine Verbreitung gefunden wie das Handy. Alle großen Hersteller wollen an diesem Boom teilhaben, errichten imponierende Produktionsanlagen und machen das Werk dicht, wenn anderswo die Rahmenbedingungen besser und die Kosten niedriger sind. So hat Motorola im Oktober 1998 sein Handywerk in Flensburg in Betrieb genommen und im September 2008 wurde es mit einstmals 3000 Beschäftigten endgültig stillgelegt. Die Wanderung nach Fernost wird mit niedrigen Gewinnsteuern, niedrigen Löhnen und Abgaben versüßt. Als Nokia – der Marktführer im Handymarkt - die Schließung seines Handywerkes in Bochum bekannt gab, um eine neue Produktionsanlage in Rumänien aufzubauen, machte das Wort „Karawanen-Kapitalismus“ für dieses Verhalten der Nokiamanager die Runde (Von Petersdorff, Winand, Nokia und der Karawanen-Kapitalismus, in: Frankfurter Allgemeine Sonntagszeitung Nr. 3 vom 20.01.2008, S.29). Die sich beschleunigende Bewegung in der Weltwirtschaft trotz Rekordgewinne der großen Mitspieler ist ein Teil der Globalisierung, der dem Arbeitsmarkt in den westlichen Industrieländern schmerzende Stiche zufügt und ihn strukturell verändert. Es geht hier nicht darum, dass der Kapitalist immer dorthin geht, wo die Verzinsung seines Kapitals am höchsten ausfällt. Das ist Antrieb und Bestandteil der Marktwirtschaft. Es ist die Schnelligkeit der Märkte, die die Arbeitsplätze auch ganz schnell verschwinden lässt, wenn das Kapital weggeht. Die Einstellung der Unternehmer und Kapitalisten ist es, die hier auf den Prüfstand gehört: die Gier nach noch mehr Kapital in noch kürzerer Zeit, fast ohne Sensibilisierung für die Arbeitnehmer, die ihren Arbeitsplatz verlieren.

Wie schnell diese Beschleunigung der Märkte auch in die andere Richtung, nämlich von den Entwicklungsländern zurück nach Europa, nach Deutschland gehen kann, zeigt die steigende Anzahl von Betrieben, die ihre Auslandskapazitäten auflösen und wieder in ihre deutschen Standorte eingliedern. So steigen die Ausgaben für

Maschinen, Anlagen und Gebäude in Deutschland wieder spürbar an. Es hat sich nämlich herausgestellt, dass niedrige Lohnkosten allein auf die Dauer nicht der Schlüssel zu Markterfolgen sind. Vor allem im Maschinenbau, der Elektroindustrie, der Chemie- und Kunststoffindustrie hat sich die Stimmung gedreht. Schuld daran sind dabei immer öfter Qualitätsprobleme, vor allem die Qualitätskonstanz lässt zu wünschen übrig, Terminabsprachen werden nicht eingehalten. Auch die zusätzlichen Fracht- und Logistikkosten wurden unterschätzt.

Mittelständler mit einem hohen Qualitätsanspruch wie eine Firma Dauter , die Ladebordwände und Kipperaufbauten für Lastwagen herstellt, hat aus allen diesen Gründen sein Werk in Rumänien geschlossen. Die Rückkehrer rekrutieren sich aus allen möglichen Branchen wie Siteco Beleuchtungstechnik, der Hersteller augenoptischer Werkstatttechnik Optotec oder die Gröditzer Kurbelwelle. Sie kommen aus Slowenien, Bulgarien und Polen wieder mit ihren Jobs zurück an ihre heimischen Standorte. Auch eine große Firma wie die Joseph Vögele AG, Weltmarktführer in der Herstellung von Asphaltiergeräten für den Straßenbau hat ihren Standort in Slowenien wieder geschlossen. Zudem steigen die Lohnkurven in den Ostländern Tschechien, Ungarn und Polen gegenüber Deutschland überproportional an. Die Lohnkostenvorteile sinken und die Vorteile durch günstigere Steuergesetze wurden ebenfalls überschätzt (vgl. Tietz, Janko, Standort, Rolle rückwärts, in: Der Spiegel Nr. 39 vom 24.09.2007, S. 66 f).

Bisher muss der junge Berufstätige den Eindruck gewinnen, die Globalisierung schaffe nahezu nur Verlierer. Der Fließbandarbeiter, Beschäftigte in Callcentern oder gut ausgebildete Büromitarbeiter in Deutschland können ja nur als solche bezeichnet werden, wenn ihre Jobs plötzlich in China oder Indien erledigt werden. Die Globalisierung hat jedoch weltweit gesehen zwei Gesichter, nämlich Verlierer aber auch Gewinner. In den Industrieländern Europas und in Nordamerika haben die multinationalen Konzerne, die mit ihren Produkten und Leistungen auf der ganzen Welt zu Hause sind, am meisten von der Globalisierung profitiert. Besonders Deutschland gilt generell als Gewinner der Globalisierung dank seiner zentralen Lage in Europa und vor allem wegen der leistungsfähigen Exportindustrie, die sich mit Billigimporten aus Niedriglohnländern ihre Wettbewerbsfähigkeit sichert. Dazu zählen neben den großen deutschen Global Players auch Hunderte von mittelständischen deutschen Unternehmen, die in ihrem speziellen Segment Weltmarktführer sind. Der Autozulieferer Brose (Fensterheber, Türsysteme und Sitzverstellungen) gehört dazu, BHS Corrugated (Wellpappemaschinen), oder Würth AG (Befestigungs- und Montagetechnik) ebenso, um nur einige zu nennen. Nicht zu vergessen sind die Finanzunternehmen, ob in Deutschland oder anderen Ländern, die mit ihrer Erfahrung und weltweiten Präsenz die finanziellen Rahmenbedingungen zur Verfügung stellen und die Kapitalströme kanalisieren. Sie verdienen selbstverständlich an jeder Firmengründung in fernen Ländern. Bilder von Investmentbankern, die in einem Boomjahr nach dem Erhalt ihrer Boni die Sektkorken krachen lassen und zum nächsten Ferrari – Händler gehen, gingen hinreichend durch die Presse.

Auf der anderen Seite drängen bereits in den achtziger Jahren Millionen von Menschen in China, dann nach dem Fall der Sowjetunion in den osteuropäischen Ländern und in Indien auf den Arbeitsmarkt und bieten ihre Leistungskraft an. Besonders in China und Indien sind es Menschen, die vorher noch nie mit einem regelmäßigen Arbeitsplatz überhaupt in Berührung gekommen sind, sondern als Handlanger oder Tagelöhner ihr Dasein fristeten. Sie träumen alle von einem besseren Leben und gehen dorthin, wo sie Arbeit vermuten, in Fabrikhallen und Großbaustellen. So stieg in den letzten zehn Jahren die Zahl der Mitkämpfer im Weltarbeitsmarkt um rund 400 Millionen an, obwohl kein neuer Staat mehr dazukam (vgl. Steingart, Gabor, Weltkrieg um Wohlstand, München, 2006, S. 176). Die Wanderarbeiter Chinas übernehmen die am schlechtesten bezahlten und auch gefährlichen Jobs. Sie haben keine andere Wahl, entweder regelmäßiges Einkommen oder wieder zurück in die Slums oder auf das flache Land ohne jegliche Perspektive. Mit ungeheuerer Energie und Arbeitshunger werden viele von ihnen vom Hilfsarbeiter zum angelernten Arbeiter, zur Fachkraft am Fließband. Parallel dazu verlassen Hunderttausende von Technikern und Ingenieuren die Hochschulen und produzieren Wissen, betreiben Forschung und Entwicklung. Zugleich werden die Forschungsgelder von den Funktionären der gelenkten Marktwirtschaft ständig erhöht. So steigt die Wirtschaftsleistung Chinas nicht nur in den Branchen der Massenproduktion wie Textilien, Bekleidung, Schuhe, Waschmaschinen, Fernseher, Laptops sondern auch in den Sektoren mit hohem Qualitäts- und Forschungsansprüchen wie Automobilbau oder sogar Flugzeugbau. Die Wirtschaft wächst seit Jahren stets um rund 10 Prozent. In der Demokratie Indien verläuft die Entwicklung etwas gezielter und nachhaltiger, aber kaum weniger erfolgreich.

Dort wächst die IT-Branche weltweit am schnellsten. Jedes Jahr kommen 250 000 Computerspezialisten auf den Arbeitsmarkt. In Callcentern erledigen gut ausgebildete Techniker und Informatiker Verkaufsgespräche für Amerikanische Unternehmen, wenn sie beispielsweise nachts Oracle – Produkte wie Datenbanken oder Internetprodukte verkaufen und in den USA normale Arbeitszeit ist. Seitdem die Wirtschaft in Indien vor nahezu 20 Jahren liberalisiert wurde, wuchs in der IT-Industrie eine Schicht von hoch qualifizierten Fachleuten von über einer Million Experten heran. In der Biotechnik, die neue und vor allem preisgünstige Arzneimittel herstellt, arbeiten sogar zwei Millionen Menschen. IT-Spezialist, Arzt, Biotechniker und Manager sind die Traumberufe, die in Indien einen mit westlichen Maßstäben vergleichbaren Lebensstandard gewährleisten. Das Wirtschaftswachstum beträgt jährlich rund acht Prozent. Die Fachleute der Wirtschaftsinstitute sagen voraus, dass in Indien der private Konsum in den kommenden 20 Jahren sogar um mehr als 300 Prozent ansteigen wird (vgl. Fiedler, Teja, Elleringmann, Stephan, Indien auf dem Weg zur Weltmacht, in: Stern Nr. 38 vom 13.09. 2007, S. 74 ff). In den Ostländern Polen, Tschechien, Ungarn und neuerdings Rumänien und Bulgarien verlief die Dynamik der Märkte zu Beginn der neunziger Jahre von einem anderen Niveau aus. Zwar lag nach dem Zusammenbruch der Sowjetunion auch dort überall die Wirtschaft total am Boden, aber die Infrastrukturen waren mit denen der Schwellenländer Asiens überhaupt nicht vergleichbar. Mit den Direktinvestitionen der westlichen Industrienationen, und dabei vor allem auch von Deutschland, kam das westliche Kapital zu meist gut ausgebildeten Bevölkerungsschichten, aufgeschlossenen politischen Machthabern, die mit Niedrigsteuern anlockten. Westliches Know how vereinte sich mit willigen Mitarbeitern, die Niedriglöhne bezogen. Die Wachstumspfade in der Wirtschaft konnten beschritten werden.

In allen neuen Wachstumsregionen, ob in Osteuropa oder in den Entwicklungsländern Asiens, verläuft die Entwicklung in dieselbe Richtung: die Volkswirtschaften wachsen, und zwar deutlich stärker als in den Industrieländern. Das erhöht die Nachfrage nach Ausrüstungsgütern und hochwertigen Maschinen, medizinischer Technik oder Chemieprodukten made in Germany. Aber auch der Bedarf an Arbeitskräften nimmt deutlich zu. Die Löhne und Gehälter steigen überproportional an im Vergleich zu Deutschland, der private Konsum in den neuen Wachstumszonen wächst mit zunehmendem Einkommen. Der Hunger nach Produkten der westlichen Zivilisation ist groß, angefangen vom Handy bis zur Siebzigquadratmeterwohnung mit westlicher Ausstattung. Die Aufsteiger im globalen Wettlauf über Kontinente hinweg sind demnach die

Menschen mit dem ersten regelmäßigen Job, die gut ausgebildeten Leute als Vorarbeiter, Techniker, IT-Spezialist, Ingenieur, Betriebswirtschaftler oder frischgebackener Firmeninhaber in den boomenden Branchen der Entwicklungsländer Asiens und den osteuropäischen Ländern. Sie sind die Gewinner der Globalisierung und die gut gerüstete deutsche Industrie profitiert davon im Gegenzug als Exportweltmeister. Die Zahl der Menschen, die als Arbeitskräfte regelmäßig einen Job verrichten, hat stark zugenommen. So ist alles vernetzt weltweit, wenn auch nicht verschwiegen werden darf, wie die Ungleichheit in den einzelnen Entwicklungsländern und Schwellenländern in der dortigen Bevölkerung angestiegen ist. Die sozialen Gegensätze zwischen arm und reich nehmen trotz riesiger Wohlstandsgewinne nicht ab, sondern steigen noch an. Die neue Verteilung von Vermögen ist zu einseitig ausgerichtet. Vom globalen Handel und den aufstrebenden Industrie- und Dienstleistungsbranchen in den Entwicklungsländern profitiert gegenwärtig nur eine Minderheit, einige wenige im Vergleich zur Masse der Bevölkerung. Die Frage ist nur, ob dafür allein die Globalisierung verantwortlich gemacht werden kann.

In rohstoffreichen Ländern mit riesigen Vorkommen von Öl und Gas wie beispielsweise in Russland, Nigeria oder den Arabischen Staaten gründet sich der Reichtum von wenigen auf Dekadenz, Bestechung und Korruption. Die geschickt agierenden Neureichen unterstützen die jeweils herrschende politische Partei oder Kaste und sichern dadurch den bisher erzielten Reichtum ab. Nur so können Superreichtum von wenigen mit Hungerlöhnen und Missachtung von Menschenrechten vieler nebeneinander herlaufen. In Dubai, dem Inbegriff von modernem Reichtum Einzelner, gibt es bald den größten Containerhafen der Welt, die höchsten Gebäude und den modernsten Flughafen, alles aufgebaut mit Billiglohnkräften vor allem aus Indien und Pakistan. Es ist in allen diesen aufstrebenden Ländern, im Besonderen auch in China, kein Staat anzutreffen, der für Rechtssicherheit sorgt, für Arbeitsschutz. Vor allem gibt es keine wirkungsvollen Institutionen, die die Rechte der Arbeitnehmer gegenüber den Neureichen mit ihrem mächtigen Kapitalapparat vertreten. Gewerkschaften sind bisher in diesen Aufsteigerstaaten ein Fremdwort. Das „Good Governance", das funktionierende Staatswesen ist nicht vorhanden. Und dennoch bewirkt hier die Globalisierung, dass ein Teil der Menschen mit den neuen Jobs und einer besseren Ausbildung und damit auch mit den neuen Chancen aus dem Hungerlohnbereich herauskommen kann und so etwas wie eine neue Mittelschicht entsteht. Da gibt es IT-Spezialisten, Marketingmanager, Mobilfunkverkäufer, Bankkaufleute, Autoverkäufer, ob in Bangalore, Mumbai, Peking, Shanghai oder in boomenden Sonderwirtschaftszonen, die mit ihrer neuen Kaufkraft sich immer mehr Annehmlichkeiten des täglichen Lebens leisten können. In diesen neuen Kaufkraftzentren siedeln sich schnell heimische und vor allem international tätige Global Player an, die neue Arbeitsplätze und damit auch neues Einkommen mit dementsprechenden Konsumeffekten schaffen. Die neue Mittelschicht kann entstehen und sich ausweiten (vgl. Jung Alexander, Glüsing Jens, Rao Padma, Schepp Matthias, Wagner Wieland, Zand Bernhard, Gipfel der Ungerechtigkeit, in :Stern Nr. 23 vom 04.06. 2007, S.40 ff).

So hat die Bilanz der Globalisierung zwei grundlegende Konten von Soll und Haben, nämlich Verlierer und Gewinner mit mehreren Unterkonten, sprich verschiedene Abstufungen von Verlierern und Gewinnern. Der junge Berufstätige sollte mit den hinzugewonnenen Erkenntnissen deshalb öfters einmal Bilanz ziehen, auf welcher Seite der Bilanz er steht und wie ausgeprägt der Status seiner Position im Globalisierungs – Netz sich darstellt.

Die Globalisierungsbilanz für einen

jungen Berufstätigen von heute

Die erste Erkenntnis lautet, Globalisierung schleicht sich in die Firmenstrukturen ein. Sie ist nicht sofort sichtbar und spürbar. Zuerst tauchen einzelne Pakete mit ausländischer Etikettierung auf, die ihren Weg in die Produktionshallen finden. Einige Zeit später werden die Zulieferteile mehr, vor allem passen sie jetzt zu unterschiedlichen Positionen im gesamten Fertigungsprozess. Dann wird ein Vertriebsstützpunkt im fernen Land errichtet. Man will sich ja die Marktchancen in einem großen Abnehmerland nicht entgehen lassen, so die offizielle Argumentation des Managements. Schließlich wird ein Montagewerk errichtet. Wenn alle in der Firma sich auf diese Fertigungs- und Vertriebsstrukturen eingestellt haben, gibt der Vorstandsvorsitzende oder Firmenchef bekannt, dass das neue Werk in China, Indien oder Brasilien Teile der deutschen Fertigung übernimmt oder die Produktion einer gesamten deutschen Tochterfirma ablösen soll. Und die heimischen Arbeitsplätze sind weg. Der Betriebsrat verhandelt über einen Sozialplan. So oder ähnlich verlaufen die Verlagerungsstrategien in deutschen Firmen, still und leise. Manchmal werden Monate lang Überstunden gemacht. Jeder Mitarbeiter wiegt sich mehr oder weniger in Sicherheit. Dann die schnelle Betriebsversammlung, die Wut der Menschen, das Getöse der Medien. Wenn später der Tag der Schließung naht, ist das den meisten Presseleuten gerade noch eine kleine Meldung unter „ferner liefen“ wert. Selbstverständlich sind hier alle Mitarbeiter in den zu verlagernden Abteilungen betroffen. Aber für den jungen Berufstätigen fällt eine Welt zusammen, so kurz nach der Ausbildung. Er ist zutiefst verunsichert.

Als zweiter Satz gehört zum Inhalt der Globalisierungsbilanz: die neuen Konkurrenten, die Billigkräfte aus den Schwellenländern sind am Verhandlungstisch immer anwesend, allerdings nicht sichtbar, wenn es darum geht, die nächsten Tarife zwischen Arbeitgeber und

Gewerkschaften auszuhandeln. Der Weltarbeitsmarkt funktioniert hervorragend für die Arbeitgeber. Wer nicht länger arbeitet, auf Weihnachtsgeld oder Zulagen verzichtet und sich nicht mit geringen nominalen Lohnzuschlägen begnügt, der bekommt es mit dem unsichtbaren Kollegen aus China zu tun. „Wir können auch verlagern, da zahlen wir nur zehn oder höchsten zwanzig Prozent der Löhne“. Das wirkt, zumindest in einer Zeit, in der die Konjunktur in Deutschland stagniert und die Wirtschaft nur ein Wachstum von kaum einem Prozent erreicht. Das war immerhin im ersten Teil des neuen Jahrzehnts im 21. Jahrhundert in Deutschland der Fall.

Der dritte Teil der Globalisierungsbilanz ist einer der bittersten für die Arbeitnehmer in den westlichen Industrieländern: die einfachen Jobs, die von Menschen mit geringerer Qualifikation ausgeführt werden, gehen am meisten verloren. Dazu zählen ungelernte oder angelernte Beschäftigte, wie Transporthelfer, Automatenbediener, Beschicker oder Abfüller. Im Verbund mit Rationalisierung, Einsatz von leistungsfähigeren Maschinen und Organisationssystemen (Computer) und vor allem durch Verlagerung der Produktionen in Billiglohnländer verschwinden die weniger anspruchsvollen Tätigkeiten aus den deutschen Betrieben immer mehr. Ersatz gibt es kaum, es sei denn die Wirtschaft boomt. Dann sind solche Einsätze auch nur vorübergehend und diesen Job erledigt dann ein Leiharbeiter, der je nach Auftragslage schnell wieder entlassen werden kann. Leider hat die Globalisierung auch dazu geführt, dass auch Abteilungen in den Unternehmen verlagert werden, die ein hoch qualifiziertes Personal erfordern, wie Forschung und Entwicklung oder Informations-Technologie oder Buchhaltung, Controlling und Verwaltung. Die Spezialisten in Bangalore, Sibirien oder auch in Prag sind schnell, preiswert und zuverlässig. Entfernung spielt heute bei Internet und Mobilfunk-Konferenzsystemen keine Rolle mehr. Das Internet revolutioniert den Datenaustausch. Entweder übertragen deutsche Unternehmen teilweise solche qualifizierte Tätigkeiten an außenstehende Spezialisten im Niedriglohnland und behalten Konzeption, Pflege und Weiterentwicklung am heimischen Standort oder die eigene Niederlassung im Niedriglohnland übernimmt neben der Produktion auch komplett hochwertige Stabsfunktionen von Forschung bis zur Buchhaltung. Selbstverständlich wurde bereits festgestellt, dass bei den gering qualifizierten Arbeitsplätzen in der Industrie die Verlagerungsquote ins Niedriglohnland am größten ist und nur zu einem Drittel verlagerungsbedingt wieder Ersatz geschaffen wird. Bei der Verlagerung von Stellen mit höherer Qualifikation entsteht hinterher am deutschen Standort für jeden verloren gegangenen Job nahezu ein neuer Arbeitsplatz in gleicher Qualitätsstufe. Das kann einerseits etwas beruhigen, zeigt aber ganz deutlich, dass heute für jeden Mitarbeiter der Arbeitsplatz nicht mehr sicher ist. Die Dynamik der Märkte, der globale Wettbewerb schafft immer wieder Anpassungsdruck und Veränderungsbedarf. Der Arbeitsplatz ist zumindest vorübergehend gefährdet. Das sollte jeder junge Berufstätige unmittelbar nach Beginn seines Berufsweges in seinen Werdegang mit einbeziehen.

Der vierte Buchungsvorgang bei der Globalisierungsbilanz gilt mehr den kommenden Jahren. Hier könnte die Habenseite der Schwellenländer sich noch verbessern und dies sich auf der Sollseite der westlichen Industrieländer immer stärker negativ niederschlagen: Es geht darum, dass heute beispielsweise China die westlichen Märkte erobert, vor allem wegen seiner billigen Arbeitskräfte. Mit einfachen Konsumgütern wie Spielsachen, Kleidungsstücken, Uhren oder auch Computern werden die Märkte der Industrieländer geradezu überschwemmt. Inzwischen steigen jedoch die Löhne in China kräftig an, und zwar in einer Größenordnung von zehn und mehr Prozent pro Jahr. Die Folge liegt auf der Hand. Die Preise für chinesische Exporte steigen ebenfalls. So manches Unternehmen, das in China Zweigbetriebe errichtet hat, ist bereits dabei, die Standorte in China wieder aufzugeben und noch günstigere Ziele in Vietnam oder Indonesien anzusteuern. Deshalb bemüht sich China seit kurzer Zeit, höherwertige Produkte herzustellen und in die westlichen Länder zu exportieren. Dazu gehören Digitalkameras, Laser – Drucker oder Glasfaserkabel. Um in der Zukunft die hohen Wachstumsraten noch besser sicherstellen zu können, wird ein Netzwerk von so genannten Clustern gebildet, strategisch verteilt im Riesenreich. Dadurch werden Wertschöpfungsketten in einer räumlich begrenzten Region gebündelt bei gleichzeitiger Spezialisierung auf bestimmte Produktgruppen. So soll der Raum der 6-Millionen – Stadt Suzhou, zirka eine Autostunde westlich von Schanghai entfernt, zum „Silicon Corridor" Chinas aufsteigen. Neueste IT – Produkte, moderne Industriemaschinen, Bio-Tech-Firmen, Medizintechnik und die Halbleiterproduktion kündigen hier die Zukunftsindustrien Chinas an. Mit der Gründung von weiteren vier bis fünf Clustern wird die Innovations – Offensive gezielt angegangen. Was hat das alles mit Deutschland, mit den Arbeitsplätzen in München, Stuttgart oder Berlin zu tun? Eine ganze Menge. Die – heute immer noch Entwicklungsländer genannten –Staaten Asiens setzten zum Sprung in die moderne Industrie- und Dienstleistungsgesellschaft an, viel schneller als das in Europa oder den USA passierte und machen den westlichen Industrieländern mächtig Konkurrenz auf den Weltmärkten, und zwar auf deren ureigenen Operationsfeldern, den hochwertigen High-Tech-Segmenten. Die Überlegenheit der westlichen Gesellschaften in know how, zukunftsträchtigen Lösungen und Angeboten in der Wirtschaft und Gesellschaft geht langsam aber sicher dem Ende entgegen oder –etwas optimistischer ausgedrückt – schmilzt kräftig ab. Auch das sollte der junge Berufstätige mit im Kalkül haben, wenn es darum geht, Arbeitsplatz-Risiken in der Zukunft am heimischen Markt einzuschätzen.

Was kann der Einzelne tun, um die Globalisierungsbilanz etwas zu verbessern, sprich sich gegen einen drohenden Arbeitsplatzverlust durch den Globalisierungsdruck auf den internationalen Märkten zu wehren? Zunächst ist festzustellen, dass es bei dieser Dynamik auf den Märkten keine Garantie mehr für einen sicheren Arbeitsplatz gibt. Er kann nur grundsätzlich das Thema Arbeitsplatz-Risiko durch Globalisierung angehen. Vorausdenken kann aber dennoch etwas bringen. Wer heute bei einem Global Player angestellt ist, der mit seinen Produkten und Leistungen auf allen wachsenden Märkten vertreten ist, der kann zumindest davon ausgehen, dass das Arbeitsplatz-Risiko kaum durch die Art des Angebots hervorgerufen wird. Kurzfristige Strategiewechsel, Umorganisationen, Restrukturierungen, Fusionen oder Verkauf des Unternehmens erzeugen aber immer noch Unsicherheiten. Das ist klar. Und die kommen tendenziell mehr bei großen Konzernbetrieben vor als beispielsweise im Mittelstand. Wenn jemand bei einem Familienunternehmen angestellt ist, das in seinem Marktsegment als Weltmarkt- und Technologieführer gilt, dann sind zumindest gute Voraussetzungen vorhanden, den Job nicht durch Verlagerungen in Billiglohnländer zu verlieren. Solche mittelständischen Weltmarktführer sind meistens auch mit Niederlassungen in den Osteuropäischen Ländern und in China vertreten. Sie schaffen jedoch nicht nur im Ausland neue Arbeitsplätze sondern auch im heimischen deutschen Markt, wenn auch nicht im gleichen Umfang. Hier geht es um mehr Kontinuität in der Strategieentwicklung. Diese Firmen stehen nicht so unter dem Druck von Börsenanalysten, fertigen allerdings auch in Niedriglohnländern, um ihre Wettbewerbsfähigkeit mit ihrem HighTech-Angebot sicherzustellen. Und vor allem auch wegen der ungeheuer großen Nachfrage nach ihren Angeboten sind sie in den Schwellenländern vor Ort vertreten. Zu so einem mittelständischen Weltmarktführer zählt beispielsweise die Trumpf Gruppe mit Hauptsitz Ditzingen in der Nähe von Stuttgart. Trumpf gehört zu den weltweit größten Anbietern von Werkzeugmaschinen, zählt zu den führenden Unternehmen in der Fertigungs- und

Medizintechnik und gilt im Bereich industrieller Laser und Lasersysteme als Weltmarkt- und Technologieführer. Der Münchener Spezialist für Messtechnik und Kommunikationssysteme Rohde & Schwarz gehört auch zu dieser Gruppe von heimlichen mittelständischen Weltmarktführern, der Düsseldorfer Anlagenbauer SMS Demag ebenfalls , sowie der Hamburger Schiffsruder-Hersteller Becker Marine Systems. Auch sie sind alle seit Jahren Job-Schaffer in Deutschland und gleichzeitig viele Jahre in China tätig. Die richtige Branche, stabile Eigentümerstrukturen und vielleicht noch ein zielstrebiger und kommunikativer Chef grenzen das durch die Globalisierung bedingte Arbeitsplatzrisiko schon ein wenig ein. Ansonsten bleiben für den Einzelnen nur noch gute Aus- ,Weiterbildung und Flexibilität, so gut dies alles möglich ist, um das Arbeitsplatz-Risiko durch die Dynamik der Globalisierung ein Stück zurückzudrängen.

Ein letzter Grundsatz für die Globalisierungsbilanz ist für den jungen Berufstätigen noch entscheidend: die Globalisierung mit ihrer Dynamik und den Auswirkungen auf die internationalen Märkte und vor allem auf den Arbeitsmarkt ist nicht mehr umkehrbar. Mit anderen Worten, eine Rückkehr in die nationalen Räume, wie Europa hier und Asien oder Lateinamerika dort käme einer Abgrenzung gleich und hätte unübersehbare Folgen. Es muss ja immer wieder in Erinnerung gerufen werden, die Globalisierung schafft Wohlstand, nur nicht gleichmäßig verteilt. Es gibt Gewinner, aber auch Verlierer, in den westlichen Industrieländern Verlierer auf relativ hohem Niveau. Ohne globale Märkte mit ihren riesigen Export- und Importverflechtungen würden mit Sicherheit Arbeitsplätze massenweise verloren gehen. Und Deutschland wäre als Exportweltmeister davon am meisten betroffen. Bei der zunehmenden Vernetzung von technischem Fortschritt, Wissen und den sich rasant ausbreitenden modernen Kommunikationsmitteln wie Internet, Handy ist eine Wirtschaft ohne Globalisierung eine Illusion. Wer sich nicht darauf einstellt, egal ob Unternehmer, abhängig Beschäftigter wie der junge Berufstätige, Gewerkschafter oder Politiker gerät schnell ins Abseits. Globalisierung ist eben mehr als nur Arbeitsplatz- und Sozialabbau, Amerikanisierung, eine Falle, wie von den international tätigen Organisationen immer wieder gepredigt wird. Globalisierung ist Chance und Risiko zugleich und nicht mehr aus der Welt zu schaffen.

Das Prekariat und mehr. Was steckt dahinter?

Ein kurzer Blick zurück führt zu den Grundlagen prekärer Beschäftigungen in Deutschland: in allen Industriebranchen Deutschlands und im gesamten westeuropäischen Raum werden heute Firmen restrukturiert, es kommt zu Fusionen, Übernahmen und Verkäufen von ganzen Unternehmensbereichen. Neue Firmen werden in Billiglohnländern aufgebaut, Stammwerke im Heimatmarkt beschränken sich auf wenige produktive Kerne oder Entwicklung, Marketing und Qualitätskontrolle. Das Wort Globalisierung ist in aller Munde. Vielen Unternehmern und Kapitalisten ist das gar nicht so recht. Sie verlagern ihre Produktion mehr oder weniger klammheimlich. Immer mehr Einzelteile kommen nicht mehr vom eigenen Konzernbetrieb oder dem heimischen Mittelstandslieferanten wie bisher, sondern vom billigen Zulieferer aus Fernost oder Osteuropa. Die Bestellzettel werden immer länger. Zunächst sind es im Autoland Deutschland Rücklichter, Lenkräder, dann Stoßstangen und Bremsen, die zugekauft werden. Schließlich kommt der gesamte Motor aus Ungarn oder China. Ein Personalaufbau erfolgt nicht mehr in Deutschland oder in den anderen westeuropäischen Ländern. Vielmehr ist ein lautloser Arbeitsplatzabbau in vollem Gange. Dies ist nicht daran zu erkennen, was aus Deutschland hinausgeht, sondern an den Waren, die in deutschen Häfen im Container angelandet werden. Die Fachleute sprechen davon, dass die Fertigungstiefe bei unseren Produkten in Deutschland ständig zurückgeht und die Importquote am Endprodukt stets ansteigt. Der Hauptgrund, warum die Unternehmenslenker sich so verhalten, ist die Senkung der Produktionskosten. Wenn ein Unternehmen nicht mitmischt in diesem Wettbewerbsreigen, ist es mit der Wettbewerbsfähigkeit nicht gut bestellt und um die hohe Exportquote ebenfalls nicht. So ist auch die Rolle von Deutschland als Exportweltmeister zu erklären, auf die zu Recht alle stolz sind. Aber es müssen auch die Folgen dieser so erreichten Marktposition richtig eingeschätzt werden. Die Billiglöhne in China und Indien haben gravierende Auswirkungen für die gesamte deutsche und westeuropäische Industriestruktur. In den USA hat sich diese Entwicklung schon länger angebahnt.

Die Unternehmer sprechen vom Wettbewerb der Standorte. Tatsächlich handelt es sich um einen Wettbewerb der Industriearbeiter, nicht mehr in einem oder zwei Ländern, sondern auf einem Weltarbeitsmarkt. Die Lohnkonkurrenz findet statt zwischen den Arbeitern in China, Indien, Osteuropa und den Arbeitnehmern in Deutschland und den anderen westeuropäischen Staaten. So etwas hat es in den Zeiten des kalten Krieges vor 1990 in diesem Ausmaß noch nie gegeben. Die Lohnkosten für einfache Arbeiten in den Textil- und Schuhfabriken Chinas betragen noch nicht einmal einen Euro in der Stunde. Indien hat sich zum Dienstleistungszentrum für Europa und Amerika entwickelt. Zehn Softwareentwickler kosten dort so viel wie einer in Deutschland. Manchmal wird gerade von Politikern in die Debatte geworfen, dass es sicherlich nur eine Frage der Zeit sei bis sich die Löhne auch in den Entwicklungsländern dem Niveau in Deutschland und Europa angleichen würden. Das mag vielleicht für die Länder Polen, Tschechien und Ungarn einigermaßen zutreffen. Aber für Indien und China mit ihrem riesigen Reservoir von Arbeitskräften ist das in den nächsten Jahren nicht zu erwarten. Hunderttausende Land- und Wanderarbeiter drängen vom flachen Land in die Städte und unterbieten selbst die momentanen Löhne derer, die seit kurzer Zeit einen Arbeitsplatz haben. Hinzu kommt noch, dass es in Indien und China so gut wie keine Sozialkosten gibt, keine Aufwendungen für Kranken-, Renten-, Arbeitslosenversicherung, Urlaubsgeld, Nachtzuschläge usw. Bekanntlich machen diese Sozialkosten in Deutschland und den meisten anderen westeuropäischen Ländern mindestens 40 Prozent der gesamten Lohnkosten aus. In Deutschland gehen Hunderttausende in den Vorruhestand oder in die Arbeitslosigkeit, junge Leute bekommen keinen Ausbildungsplatz und in China drängen jedes Jahr Hunderttausende neu in den Arbeitsprozess und verschärfen den weltweiten Arbeitsmarkt. Zutreffend wurden die westlichen Industrieländer daher als „ Abschiedsgesellschaft" bezeichnet und die aufstrebenden Länder des fernen Ostens wie China und Indien als die „Angreiferstaaten" (vgl. Steingart, Gabor, Weltkrieg um Wohlstand, Wie Macht und Reichtum neu verteilt werden, S. 159 ff).

Wer jetzt immer noch glaubt, dass so riesige Unterschiede auf dem Weltarbeitsmarkt Deutschland nicht unmittelbar beeinflussen würden, der muss sich nur mit der Entwicklung der Löhne und Beschäftigungsverhältnisse in den letzten Jahren befassen. Die Reallohnentwicklung, also die Nominallöhne unter Abzug der Preissteigerung, ist in den vergangenen zehn Jahren von 1995 – 2004 in Deutschland so gut wie unverändert geblieben, ja mit 0,9 Prozent sogar leicht im Minusbereich angekommen. In den 15 alten EU-Ländern stiegen die Reallöhne hingegen im Durchschnitt um 7,4 Prozent an, am stärksten in Großbritannien und Schweden mit jeweils knapp über 25 Prozent. (WSI-Tarifarchiv, Reallohnentwicklung: Deutschland hat die rote Laterne, in: WSI Presse Dienst Nr. 25 vom 13.06. 2005). Andererseits sind Unternehmensgewinne und Vermögenseinkünfte (Zinsen und Dividende) stark angestiegen. So öffnet sich die Einkommensschere zwischen diesen beiden Einkommensblöcken immer weiter. Selbst im Jahr 2006, in dem das Wirtschaftswachstum mit 2,8 Prozent seit sechs Jahren am stärksten ausgefallen ist, legten die Arbeitnehmerentgelte nur um 1,3 Prozent zu, während die Einkommen aus Unternehmensgewinnen und Vermögen um mehr als fünfmal so viel angestiegen sind, nämlich exakt um 6,9 Prozent. So etwas bleibt nicht im stillen Kämmerlein verborgen.

Im Jahr 2006 wurde der Begriff „Prekariat" von der Gesellschaft für deutsche Sprache auf Platz 5 der Wörter des Jahres gewählt. Damit taucht ein Begriff aus der Soziologie verstärkt in der Öffentlichkeit auf, der auf einen ständig zunehmenden Sektor in der neuen Arbeitswelt hinweist. Charakterisiert wird nämlich das Prekariat durch ungeschützte, sogenannte flexibilisierte Arbeitsverhältnisse. Darin steckt auch das Wort „prekär", das so viel wie unsicher, misslich oder schwierig bedeutet. Besonders stark davon betroffen ist die junge Generation, die als Berufseinsteiger einen ersten Job sucht oder als Berufsanfänger gerade einmal die ersten ein bis zwei Jahre Berufserfahrung hinter sich hat.

Hier muss als erstes Beschäftigungsverhältnis, das weit von einem regulären Arbeitsplatz entfernt ist, das Praktikum genannt werden. Bei einem Praktikum sollte nach allgemeiner Auffassung das Lernen im Vordergrund stehen. Es dient dazu, Kenntnisse, Erfahrungen zu sammeln und sich während der Ausbildungsphase auf den Beruf vorzubereiten. Der Praktikant ist dabei nicht fest in die tägliche Verrichtung und Abwicklung von Aufgaben und Funktionen eingeplant. Vielmehr durchläuft er in einem Betrieb verschiedene Abteilungen, ist nicht für bestimmte Arbeiten allein voll verantwortlich und wird von einem Betreuer begleitet, der auch die Arbeitsinhalte vorgibt. Gerade an solche Standards halten sich heute viele Arbeitgeber nicht. Sie nutzen die große Nachfrage nach Arbeitsplätzen von meist gut ausgebildeten jungen Leuten massiv aus. Praktikanten erhalten oft für mehrere Monate kein Gehalt oder arbeiten für einen symbolischen Betrag von 400 bis 500 Euro im Monat und das bei vollen 40 Stunden in der Woche. Nach einer kurzen Einarbeitungsphase ersetzen Praktikanten so eine reguläre Arbeitskraft und werden von den Unternehmen wegen ihrer hohen Motivation und Arbeitsbereitschaft sehr geschätzt. Vor allem bei den jungen Akademikern und noch mehr bei Akademikerinnen, wohlgemerkt hoch dekoriert mit Titeln und umfangreichen Sprachkenntnissen, ist der Einstieg in den Beruf mit solchen Praktikas zunächst einmal verbaut, schlecht bezahlt und frustrierend. Betroffen sind aber auch Schulabgänger, die eine Lehrstelle suchen und nach Unmengen von Bewerbungen froh sind, sich in ein Praktikum retten zu können, um nicht auf der Straße zu stehen. Für das dabei negativ empfundene Lebensgefühl hat sich wegen der großen Verbreitung eines Praktikantenunwesens im deutschen Arbeitsmarkt der Begriff „Generation Praktikum“ herausgebildet. Matthias Stolz war Anfang 2005 der erste, der in der ZEIT diesen Begriff geprägt und auf diese un- und minderbezahlten, nicht gesicherten Arbeitsverhältnisse hingewiesen hat (vgl. Matthias Stolz, Generation Praktikum, in: Die Zeit Nr. 14 vom 31. März 2005). Im Jahre 2006 kam der Begriff „Generation Praktikum“ bei der Wahl zum Wort des Jahres sogar auf den zweiten Platz, ein Beweis dafür wie sehr die Öffentlichkeit solche prekären Praktikanten- und Arbeitsstellen in dieser Häufigkeit verurteilt. Für die Betroffenen heißt das doch, dass eine berufliche Stabilisierung oft erst nach drei bis vier Praktikas und einem Zeitraum von 1 bis 2 Jahren erfolgen kann. Ohne die Unterstützung der Eltern und noch mit Hilfe von anderen, meist Abends- oder zusätzlichen Wochenendjobs wäre ein finanzielles Überleben gar nicht möglich.

Von den USA sind schon seit einiger Zeit Meldungen bekannt, dass Arbeitnehmer dort verstärkt verschiedenen Jobs gleichzeitig nachgehen. Tagsüber wird in einem Industriebetrieb am Band gearbeitet, abends ist jemand für einige Stunden Mitarbeiter einer Geldtransportfirma und am Wochenende ist Aushilfe bei einem Restaurantbetrieb angesagt. Bisher war in Deutschland eine solche Mehrfachbeschäftigung, wie die Fachleute das bezeichnen, kaum groß in Erscheinung getreten. Dies hat sich geändert. Ein Job ist für immer mehr Menschen in Deutschland nicht genug. Zu diesem Schluss kommt eine Studie des Instituts für Arbeitsmarkt- und Berufsforschung der Bundesagentur für Arbeit (Hirschenauer, Franziska, Wießner, Franz, Mehrfachbeschäftigung, Ein Job ist nicht genug, IAB Kurzbericht, Ausgabe Nr. 22 vom 06.12. 2006). Die messbare Mehrfachbeschäftigung, abgeleitet aus der Beschäftigungsstatistik der Bundesagentur für Arbeit, stellt sich in mehreren Varianten dar: zunächst die Kombination mehrerer sozialversicherungspflichtiger Beschäftigungsverhältnisse, dann die Kombination mehrerer geringfügiger Beschäftigungsverhältnisse und schließlich die Kombination sozialversicherungspflichtiger mit geringfügigen Beschäftigungsverhältnissen. Immerhin gibt es im Jahre 2004 von allen Varianten in Deutschland 1,5 Mill. Mehrfachbeschäftigungsverhältnisse, wobei allerdings die große Mehrheit, nämlich 82 Prozent auf die letztgenannte Variation entfallen, Personen, die neben einem sozialversicherungspflichtigen auch einen geringfügigen Job haben. Die Mehrfachbeschäftigung hat seit dem Jahr 2002 von 0,9 Mill. auf 1,5 Mill. in 2004 zugenommen. Hauptgrund war – so die Autoren – die Änderung der gesetzlichen Rahmenbedingungen. Seit April 2003 ist es möglich, in Mini-Jobs 400 Euro pro Monat steuerfrei zu verdienen, für Arbeitnehmer auch frei von Sozialbeiträgen. Diese Regelung bleibt selbst dann bestehen, wenn der Mini-Job neben einer sozialversicherungspflichtigen Tätigkeit ausgeübt wird.

Weitere Motive, warum immer mehr Menschen gleichzeitig mehrere Beschäftigungsverhältnisse eingehen, werden in der IAB-Studie alternativ aufgeführt, wie zusätzliche Arbeit für zusätzlichen Konsum, also persönliche Motive. Ziemlich eindeutig fällt aber das Urteil über die Mehrfachbeschäftigung bei den beiden Varianten aus, die mehrere sozialversicherungspflichtige und mehrere geringfügige Beschäftigungen kombinieren. Diese Versionen sind vor allem in strukturschwächeren Regionen mit einem vergleichsweise hohen Anteil vertreten und dabei noch zusätzlich im Osten Deutschlands. Hier trifft die Vermutung zu, dass ein Arbeitsverhältnis allein nicht ausreicht, den Lebensunterhalt zu sichern. Zur Kombination von mehreren schlecht bezahlten Jobs ist man aus der Not heraus geradezu gezwungen. Weiterhin gilt es als sehr wahrscheinlich, dass die Mehrfachbeschäftigung nach dem Abschluss der Studie seit dem Jahr 2004 noch weiter zugenommen hat. Die Ansprüche der Menschen sind geblieben, die bereits bekannte Stagnation der Reallöhne und neue Belastungen aus den Reformbemühungen der Politiker (Mehrwertsteuererhöhung, Abbau von Steuervergünstigungen und höhere Krankenversicherungsbeiträge) führen dazu, dass die Arbeitnehmer immer weniger Kaufkraft zur Verfügung haben. Insofern muss man die Mehrfachbeschäftigung, die aus einem Überlebenskampf heraus betrieben wird, als ein weiteres Element eines prekären Arbeitsverhältnisses ansehen.

Und wie sieht es bei den viel diskutierten befristeten Arbeitsverhältnissen aus? Im deutschen Arbeitsmarkt sind befristete Arbeitsverhältnisse keine Seltenheit mehr, gerade auch bei den jungen Berufstätigen verstärkt anzutreffen. Zunächst steht außer Zweifel, ein befristetes Arbeitsverhältnis ist auf jeden Fall viel besser als keinen Arbeitsvertrag zu haben. Es bietet die Chance, sich zu bewähren, Stärken zu zeigen und Erfahrungen zu sammeln. Die Wahrscheinlichkeit ist vorhanden, durch ein befristetes ein unbefristetes Arbeitsverhältnis zu bekommen. Arbeitgeber lassen bewährte Arbeitnehmer nicht so ohne weiteres ziehen, wenn die Personalpolitik nicht von heute auf morgen angelegt ist, sondern mittelfristig geplant wird. Für den Arbeitgeber besteht bei einem befristeten Arbeitsverhältnis auch der große Vorteil, sich nach Ablauf der Frist ohne Kündigung vom Arbeitnehmer trennen zu können. Es kommt zu keinem längeren Trennungsverfahren wie Abfindungsvereinbarung oder ein Arbeitsgerichtsprozess. Andererseits bedeutet ein befristetes Arbeitsverhältnis für den Arbeitnehmer einen erheblichen Nachteil. Die Arbeitssuche beginnt nach Ablauf der Frist wieder von vorne, auch mit dem Handicap bei der Vorstellung. Die Einstiegsfrage beginnt dann in der Regel damit, warum der vorangegangene Arbeitgeber nicht ein Angebot für einen unbefristeten Arbeitsvertrag gemacht hat.

Wirksamkeit und Rechtsfolgen der Befristung von Arbeitsverträgen sind seit dem 1. Januar 2001 im Gesetz über Teilzeitarbeit und befristete Arbeitsverträge geregelt. Die wichtigsten Bestimmungen daraus sollte der junge Berufstätige kennen. Die Befristung muss ausdrücklich vereinbart werden. Ansonsten wird das Arbeitsverhältnis auf unbestimmte Zeit geschlossen. Das Gesetz unterscheidet zwei Arten von befristeten Arbeitsverträgen: den kalendermäßig befristeten Arbeitsvertrag, beispielsweise bis zum „31. 12 oder 9 Monate", es liegt demnach eine Zeitbefristung vor. Die zweite Variante ist der zweckbefristete Arbeitsvertrag. Hier bestimmt sich die Dauer des Arbeitsverhältnisses nach Art, Zweck oder Beschaffenheit der Arbeitsleistung. Urlaubs- oder Krankheitsvertretung, Mitarbeit an einem bestimmten Projekt können solche Anlässe sein. Zeitbezogene Arbeitsverträge enden automatisch zu dem fixierten Zeitpunkt. Bei zweckbezogenen Verträgen ist eine Auslauffrist von zwei Wochen einzuhalten. Diese Frist beginnt dann zu laufen, wenn der Arbeitnehmer durch einen schriftlichen Hinweis des Arbeitgebers davon erfährt, dass der vorgesehene Zweck erreicht ist. Die Befristung erfordert zudem eine schriftliche Vereinbarung. Ansonsten ist sie unwirksam. Dies führt jedoch nicht zu einem unwirksamen Arbeitsvertrag, sondern zu einem unbefristeten Vertragsverhältnis. Die Empfehlung lautet daher von vorneherein, den gesamten Arbeitsvertrag stets schriftlich abzufassen.

Weiterhin ist noch darauf hinzuweisen, was es mit der Unterscheidung von einem befristeten Arbeitsverhältnis mit sachlichem Grund und ohne sachlichen Grund für die Befristung auf sich hat. Grundsätzlich ist eine Befristung möglich, wenn ein sachlicher Grund dafür vorhanden ist. Als Beispiele können aufgeführt werden, eine Vertretung für einen anderen Arbeitnehmer, kurzfristiger, außerplanmäßiger Arbeitsanfall oder überraschende, dringende Eilaufträge. Ein kalendermäßig, also zeitbezogener befristeter Arbeitsvertrag kann auch dann abgeschlossen werden, wenn kein sachlicher Grund für die Befristung gegeben ist. Die Höchstdauer der Befristung ohne sachlichen Grund beträgt nach dem Gesetz jedoch zwei Jahre. Bis zu dieser Gesamtdauer von zwei Jahren kann ein befristeter Arbeitsvertrag auch höchstens dreimal verlängert werden. Schließlich ist noch gut zu wissen, dass die Befristung eines Arbeitsverhältnisses ohne sachlichen Grund nur bei einer Neueinstellung möglich ist. Das ist dann von Bedeutung, wenn jemand zu irgendeinem früheren Zeitpunkt mit demselben Arbeitgeber schon einmal ein unbefristetes oder ein mit oder ohne Grund befristetes Arbeitsverhältnis gehabt hat. In diesem Fall kann ein befristetes Arbeitsverhältnis ohne sachlichen Grund nicht vereinbart werden. An eine Befristung ohne Sachgrund kann ein befristetes Arbeitsverhältnis mit einem sachlichen Grund nacheinander angeschlossen werden. Daraus lässt sich ableiten, welche Feinheiten hier festgelegt worden sind, um eventuell befristete Arbeitsverträge in die Länge ziehen zu können. Wenn Arbeitgeber bei befristeten Arbeitsverträgen das Überangebot von Arbeitssuchenden mit solchen Zeitverträgen und unterdurchschnittlichen Entlohnungen ausnutzen, dann ist das Thema „prekäreres Arbeitsverhältnis" schnell erreicht. Dabei hat der Gesetzgeber bei der Abfassung des Teilzeit- und Befristungsgesetzes durchaus ein ehrenwertes und strategisch richtiges Ziel verfolgt, nämlich den verkrusteten und starr fixierten deutschen Arbeitsmarkt etwas aufzulockern und den Arbeitssuchenden und dabei gerade auch den jungen Berufstätigen den Einstieg in das Berufsleben zu erleichtern. Die Feststellung klingt wieder im Ohr: ein befristetes Arbeitsverhältnis ist allemal besser als überhaupt kein Arbeitsverhältnis zu haben.

Eine stärkere Flexibilisierung des Arbeitsmarkts in Deutschland würde deutlich mehr Arbeitsplätze schaffen, so wird von den Arbeitgebern immer wieder gefordert. Dabei gibt es neben den Instrumenten der befristeten Arbeitsverhältnisse und den Mini-Jobs im Rahmen der 400 – Euro – Regelung den rechtlichen Rahmen der zeitweisen Arbeitsüberlassung schon seit vielen Jahren, besser bekannt unter den Begriffen Zeitarbeit, Leiharbeit oder Personalleasing. Der Gesetzgeber hat in den letzten Dekaden das Arbeitnehmerüberlassungsrecht immer wieder reformiert. Die Schlagzeilen über das Echo der Zeitarbeit sind sehr unterschiedlich und reichen von „Zeitarbeitsbranche – eine Boombranche“ bis hin zu „Zeitarbeiter – Arbeiter zweiter Klasse“. Es ist daher notwendig, sich mit den wichtigsten Strukturen der Zeitarbeit zu befassen und zu fragen, wie es zu solchen konträren Meinungen kommen kann.

Um die Frage der Entlohnung, der Bewertung von Vor- und Nachteilen bei einem Zeitarbeitsvertrag für alle Beteiligten besser verstehen zu können, müssen zunächst einmal die Strukturen kurz beleuchtet werden. Bei einem Vertrag der Arbeitsüberlassung sind drei Vertragspartner beteiligt: der Leiharbeitnehmer, also derjenige, der die Arbeitleistung erbringt, das Verleihunternehmen, besser bekannt als die Zeitarbeitsfirma und das Entleihunternehmen. Dabei ist der Leiharbeitnehmer im Rahmen eines Arbeitsvertrages bei der Zeitarbeitsfirma angestellt, erbringt aber seine Arbeitsleistung nicht bei seinem Arbeitgeber, der Zeitarbeitsfirma, sondern bei dem Entleihunternehmen. Es besteht demnach ein Dreiecksverhältnis zwischen diesen drei Vertragspartnern. Der Leiharbeitnehmer hat die üblichen Arbeitnehmerrechte, wird aber von der Zeitarbeitsfirma an ein drittes Unternehmen ausgeliehen. Die Gestaltung des Arbeitsvertrages erfolgt durch die Zeitarbeitsfirma, die Entleihfirma übt durch seine Vorgesetzten die Weisungsbefugnis für den Zeitarbeitnehmer aus und ist gleichzeitig für den Arbeitsschutz verantwortlich. Für die Unternehmen, die verstärkt auf Zeitarbeit setzen, gibt es gute Gründe. In Zeiten des Aufschwungs können zusätzliche Auftragsvolumina und Auftragsspitzen mit Leiharbeit abgefangen werden, ohne dass zunächst einmal Mitarbeiter fest eingestellt werden. Umgekehrt können bei schwächeren Auftragseingängen die Leiharbeiter ohne jegliche rechtliche Hindernisse und Bürokratie an die Zeitarbeitsfirma „zurückgegeben" werden. Das erhöht insgesamt die Flexibilität der Unternehmen und verbessert so gleichzeitig die Attraktivität von Standorten. Zusätzlich spart das entleihende Unternehmen Kosten für das Personalhandling, es kann die Leistungsfähigkeit und Qualifikation des Leiharbeitnehmers sozusagen in einer ständigen Probezeit beobachten und beurteilen. Dies führt für die Leiharbeitnehmer gleichzeitig auch zu der Chance, dass sie bei einer positiven Beurteilung und einem nachhaltigen Arbeitskräftebedarf bei den entleihenden Betrieben auch einen festen Job bekommen können.

Leiharbeit eröffnet heute Beschäftigungschancen vor allem für Männer, Ausländer, Jugendliche, Geringqualifizierte und immer mehr für Arbeitslose, wenn auch die Beschäftigungsdauer seit Anfang der achtziger Jahre stets abnimmt. Bemerkenswert ist dabei, dass der Anteil der Leiharbeiter, die aus der Arbeitslosigkeit kommen, seit 1980 stets zugenommen hat. Er stieg nämlich von 23 Prozent in 1980 auf 43 Prozent im Jahre 2003 drastisch an (vgl. Antoni Manfred, Jahn Elke J., Institut für Arbeitsmarkt- und Berufsforschung der Bundesagentur für Arbeit, Kurzbericht, Ausgabe Nr. 14 vom 19.09.2006 S. 4). Im Jahr 2006 hat die Zeitarbeit auch den Titel „Boombranche" erhalten. Die Erfolgsmeldungen überschlagen sich und lauten: „vor allem Zeitarbeitsfirmen boomen", oder „Zeitarbeit hat sich in Deutschland zum Jobmotor gemausert". Ganz so positiv sehen diejenigen die Zeitarbeit nicht, die damit unmittelbar konfrontiert sind, beispielsweise die Gewerkschaften und die Leiharbeiter selbst.

Die Gewerkschaften argumentieren, dass viele Unternehmen heute nicht mehr bereit wären, soziale Verantwortung zu übernehmen und sich längerfristig an Arbeitnehmer zu binden. Stattdessen würden bei Auftragsspitzen und Kapazitätsengpässen verstärkt Leiharbeiter engagiert, die man im Falle von plötzlichen Beschäftigungsrückgängen auch schnell wieder entlassen kann. Weiterhin setzten die Unternehmen ihre Stammbelegschaft mit den schlechter bezahlten Leiharbeitern in der Weise unter Druck, dass Zugeständnisse beim Lohn und dem gesamten Lohnrahmen quasi erpresst würden. Die Leiharbeiter merken bei ihren Einsätzen schnell, dass sie oft gefährliche und ungeliebte Tätigkeiten in den Betrieben ausführen müssen, dass der Arbeitsschutz nicht so ernst genommen wird. Hauptsache, die Leiharbeiter erledigen ihre Arbeit, manchmal weit über die 40- oder 45-Stundenwoche hinaus. Die Frage drängt sich auf, wie ist das möglich, obwohl in der Öffentlichkeit immer öfter zu hören ist, die Leiharbeit würde von der lange anhaftenden Schmuddelecke herauskommen? Schließlich seien doch seit Anfang 2004 Branchentarifverträge abgeschlossen worden mit transparenter Regelung der Arbeitsbedingungen einschließlich von Mindesttarifen. Die Antwort auf diese Frage ist ebenso eindeutig: die deutsche Bundesregierung hat mit der Reform des Arbeitsüberlassungsgesetzes im Jahre 2003 zwar den Gleichheitsgrundsatz für Leiharbeiter und das Stammpersonal eingeführt, also gleiche Arbeitnehmerrechte und Arbeitsbedingungen für alle. Der Gesetzgeber verschaffte aber gleichzeitig den Zeitarbeitsfirmen die Möglichkeit von dieser Regel abzuweichen, wenn sie einen Branchentarifvertrag anwenden. Und ein spezieller Tarifvertrag für Zeitarbeitnehmer kann andere Regelungen entgegen dieses Grundsatzes der Gleichheit zulassen.

Von dieser Öffnungsklausel machen die Interessenvertretungen der Zeitarbeitfirmen regen Gebrauch. Zudem gibt es in der vergleichsweise noch kleinen Zeitarbeitsbranche drei verschiedene Arbeitgeberverbände, von denen zwei sich für eine Sozialpartnerschaft mit den DGB-Gewerkschaften entschieden haben, der dritte Arbeitgeberverband arbeitet mit der Tarifgemeinschaft Christlicher Gewerkschaften zusammen. So kommt es, dass die Entlohnung der Zeitarbeiter gegenüber dem Stammpersonal 20 bis 30 Prozent, manchmal sogar bis zu knapp 50 Prozent niedriger ausfällt, in der Regel bei annähernd gleicher Qualifikation. Die Folge dieser Neuregelung des Gesetzes für Zeitarbeit ist auch, dass die Entleihfirmen nach kurzen Einsätzen und Ausbleiben von Nachfolgeaufträgen noch bessere Möglichkeiten haben, ihre Leiharbeiter wieder zu entlassen. Entsteht bei den Unternehmen erneut Arbeitsbedarf, können sie dieselben Leiharbeiter wieder einstellen. Man spricht hier vom Abschluss von so genannten Kettenarbeitsverträgen. Weiterhin sind die Arbeitszeiten von Leiharbeitern meistens ungeregelter, weil sie als Springer und bei großen Auftragsschwankungen eingesetzt werden. Schließlich können Zeitarbeitnehmer ihre Arbeitnehmerrechte oft schlechter durchsetzen, sie sind dringend auf den Verdienst angewiesen und haben vor dem Jobverlust noch mehr Angst als die Belegschaft mit dem privilegierten Tarifvertrag, der zwischen ihrem Branchen – Arbeitgeberverband und der jeweiligen Gewerkschaft schon seit Jahrzehnten ausgehandelt und immer wieder erneuert wird.

Prekäre Arbeitsverhältnisse werden als unsicher und aus der Sicht der Arbeitgeber als sehr flexibel eingestuft. Leiharbeit ist nicht von vorneherein und stets mit prekärem Arbeitsverhältnis gleichzusetzen. Aber was bedeutet es denn, wenn ein Leiharbeiter befristet eingestellt wird, das Projekt bei der Entleihfirma erledigt oder die Frist abgelaufen ist und derselbe Mitarbeiter nach kurzer Zeit wieder beim Entleihunternehmer arbeitet und zwar mit einem bis zu 50 Prozent niedrigeren Stundenlohn als seine Arbeitskollegen von der Stammbelegschaft? Da sind die Gewichte in diesem Dreiecksverhältnis eindeutig zu Lasten des Leiharbeiters und voll zugunsten der anderen beiden Vertragspartner Unternehmen und Zeitarbeitsfirma verteilt. Hier steht Gewinnmaximierung der Entleihfirmen weit vor sozialer Verantwortung, ebenso bei vielen Arbeitgebern, die zehn und mehr Prozent ihrer Belegschaft mit Leiharbeitern dauerhaft besetzen. Auf der einen Seite ist das Stammpersonal, das nicht nur höhere Löhne bekommt, sondern auch Weihnachtsgeld, Urlaubsgeld und Kündigungsschutz in Anspruch nehmen kann, kurz gesagt privilegiert ist. Auf der anderen Seite erwartet den Leiharbeiter nach drei Monaten Mindestlaufzeit des Leiharbeitsvertrages wieder vollkommene Unsicherheit, meist schwierige Arbeitsbedingungen und eben eine zu geringe Entlohnung im Verhältnis zur Leistung. Insofern ist es schon angebracht, für einen nicht unbeträchtlichen Teil der Beschäftigungsverhältnisse in der Zeitarbeit von Arbeitnehmern “zweiter Klasse“ zu sprechen.

Zieht man Bilanz bei dem Thema Prekariat in der Arbeitswelt, so ist festzustellen, dass der Arbeitsmarkt seit Mitte der achtziger Jahre stark differenziert und dereguliert wurde, angefangen von den Beschäftigungsformen wie Praktikum, Mehrfachbeschäftigung in Kombination mit Minilöhnen, befristeten Arbeitsverhältnissen mit vielen Ausgestaltungsmöglichkeiten bis hin zu Leiharbeit und Niedriglöhnen. Arbeitszeiten sind liberalisiert worden, die Reichweite von Tarifverträgen geht bemerkenswert zurück und der Kündigungsschutz gilt nur mehr für Betriebe mit über zehn Beschäftigten. Der Gesetzgeber ging davon aus, dass mit der Lockerung und Flexibilisierung des deutschen Arbeitsmarkts auch neue Jobs geschaffen werden. Die Entwicklung der Beschäftigten in der jüngsten Vergangenheit hat jedoch gezeigt, dass erst mit der verstärkten Binnennachfrage im Jahre 2006 auch mehr Beschäftigung zustande kam. Anstatt neue zusätzliche Arbeitsplätze brachte die Deregulierung des Arbeitsmarktes auch mehr Niedriglöhne, prekäre Arbeitsverhältnisse und eine Erosion der sozialen Sicherungssysteme (Seifert Hartmut, Was hat die Flexibilisierung des Arbeitsmarktes gebracht? in: WSI – Mitteilungen 11/2006).

Ohne gute Konjunktur wird auch eine Zeitarbeitsbranche nicht zur Boombranche. Vielmehr unterliegt die Leiharbeitsbranche auch den konjunkturellen Schwankungen. Im Krisenfall sind die Leiharbeiter sogar die ersten, denen gekündigt wird. Genauso sieht es bei den Beschäftigten mit befristeten Arbeitsverträgen aus. Die Verträge werden bei Rezessionen oder Stagnationen in der Wirtschaft nicht mehr verlängert. Leiharbeiter, befristet Beschäftigte, Minijobber und Mehrfachjobber sind zur „Reservearmee“ der deutschen Arbeitgeber geworden.

Was ist wichtig für die Berufsstrategie eines jungen Berufstätigen bei dem Thema prekäre Beschäftigungsverhältnisse?

Zunächst sollte man sich in das Bewusstsein rufen, dass berufliche Karrieren und Lebensläufe grundsätzlich nicht mehr so geradlinig mit stabilem, auskömmlichem Einkommen, festem Arbeitsvertrag und festem Arbeitsort verlaufen wie das noch vor rund 20 Jahren der Fall war. Dennoch muss der junge Berufstätige von vorneherein nicht alles hinnehmen, was ihm die moderne Arbeitswelt so vorsetzt. Das besonders bei Hochschulabsolventen weit verbreitete Praktikum sollte schon beim Vorstellungsgespräch gezielter hinterfragt werden. Am besten ist es, die Inhalte des Praktikums sich im Einzelnen erläutern zu lassen. Dazu gehört zunächst die Art der Tätigkeit, wer einem als Ansprechpartner zur Seite steht, wird die Arbeitsleistung allein verantwortlich weitergegeben, sowie die Höhe der Vergütung, Arbeitszeiten, Urlaub und vor allem die Dauer des Praktikums. Wenn hier bereits ausweichende Antworten vonseiten des Unternehmens gegeben werden, ist zumindest schon einmal Vorsicht angesagt. Unmittelbar nach dem Studium wäre nach allgemeiner Ansicht heute eine Vergütung von 750 bis 800 Euro pro Monat als fair zu bezeichnen. Die Dauer eines Praktikums sollte auch nur rund sechs Monate betragen. Alles andere deutet bereits darauf hin, dass nicht der Lerneffekt im Vordergrund steht, sondern darauf hingearbeitet wird, eine billige, meist gut ausgebildete Arbeitskraft möglichst lange auszunutzen und eine offizielle Stelle zu ersetzen. Außerdem ist zu bedenken, dass alle Absolventen von Lehre, Fach- und Hochschulen sich überlegen sollten, ob das anvisierte Praktikum zu ihrem Berufsprofil passt und sich daraus auch berufliche Perspektiven ergeben können. Ein Werbekaufmann kann mit einem Praktikum in einer Werbeagentur selbstverständlich mehr Lern- und Erfahrungseffekte für seinen Beruf erzielen als in der Organisationsabteilung einer Maschinenfabrik. Sehr zu überlegen ist weiterhin, ein zweites oder sogar ein drittes Praktikum zu absolvieren, um einer drohenden Arbeitslosigkeit zu entgehen. Hier wäre eine freie Mitarbeit oder ein Projektvertrag sicherlich die bessere Alternative. Das ist zwar auch nicht voll befriedigend, aber es ergibt sich die Möglichkeit, im erlernten Beruf zu arbeiten und vor allem so erste praktische Erfahrungen zu sammeln. Auch in einem Lebenslauf sieht eine selbständige Tätigkeit am Beginn der Karriere viel besser und geradliniger aus als eine zweijährige „Praktikumskarriere". Weitere gute Tipps und Orientierungshilfen zum Thema „Praktikum" sind auch im Internet zu finden, beispielsweise bei dem Verein Fair Work unter www.fairwork-verein.de.

Viel schwieriger ist die Therapie bei der Niedriglohn- und Mehrfachbeschäftigung. Hier reicht das mit einem Job erzielte Einkommen nicht aus, um davon vernünftig leben zu können. Es handelt sich eben um einen so genannten Niedriglohn oder Dumpinglohn. Nach einer Studie des Instituts für Arbeitsmarkt- und Berufsforschung ist es besonders schwer dieser „Niedriglohnfalle zu entkommen. Nur knapp ein Drittel der Geringverdiener schafft es, die Niedriglohnschwelle zu überspringen und einen besser bezahlten Job zu erhalten. Dabei haben 60 Prozent der Niedriglohnempfänger eine abgeschlossene Berufsausbildung (vgl. Rhein,

Thomas, Gartner, Hermann, Krug, Gerhard, Niedriglohnsektor, Aufstiegschancen für Geringverdiener verschlechtert, IAB-Kurzbericht, Ausgabe Nr. 03 vom 10.3. 2005). Ansatzpunkte für bessere Aufstiegschancen ergeben sich nach dieser Studie zunächst einmal dann, wenn der Arbeitsmarkt sich besser entwickelt, die Konjunktur anzieht und Arbeitskräfte generell mehr nachgefragt werden. Das bedeutet für Mehrfachbeschäftigte mit Niedriglöhnen und den beschriebenen Varianten von zweiten und dritten Jobs zunächst einmal sich vor allem dann verstärkt um eine Verbesserung des Gesamteinkommens zu bemühen, wenn ein Konjunkturaufschwung sich abzeichnet. Das sollte auch heißen, mehr Informationen sich beschaffen über die Wirtschaftsentwicklung, intensiver den Wirtschaftsteil in der Tageszeitung oder einer überregionalen Zeitung lesen, Internetrecherchen etc. Auch beim jetzigen Arbeitgeber nachfragen nach zusätzlichen Aufgaben, auf die bisherigen Erfahrungen und gewonnenen Kenntnisse hinweisen gehört in dieser Zeit verstärkt zum „Aufstiegsprogramm“. Es bringt auch nichts, sich klein zu halten. Eine Angsthaltung, ich könnte bei jedem Gespräch über den Job sofort die Kündigung angedroht bekommen, ist ebenso die falsche Einstellung. Im Gegenteil, neugierig sein, Interesse am gegenwärtigen Arbeitsplatz zeigen, das stärkt das Selbstbewusstsein und bleibt dem Arbeitgeber auch nicht verborgen. Jede positive Veränderung zählt.

Zum zweiten ist aus der IAB-Studie herauszulesen, dass diejenigen, die in einen anderen Betrieb gewechselt haben, besser die Niedriglohnschwelle überwinden können. Für den Geringverdiener sollte daher diese Vorstellung des Firmenwechsels größere Bedeutung bekommen. Bekannt ist zum dritten aus der Untersuchung auch, dass Niedriglöhne vor allem in Kleinbetrieben und im Handel- und Dienstleistungsbereich vorkommen. Bei den Branchen konzentriert sich der Niedriglohnsektor vor allem auf das Hotel- und Gaststättengewerbe, das Friseurhandwerk, Bewachungs- und Reinigungsgewerbe. Eine Idee könnte deshalb auch sein, gibt es in meinem Beruf, in meiner Branche ein größeres Unternehmen, das erstens besser bezahlt, zweitens mehr Fortbildungsmöglichkeiten bietet? Generell kann eine Niedriglohnfalle auch dann am ehesten überwunden werden, wenn verstärkt in Bildung und Weiterbildung investiert wird. Besteht hier ein Plan oder gilt hier die Devise, das wird schon noch werden?

Die Zeit der Beschäftigungsdauer innerhalb eines befristeten Arbeitsverhältnisses sollte aktiv genutzt werden, um in die Liga der heute schon privilegierten Arbeitnehmer mit einem unbefristeten Arbeitsvertrag aufsteigen zu können. Es gilt zu bedenken, dass ein zeitlich befristeter Arbeitnehmer sich in einem Stadium der permanenten Probezeit befindet. Deshalb ist ein Gespräch mit dem jeweiligen Vorgesetzten über die Chancen für eine Übernahme in ein unbefristetes Arbeitsverhältnis rechtzeitig einzuplanen. Zugegeben, das ist gerade für noch nicht so erfahrene junge Berufstätige schwer, über sich selbst und über seine Chancen mit anderen zu sprechen, die auch die Macht haben, darüber zu entscheiden. Aber das muss sein. Wird mit den geschilderten juristischen Winkelzügen ein zweites befristetes Vertragsverhältnis angeboten, so ist fachmännischer Rat gefragt. Auch die Industrie- und Handelskammern in der Region bieten gut verständliche Merkblätter Arbeitsrecht an und geben grundsätzliche, kostenlose Hinweise zu diesem speziellen Thema.

Die Zeitarbeit ist eine Branche, die in Zeiten guter Konjunktur boomt und bei Rezession oder Stagnation der Wirtschaft als erste ihre Beschäftigten entlässt oder entlassen muss. Bevor ein Leiharbeiter einen Arbeitsvertrag unterzeichnet, sollte er Grundkenntnisse über wesentliche Bestandteile eines solchen Vertragswerkes haben. Dazu gehören eine Kurzbeschreibung der vom Leiharbeitnehmer zu leistenden Tätigkeit, ein Hinweis darauf, dass ein Einsatz eventuell an verschiedenen Orten vorgesehen ist, Beginn und Dauer des Arbeitsverhältnisses, die genauen Gründe für eine Befristung, Kündigungsgründe, Höhe und Zusammensetzung des Arbeitsentgeltes einschließlich Zulagen, Arbeitszeit und Urlaub. Wenn wesentliche Vertragsbestandteile fehlen oder ungenügend definiert sind, zuerst das Gespräch suchen und dann erst den Arbeitsvertrag unterzeichnen. Selbstverständlich ist auch, dass der Verleiher gegenüber dem Leiharbeitnehmer für die Vergütung, die Entgeltfortzahlung bei Krankheit und Urlaub haftet. Wenn es zu einem Unfall während eines Zeitarbeitsverhältnisses kommt, gilt es zu wissen, dass die Entleihfirma die Arbeitnehmerschutzvorschriften einhalten muss und der Verleiher dabei eine Überwachungspflicht für eine vertragsgemäße und gesetzesmäßige Beschäftigung hat. Hier kommt es oft zu Verstößen. Leiharbeitsjobs sollten in der Regel nur kurze Phasen im Erwerbsverlauf darstellen. Immerhin verschlechtert sich die persönliche Arbeitsqualität auch dahingehend, dass während der Leiharbeitsphase meistens so gut wie keine Weiterbildung möglich ist. Positiv schlägt zu Buche, Erfahrungen in verschiedenen Betrieben zu sammeln, vor allem dann, wenn die Tätigkeit etwas mit dem jeweiligen Berufsbild zu tun hat.

Wie sicher ist der Arbeitsplatz in der eigenen Firma?

Inzwischen ist dem jungen Berufstätigen klar geworden, dass außergewöhnliche Vorfälle im Unternehmen wie Verkauf, Übernahme oder Fusion Arbeitsplätze in Gefahr bringen können und meistens nicht ohne Entlassungen über die Bühne gehen. Aber wie steht die eigene Firma da, über diese besonderen Anlässe hinaus? Gibt es Rahmenbedingungen, die bestimmte Arbeitsplätze oder sogar den eigenen Arbeitsplatz in Frage stellen und ein Verlust nicht ausgeschlossen ist? Hier gilt es aktiv zu werden und den „eigenen Gefährdungsgrad" festzustellen. Dabei ist es auch nicht damit getan, den eigenen Gefühlen zu trauen oder irgendwelchen Gerüchten nachzugehen. Nur Fakten sammeln ist der einzig richtige Weg (Harss, Claudia, Maier Karin, Mit meiner Firma geht`s bergab, 1994, S.35).

Zunächst gilt es festzuhalten, dass es heute den sicheren und für das gesamte Berufsleben gleichartigen Arbeitsplatz nicht mehr gibt. In den siebziger und achtziger Jahren des vorigen Jahrhunderts war die Meinung noch weit verbreitet: gehe als junger Mensch zu einer Bank oder zu einem Unternehmen wie BASF und du hast ausgesorgt. Der Arbeitsplatz war auch tatsächlich sicher, eine Normalleistung vorausgesetzt. Heute lässt sich das nur mehr von Positionen im öffentlichen Dienst behaupten. Und dort werden die Stellen mit Beamtenstatus auch immer rarer, wenn man von den Bereichen wie Justiz, Polizei oder dem Lehrerberuf einmal absieht. Aber warum gibt es dann in der freien Wirtschaft immer wieder Umfragen, wer sind die beliebtesten Arbeitgeber, wer sind die „Hidden Champions", die heimlichen Gewinner, die in ihrem Bereich oft Weltmarktführer sind und Jobs schaffen statt abzubauen? Oder welches Unternehmen erhält deutlich mehr Bewerbungen von hoch qualifiziertem Personal während andere stets über Fachkräftemangel klagen und dazu noch eine hohe Personalfluktuation aufzuweisen haben? Es muss demnach etwas geben, was andere Firmen anders machen und damit auch Arbeitsplätze zur Verfügung stellen können, die nicht heute gefragt sind und morgen schon wieder zur Disposition stehen. Was spricht also dafür, dass in einem Unternehmen die Arbeitsplätze sicherer sind als in einem anderen? Der junge Berufstätige sollte sich diese Fragen für seine eigene Firma ganz gezielt stellen, um so sein Arbeitsplatz-Risiko besser einschätzen zu können.

An erster Stelle ist zunächst einmal die Frage zu stellen, macht die Firma Gewinn? Steht gerade einmal eine „schwarze Null", wie heute in Bilanzpressekonferenzen davon gesprochen wird, wenn die Erlöse die Kosten geringfügig übersteigen? Und wird im nächsten Jahr wieder Verlust geschrieben? Warum ist das so wichtig für die Moral, die Motivation der Menschen, die in den Unternehmen arbeiten? Ohne ausreichenden Gewinn sinkt die Motivation, der Druck von der Führungsebene in die Abteilungen hinein nimmt zu, der Zwang zur Rationalisierung und zum Abbau von Arbeitsplätzen auch. Sinkende Motivation geht meistens auch einher mit einem Abfall der Arbeitsproduktivität. Gute Gewinne sind daher längerfristig gesehen eine gute Voraussetzung dafür, dass Arbeitsplätze erhalten und sicherer werden. Und mit der Rendite steigt generell auch die Krisensicherheit des Unternehmens. Außerdem sind profitable Unternehmen auch nicht so interessant für Firmenjäger, die darauf abzielen, schlecht geführte Unternehmen aufzukaufen, schnell umzugestalten und nach kurzer Zeit mit Profit wieder zu veräußern. Was das für Auswirkungen auf die Sicherheit der Arbeitsplätze haben kann, weiß der junge Berufstätige bereits. Es lohnt sich somit, dass der junge Berufstätige sich zunächst mit dem Thema Gewinnerzielung und Gewinnentwicklung seiner Firma befasst, vor allem was die längerfristige Sicht angeht.

Eine der wichtigsten Voraussetzungen für den Erfolg eines Unternehmens sind auch die Unternehmenskonzepte, das Angebot an Produkten und Leistungen, die Positionierung innerhalb einer Branche. Dabei ist es am wichtigsten zu wissen, was man will, sich nicht zu verzetteln und sich auf so genannte Kernkompetenzen zu konzentrieren und dabei eine hohe Kompetenz erreichen. Soviel zur Theorie. Viel deutlicher wird eine solche erfolgs- und zukunftsträchtige Strategie, wenn man sich die Position von den „Hidden Champions" vor Augen führt, von denen es in Deutschland, Österreich und der Schweiz, also im gesamten deutschsprachigen Raum rund 1300 gibt. Es handelt sich hier um heimliche Gewinner, heimliche Helden aus dem Mittelstand, die in ihrem Segment, ihrer Nische zu Weltmarktführern aufgestiegen sind. Wer kennt schon Firmen wie Kronseder, ein Unternehmen, das mit 9000 Mitarbeitern Weltmarktführer bei Flaschenfüllanlagen ist? Oder Sennheiser, den Weltmarktführer bei drahtlosen Mikrofonen? (vgl. Schmalholz, Claus G., Hidden Champions, Die heimlichen Helden, in: manager-magazin Nr. 9/2007 S. 86). Es muss aber nicht einmal ein großer Mittelständler sein, der eine Zukunftsperspektive bietet. Ein 33-jähriger Wirtschaftsingenieur sucht eine neue Stelle und hat sich für seine neue Firma drei Rahmenbedingungen vorgestellt: die Firma soll Gewinn machen, Wachstum haben und keine Mitarbeiter freisetzen. Kurze Zeit später findet er ein Unternehmen, das alle drei Voraussetzungen erfüllt. Es handelt sich um den mittelständischen Landmaschinenbauer Grimme im niedersächsischen Damme, der hochkomplexe Anbau- und Erntemaschinen für Kartoffel und Zuckerrüben herstellt. Damit ist Grimme in seiner Nische weltweit der führende Anbieter. Hier vereinigen sich zudem High Tech für Kartoffel und Zuckerrübenanbau mit Service; denn Grimme fertigt die Maschinen auch nach den speziellen Wünschen des Kunden und liefert weltweit (vgl. Matthes, Nadja, Sammet, Steffi, Deutschlands heimliche Jobmacher, in: Focus Nr. 17 vom 23.04. 2005, S. 196 f).

Mit einem hochwertigen und erfolgreichen Leistungsangebot geht meistens auch ein hoher Forschungs- und Entwicklungsaufwand einher. Wer vorwiegend Leistungsverbesserungen des Wettbewerbs nachahmt und kaum eigene Forschungs- und Entwicklungsarbeit betreibt, hinkt Marktentwicklungen stets hinterher, kann kaum eigene Trends setzen, die zusätzliche Umsätze und Margen bringen. Der Weg zu verstärkten Preisaktionen mit fortlaufenden Sonderangeboten ist dann fast vorgezeichnet und die Tendenz in die Ertragsschwäche des Unternehmens ebenso. Am augenscheinlichsten für den jungen Berufstätigen ist der Stellenwert von Forschung und Entwicklung in einem Unternehmen dann nachzuvollziehen, wenn beispielsweise ein eigenes Forschungs- und Entwicklungszentrum errichtet wird. Ein solches hat beispielsweise das international führende Technologie- und Dienstleistungsunternehmen Robert Bosch GmbH Stuttgart Ende 2004 in Abstatt bei Heilbronn erstellt. Dort wird die Fahrzeugelektronik der Zukunft entwickelt, das „mitdenkende", intelligente Auto, das vor dem Crash bremst, bevor der Fahrer das Bremspedal bedient oder die Fahrtrichtung wieder herstellt, sofern das Auto auf die Gegenfahrbahn sich hinbewegen sollte. Mehr als 2000 Beschäftigte arbeiten inzwischen in dem neuen Bosch-Entwicklungszentrum. Dadurch soll die seit Jahrzehnten bestehende Vorreiterrolle des Autozulieferers Bosch weiter ausgebaut werden. Der Höchstlohnstandort Baden-Württemberg war hier kein Hindernis für eine solche Zukunftsinvestition. Entscheidend sind vielmehr bestimmte Rahmenbedingungen für erfolgreiche Forschung, wie ein Cluster aus Schulen und Universitäten, nur 20 Autominuten Entfernung des Forschungsstandortes Abstatt bis zur Konzernzentrale in Gerlingen und etwa 30 Minuten zur Versuchsstrecke nach Boxberg (vgl. Schwab, Fritz, Technik, Auto denkt mit, in: Focus Nr. 4 vom 24.01.2005, S. 80D). Immerhin werden rund sechzig Prozent des gesamten Bosch-Umsatzes in 2007 in der Kraftfahrzeugtechnik erzielt, neben Industrietechnik, Gebrauchsgüter und Gebäudetechnik. Insgesamt werden bei Bosch mehr als 3 Milliarden Euro pro Jahr für Forschung und Entwicklung ausgegeben. Das sind fast sieben Prozent des Gesamtumsatzes (Bosch- über Bosch in Deutschland, www.bosch.de/start am 09.07.2008). Solche Dimensionen sollte der junge Berufstätige bei seinen Recherchen über die Investitionsbereitschaft in Forschung und Entwicklung selbstverständlich nicht zum Maßstab nehmen.

Aber klare Anhaltspunkte über die Innovationsfähigkeit der eigenen Firma sind beispielsweise auch die Zahl der Patente oder ob über den Erfolg von neuen Produkten nicht nur gesprochen wird, sondern dies auch nachzuvollziehen ist, mit zusätzlichen Umsätzen oder neu aufgebauten Märkten. Das Innovationsklima in einer Firma ist auch daran abzulesen, wie Mitarbeiter und Kunden mit in die Kostenoptimierung im Bereich Forschung und Entwicklung einbezogen werden. Gibt es in der Firma ein Vorschlagswesen, das nicht nur den Namen trägt, sondern auch mit Leben erfüllt ist? Sofern Anregungen und Ideen der Mitarbeiter in einem Vorschlagskasten landen und dann der einzelne Mitarbeiter lange darüber nichts mehr hört, steht ein Vorschlagswesen nur auf dem Papier. Das Thema verstärkte Kundeneinbindung in die Produktentwicklung tritt gerade in letzter Zeit immer mehr in den Vordergrund. Dem Internet kommt dabei eine entscheidende Bedeutung zu. „Das Mitmachinternet birgt für Unternehmen große Chancen. Wer seine Kunden frühzeitig in die Entwicklung von Produkten einbezieht, kann seine Kosten deutlich reduzieren und den Umsatz steigern". Dies geht aus einer Studie hervor, die die Unternehmensberatung A.T. Karney durchgeführt hat. Von den 3000 befragten Verbrauchern erklärte fast jeder Dritte, dass er sich mindestens eine halbe Stunde pro Tag sich mit „seiner" Marke befassen würde, und dies aus reiner Neugier, also ohne Bezahlung. Aber die Kontaktaufnahme zu den Firmen sei heute in diesem Metier noch recht schwierig (Gründel, Marleen, Produktentwicklung, Lasst die Kunden ran, www.manager-magazin.

de/it/artikel am 08.07. 2008). Mit einem solchen Bündel von Maßstäben sollte es möglich sein, dass sich der junge Berufstätige einen Überblick von dem Innovationsklima in seiner Firma verschafft. Ohne gezielte Forschung und Entwicklung gibt es keinen Wettbewerbsvorsprung und damit auch keine sicheren Arbeitsplätze, zumindest auf die Dauer gesehen. Das ist die Botschaft.

Die längerfristige Entwicklung eines Unternehmens hängt auch entscheidend davon ab, wie zukunftsträchtige Märkte im Ausland bedient werden. Die Erkenntnisse über die Globalisierung haben gezeigt, dass die weltweite Konkurrenz bei den Arbeitsmärkten in den Industrieländern zwar Probleme bringt, aber auch große Chancen für Anbieter von hochwertigen Produkten und Leistungen auf den boomenden Märkten der Schwellenländer bietet. Wer heute dorthin kaum exportiert oder selbst nicht mit Vertriebsstützpunkten oder eigenen Produktionsstätten vertreten ist, der gefährdet sein heimisches Unternehmen in der Zukunft. Die globale Aufstellung eines Unternehmens ist zu einem wichtigen Bestandteil der Zukunftssicherung geworden. Das haben die großen Konzerne in Deutschland als erste erkannt. Sie folgten zunächst ihren Kunden in die Märkte der Schwellenländer und bauten dann ihre Vertriebsstützpunkte aus, errichteten eigene Produktionswerke, um die verstärkte Nachfrage in den neuen Märkten schneller und besser bedienen zu können. Längst haben der Mittelstand, die inhabergeführten Unternehmen in Deutschland nachgezogen und beste Voraussetzungen geschaffen, die Chancen auf dem globalen Absatzmarkt zu nutzen. Wachsen durch Internationalisierung heißt die Devise. Dies hat das Familienunternehmen Stihl mit dem Hauptsitz Waiblingen, heute der Weltmarktführer für Kettensägen, bereits Anfang der sechziger Jahre des vorigen Jahrhunderts erkannt. Das Unternehmen expandierte nach Asien, begann einen Vertrieb aufzubauen und ein zuverlässiges Händlernetz. Ab den 1970er – Jahren wurden Produktionsstätten in Brasilien, USA,

Schweiz und Österreich gegründet. Zu dieser Zeit ist Stihl bereits die meistverkaufte Motorsägemarke weltweit. Heute sind selbstverständlich die größten Märkte der Zukunft wie China, Indien, Argentinien, Mexiko oder Osteuropa mit Werken und Vertriebsgesellschaften voll abgedeckt. Insgesamt ist Stihl so in 160 Ländern vertreten, beschäftigt im Jahre 2007 fast 10 000 Mitarbeiter, davon immerhin 4100 in Deutschland und erzielt einen Jahresumsatz von etwas über zwei Milliarden Euro insgesamt bei einem Auslandsumsatz von über 88 Prozent.(STIHL – Wir über uns, www.stihl.de/unternehmen am 12.07. 2008). Das sind sicherlich mehr als beeindruckende Zahlen, stellvertretend auch für Hunderte anderer mittelständischer Unternehmen in Deutschland, die vielleicht nicht so viele Mitarbeiter haben, aber in ihrem speziellen Segment eine führende Weltmarktposition einnehmen. Dazu gehören Firmen wie Baader in Lübeck (Fischverarbeitungsmaschinen mit Service-Centern und Niederlassungen in mehr als 70 Ländern), das Unternehmen Kirow in Leipzig (Bahnkräne mit einem Weltmarktanteil von 85 Prozent) oder Firma Hauni in Hamburg (Maschinen zur Zigarettenproduktion und 90 Prozent Weltmarktanteil). Solche Fakten sollen jedoch den Blick des jungen Berufstätigen schärfen, wenn es darum geht, die globale Aufstellung seiner Firma einzuschätzen und damit ein wichtiges Kriterium für die Sicherheit des eigenen Arbeitsplatzes zu erarbeiten.

Eines muss hier auch besonders deutlich hervorgehoben werden: in den Medien ist vorwiegend die Rede von den großen DAX – Konzernen oder international tätigen Global Playern, die auch in Deutschland engagiert sind, wenn Werke verkauft, Arbeitnehmer massenweise entlassen werden oder eine Fusion bevorsteht. Sofern Konzernlenker Gehaltssprünge zuerkannt bekommen, obwohl das Unternehmen sich in einer Krise befindet, Abfindungen an ausscheidende Vorstandsmitglieder von mehreren Millionen Euro gezahlt werden mit großzügigster Alterversorgung, obwohl sie letzen Endes grandios versagt haben, dann sind die Aufschreie der Öffentlichkeit berechtigt, ja geradezu notwendig. Aber was ist mit der Masse der mittelständischen Firmen und Familienunternehmen, von denen meistens nur am Rande berichtet wird? Wo sind die Unterschiede zwischen Konzernen und familiengeführten Unternehmen in den Rahmenbedingungen, in den eingeschlagenen Strategien, die vielleicht auch unterschiedliche Arbeitsplatz-Risiken nach sich ziehen?

Familiendominierte Unternehmen sind in der Regel keine Aktiengesellschaften und stehen daher nicht unter dem Druck von Aktionären und Analysten, sie müssen keine Quartalsberichte abgeben und brauchen keine kurzfristigen Markterfolge vorzuweisen wie das heute bei großen Kapitalgesellschaften notwendig ist. Selbst wenn mittelständische Firmen als Aktiengesellschaften geführt werden, besteht mit einer Mehrheit der Aktien in Familienhand ein großer Einfluss auf das operative Geschäft. Firmeneigner halten auch dann an ihren Ideen und Konzepten fest, wenn es einmal nicht so gut in ihren Betrieben läuft, weil sie überzeugt sind von ihren Produkten und Leistungen. Sie verfolgen damit das Prinzip der Nachhaltigkeit und Beständigkeit anstatt die Marktstrategien in kurzen Zeiträumen zu wechseln. Und sie haben damit Erfolg. Dies wirkt sich auch auf die Arbeitsplätze aus. „Während die 30 DAX-Konzerne ihr Personal im Inland in den vergangenen Jahren um 3,5 Prozent abgebaut haben, stockten die 500 größten Familienunternehmen die Belegschaft um zehn Prozent auf“, so Stefan Heidbreder, Geschäftsführer der Stiftung Familienunternehmen in München“ (Oppel, Kai, Familienunternehmen, Strategie der ruhigen Hand, Financial Times Deutschland, www.ftd.de/karriere am 28.04.2008). Familiengeführte Unternehmen können meist auch eine solide Finanzbasis aufweisen und haben nicht selten Eigenkapitalquoten von 40 bis 50 Prozent. Davon sind viele Großunternehmen und Konzerne weit entfernt. Zudem sind sehr viele inhabergeführte Unternehmen in Marktnischen tätig, mit viel Know how, viel Motivation und Engagement, sodass sie mit ihrer hohen Kompetenz- und Wettbewerbsfähigkeit auch nicht so von der Konjunkturentwicklung abhängig sind. Bestes Beispiel ist der vorwiegend mittelständisch strukturierte deutsche Maschinenbau, der in den Jahren des Konjunkturrückgangs nach dem Jahr 2000 kaum Personal abgebaut, dafür aber in den Wachstumsjahren 2005 bis 2008 erheblich neue Arbeitsplätze geschaffen hat. Es gibt demnach Zusammenhänge zwischen den Rahmenbedingungen in den Konzernen und Familienunternehmen einerseits und der Sicherheit der Arbeitsplätze andererseits.

Wer Angst um seinen Arbeitsplatz hat, ist in seinem Handeln und Denken nicht produktiv. Deshalb sollte der junge Berufstätige sein Augenmerk noch darauf richten, wie Manager oder der Firmenlenker in seiner Firma mit den Mitarbeitern umgehen, wie geführt und motiviert wird. Das kann entweder zu einer engagierten und zufriedenen Belegschaft führen oder zu Beschäftigten, die Dienst nach Vorschrift machen, sich kaum mit ihrer Arbeit und dem Unternehmen identifizieren. Im negativen Fall ist die Arbeitssituation geprägt von hoher Fluktuation, überdurchschnittlichem Krankenstand, großen Reibungsverlusten durch ständige Einarbeitungen von neuen Mitarbeitern und Verlust von Erfahrungen durch Weggang der längerfristig beschäftigten Kollegen. Beides führt zu Unruhe im Betrieb, zu Unsicherheit, zu dem Gedankengut, wann ist meine Person Ziel von Vorwürfen und Beschuldigungen, wenn ein Stammkunde nicht mehr bestellt, die Reklamationen sich häufen oder eine Abteilung neu strukturiert werden soll. Wann steht der eigene Arbeitsplatz zur Disposition? Solche Überlegungen sind dann naheliegend. Es geht hier nicht um irgendwelche Management- und Führungstechniken. Vielmehr ist zu prüfen, wie die Führungskräfte des Unternehmens ihre Mitarbeiter bei Veränderungen behandeln, ihnen die Angst vor dem

Wandel nehmen können. Veränderungsprozesse lassen sich nicht alleine mit Mitteilungsschreiben oder schnell einberufenen Mitarbeiterversammlungen bewältigen. Sofern der einzelne Beschäftigte lediglich als Kostenfaktor, als Deckungsbeitrag zur Bilanz angesehen wird, kommt es bei Restrukturierungen, beim Umbau von Unternehmensteilen immer zuerst zu Entlassungen bevor alle anderen Potentiale der Rationalisierung und Produktverbesserungen ausgeschöpft sind. Die Manager international tätiger Konzerne handeln sehr oft nach diesen Kostenkillerprinzipien, wie bereits ausführlich festgestellt wurde. Viele Mitarbeiter leben in einem Großteil der Betriebe in berufsbezogenen Ängsten. Und das wirkt sich lähmend auf die Unternehmen aus. Darum sollte der junge Berufstätige auf solche Maßstäbe wie Krankenstand, Fluktuation und Art der Informationssysteme , Kritikfähigkeit von Vorgesetzten achten, ob mehr oder weniger Anordnungen gegeben werden oder der Einzelne auch an Entscheidungen verantwortungsvoll mitarbeiten und den Sinn seiner Arbeit nachvollziehen kann. Gehorsam-Mentalität ist von gestern, die Begeisterung für Ideen, ein Unternehmen mit einer Vision ist von heute. Das Ergebnis dieser Überlegungen könnte dann in den Satz einmünden: hier herrscht ein schlechtes oder eigentlich ein ganz gutes Betriebsklima. Dann ist schon viel über die Qualität des Arbeitsplatzes und die Art eines Arbeitsplatz-Risikos ausgesagt.

Das Engagement der Mitarbeiter ist ein wichtiger Wettbewerbsfaktor. Zufriedene Mitarbeiter sind ein Gewinn. Eine gute Unternehmenskultur führt zum Erfolg. Diese Sätze ließen sich noch beliebig wiederholen. Das Gegenteil von allem hier Gesagten tritt dann ein, wenn Chefs ihre Mitarbeiter auf Schritt und Tritt im Unternehmen kontrollieren, ihnen misstrauen, ja sie bespitzeln und überwachen, heimlich und damit sogar illegal. Grundsätzlich gilt: ein heimliches Beobachten und Ausspähen mit Kameras und durch Detektive ist nur dann erlaubt, wenn ein begründeter Verdacht einer Straftat vorliegt und es keine andere Möglichkeit gibt, den Sachverhalt aufzuklären. Groß war die Aufregung in den deutschen Medien, als bekannt wurde, dass in Deutschland viele Discounter ihre Mitarbeiter überwachen lassen und bespitzeln, allen voran der Marktriese Lidl. Aber auch bei Penny, Plus oder Norma. Selbst bei Märkten mit einem gehobeneren Angebot wie Rewe, Edeka, Hagebau oder Familia werden Mitarbeiter ausgespäht und Ergebnisse schriftlich festgehalten, angefangen von Anzahl und Umfang der Pausen bis hin zu privaten Beziehungen. Das Führungsprinzip ist eindeutig darauf ausgerichtet, Leistungsdruck und ein Klima der Angst zu erzeugen. Überwachungen gibt es aber auch in der Fleischindustrie oder in der Computerbranche und im Büro generell. Mehr als jeder dritte Bürocomputer – so eine Untersuchung der Unternehmensberatung Mummert Consulting – wird heute überwacht (Grill, Martin, Lidl ist überall, in: Stern Nr. 17 vom 17.04. 2008, S. 28 f). Dieses Metier des Misstrauens entsteht vor allem dadurch, dass viele Mitarbeiter schlecht bezahlt und mit Repressionen eingeschüchtert werden, sich ihrem Arbeitsschicksal zu fügen. Der gnadenlose Krieg um Marktanteile wird heute vor allem über den Preis ausgetragen und dabei spielen die Personalkosten eine entscheidende Rolle. Für den jungen Berufstätigen ist die Erkenntnis wichtig: dort, wo fast nur über den Preis verkauft wird, wo Controller die Mitarbeiter mit einem Überwachungssystem überziehen, dort misstraut der Chef seinem Mitarbeiter. Und dort geht die Loyalität des Mitarbeiters verloren, die Angst nimmt zu, vor allem auch die Angst um den Arbeitsplatz.

Bezeichnend für die Unternehmenspolitik solcher Unternehmen ist auch, dass sie nicht nur ihre Beschäftigten überwachen, sondern auch keine Mitarbeitervertretungen zulassen. Hierzu zählen in erster Linie die Discount-Marktführer Aldi und Lidl, sowie auch die Drogeriemarktkette Schlecker. Die Manager der Discounter befürchten nämlich, dass ein Betriebsrat es nicht zulassen würde, wenn Überstunden unentgeltlich zu leisten sind, Arbeitsabläufe zulasten der Mitarbeiter geändert, jede Kündigung angemeldet und mit dem Betriebsrat abgestimmt werden müssten. Dadurch würden die Personalkosten ansteigen und ein Klima der Angst ließe sich nicht mehr so einfach durchsetzen. Insgesamt gesehen sind Betriebsräte nicht nur im Handel sondern auch im Baugewerbe und Dienstleistungsbereich wenig verbreitet. Auch bei kleineren und mittelgroßen Betrieben sind die Anteile der Betriebe mit Betriebsrat unterdurchschnittlich. In den kleinen Betrieben von 5 bis 20 Beschäftigten gibt es nur in jedem 16. ein Betriebsratgremium. In der Größenordnung von 21 bis 100 Beschäftigten liegt der Wert bei knapp einem Drittel und ab einer Beschäftigtenzahl von 101 bis 300 verfügen bereits sieben von zehn Betrieben über einen Betriebsrat. Bei allen anderen größeren Betrieben ist fast generell ein Betriebsrat vorhanden. Am höchsten sind die Anteile der Betriebe mit Betriebsrat in der Bank- und Versicherungsbranche, sowie im Bergbau. Aber auch im öffentlichen Dienst besitzen gut zwei Drittel der Dienststellen einen Personalrat, in denen mehr als 90 Prozent der Beschäftigten des gesamten Öffentlichen Dienstes arbeiten (Ellguth, Peter, Reform des Betriebsverfassungsgesetzes, Betriebsräte in Kleinbetrieben – ein bislang eher seltenes Phänomen, IAB Materialien, Ausgabe Nr.1/2002 S. 10).

Für den jungen Berufstätigen gilt es demnach das Augenmerk darauf zu werfen, ob erstens ein Betriebsrat vorhanden ist und zweitens wie die Erfolgsbilanz, das Verhandlungsklima des Betriebsrates zu den Inhabern oder Managern ausfällt. Grundsätzlich gilt, Betriebsräte und Personalräte machen die Belegschaft zufriedener. Der einzelne Arbeitnehmer kann sich an den Betriebsrat wenden, wenn beispielsweise eine Restrukturierung bevorsteht, Arbeitsplätze in Gefahr sind, Arbeitsabläufe umgestaltet werden sollen oder er kann sich auch beim Betriebsrat beschweren. Der Betriebsrat bewertet dann die Beschwerde und leitet sie gegebenenfalls an den Arbeitgeber weiter. Im zweiten Fall, bei der Überprüfung der Position des Betriebsrates in der eigenen Firma geht es darum herauszufinden, wie sich der Betriebsrat für die Belange der Beschäftigten einsetzt, zum Beispiel bei Betriebsvereinbarungen, der Weiterentwicklung betrieblicher Einrichtungen zur Berufsbildung und vor allem bei der Begleitung, Beratung im Falle von Betriebsänderungen, wie Änderungen der Betriebsorganisation, Zusammenschlüssen von Betriebsteilen oder Stilllegung wesentlicher Betriebsteile. Wenn es um den Eingriff in die Arbeitsplätze oder den Wegfall von Arbeitsplätzen geht, kann in der Regel am besten abgelesen werden, wie gut und wie erfolgreich ein Betriebsrat arbeitet. Die Existenz eines Betriebsrates ist schon gut, noch besser ist es, wenn der Betriebsrat mit Geschick und viel Engagement für die Qualität der Arbeitsplätze und im Besonderen den Erhalt der Arbeitsplätze tätig ist, ja dafür kämpft. Die letzte Entscheidung über sein Eigentum und damit auch die Arbeitsplätze liegt in einer Marktwirtschaft beim Unternehmer. Aber es gibt in der jüngsten Geschichte deutscher Unternehmen unzählige Beispiele, bei denen eine enge Zusammenarbeit der Eigentümer beziehungsweise Manager mit dem Betriebsrat den Gesamterfolg eines Restrukturierungsprojekts deutlich steigert. Nicht selten gehen dann auch weniger Arbeitsplätze verloren.

Die Sicherheit der Arbeitsplätze in der eigenen Firma – worauf kommt es an?

In einem profitablen Unternehmen ist die Stimmung, die Motivation eine andere, eine bessere als in ertragsschwachen Firmen. Bei anhaltender unbefriedigender Wirtschaftslage nimmt der Druck auf den einzelnen Mitarbeiter stets zu, vor allem in den Segmenten, die für die Verluste maßgeblich sind. Gleichzeitig sinken Arbeitsmoral und Arbeitsproduktivität noch weiter ab. Zudem sind gewinnbringende und gut geführte Unternehmen auch nicht so interessant für Firmenaufkäufer, die ertragsschwache Betriebe preiswert aufkaufen, dann restrukturieren und nach wenigen Jahren wieder veräußern. Die Auswirkungen auf die Sicherheit der Arbeitsplätze sind bekannt. Die weiteren Säulen des Erfolgs sind klare und zukunftsreiche Unternehmenskonzepte mit großer Kundennähe, hoher Innovation, und globaler Aufstellung. Bei dem wettbewerbsfähigen Angebot kommt es darauf an, sich nicht zu verzetteln, sich auf die Kernkompetenzen mit hohem Know how zu beschränken und dort die Stärken aufzubauen. Die Innovationsraten lassen sich an eigenen Forschungscentern, der Zahl von Patenten, an der Wirksamkeit von Vorschlagswesen, also dem Grad der Einbeziehung der Mitarbeiter und der Kunden in die Entwicklung von Produkten und Leistungen ablesen. Die internationale Aufstellung des Unternehmens drückt sich in der konsequenten Globalisierung aus, das heißt, dass man in den boomenden Märkten der Schwellenländer vertreten sein muss, entweder durch Export, besser noch durch Vertriebsstützpunkte oder eigene Produktionsstätten. Das ist heute zwingend notwendig, weil bei einer Fokussierung des Angebots auf High-Tech-Produkte der Aktionsradius für nationale und direkt benachbarte Märkte zu klein wäre und auch der Nachholbedarf für diese Produkte made in Germany in den Schwellenländern deutlich größer ist als in den doch stark gesättigten Märkten der Industrieländer Europas. Ganz deutlich ist jedoch dem jungen Berufstätigen an dieser Stelle zu sagen, dass Gewinne in den Unternehmen heute keinen Persilschein mehr darstellen für einen dauerhaften und sicheren Arbeitsplatz. Es wurde schon ausführlich behandelt, dass vor allem bei Großbetrieben und international tätigen Konzernen trotz Milliarden-Gewinne Beschäftigte entlassen werden. Heute ist es Telekom oder der Versicherungsriese Allianz, morgen der Technologiekonzern Siemens. Das Arbeitsplatz-Risiko bleibt immer in irgendeiner Form bestehen. Der Satz, geht es dem

Unternehmen gut, dann geht es auch den Beschäftigten gut, sprich die Arbeitsplätze sind gesichert, stimmt heute nur mehr bedingt.

Grundsätzlich gibt es aber hier einen deutlichen Unterschied zwischen mittelständischen Unternehmen und Familienunternehmen mit einer weltweit führenden Marktposition einerseits und den Konzernen andererseits. Familiendominierte Unternehmen sind in der Regel keine Aktiengesellschaften. Selbst wenn sie als Aktiengesellschaften geführt werden, dann haben die Familieneigner meistens die Kapitalmehrheit aufzuweisen und können so das operative Geschäft maßgeblich beeinflussen. In beiden Varianten stehen solche Unternehmen nicht unter dem Druck von Aktionären und Analysten. Es gibt kein Denken und Handeln von Quartalsbericht zu Quartalsbericht. Kurzfristige Markterfolge sind nicht notwendig. Das fördert längerfristige Unternehmensstrategien. Firmeneigner halten auch dann an ihren Ideen fest, wenn es einmal nicht so gut läuft. Auf diese Weise haben die 500 größten Familienunternehmen in den letzten Jahren ihre Belegschaften um zehn Prozent aufgebaut, während die großen 30 DAX-Konzerne ihr Personal um drei bis vier Prozent abgebaut haben. Auch darin manifestiert sich das unterschiedliche Arbeitsplatz-Risiko. Die Eigenkapitalbasis ist bei Familienunternehmen meistens auch deutlich höher. Das schafft etwas mehr Sicherheit. Darüberhinaus sind die inhabergeführten Unternehmen in Marktnischen tätig mit viel Know how, Engagement und hoher Kompetenz- und Wettbewerbsfähigkeit und können so auch Konjunkturschwankungen besser verkraften als das oft bei Konzernen der Fall ist.

Zwei Einschränkungen auf das Loblied der familiengeführten Unternehmen gibt es allerdings, was das geringere Arbeitsplatz-Risiko angeht. Zum einen handelt es sich dabei um die Unternehmensnachfolge, wenn sie nicht rechtzeitig in die Wege geleitet wird. Beim Thema Verkauf und Arbeitsplatz-Risiko wurde immerhin festgestellt, dass jährlich 5 900 mittelständische Unternehmen mangels Nachfolger schließen müssen. Zum zweiten besteht auch Gefahr für die Arbeitsplätze, sofern sich Familienmitglieder mit ihren Firmenbeteiligungen nicht über die Zukunft der Firma einigen können. Das Keksimperium Bahlsen wurde so Ende der neunziger Jahre nach Kontroversen unter den Verwandten aufgeteilt.

Generell sind stramme Führungsmethoden von oben nach unten Gift für die Motivation der Mitarbeiter. Das führt zum Dienst nach Vorschrift, zu hoher Personalfluktuation und überdurchschnittlichem Krankenstand. Bemerkbar macht sich das vor allem dann, wenn das Unternehmen umgebaut werden soll und die Mitarbeiter von den Inhabern oder Managern nicht mitgenommen, das heißt nicht vorbereitet werden. Berufsbezogene Ängste bleiben dann nicht aus. Noch schlimmer sind die Folgen, wenn die Chefs ihre Mitarbeiter auf Schritt und Tritt gängeln und kontrollieren, vielleicht sogar heimlich beobachten und ausspähen. So entsteht ein Klima der Angst mit dem Hintergedanken der Unternehmensführung die Mitarbeiter auch schlechter zu bezahlen. Sofern ein Unternehmen keinen Betriebsrat zulässt, sind solche Überlegungen auch vordergründig. Bei den Betriebsräten gibt es auch Unterschiede, was ihre Arbeitsweise und Effektivität für die Belange der Beschäftigten angeht. Offensichtlich wird das, wenn es bei Restrukturierungen um Veränderungen in der Betriebsorganisation geht, Zusammenschlüsse von Betriebsteilen oder Stilllegungen wesentlicher Betriebsteile bewältigt werden müssen. Dort handelt es sich um Eingriffe in die Arbeitsplätze oder den Wegfall von Arbeitsstellen. Hier kann ein Betriebsrat viel für die Mitarbeiter herausholen und auch Arbeitsplätze erhalten oder auch relativ schnell den Vorstellungen der Manager nachgeben.

Was tun, wenn Entlassung droht, die Kündigung kommt?

Bis hierher wurde das ganze Spektrum behandelt, wie mittelständische Betriebe und vor allem Konzerne ständig umgebaut, restrukturiert werden, wie Manager Unternehmensteile und ganze Unternehmen kaufen, verkaufen oder zu einer neuen Einheit verschmelzen, wie Betriebe in das kostengünstigere Ausland verlagert werden. Was nicht in die neue Strategie hineinpasst, steht zur Disposition – selbst wenn Gewinne gemacht werden. Verstärkter Wettbewerbsdruck, Internationalisierung und Globalisierung der Märkte erhöhen das Tempo von Umbau und Anpassung der Betriebs- und Unternehmensstrukturen stetig. Und immer stehen Arbeitsplätze auf dem Spiel, will heißen, dass Stellen in der Regel abgebaut werden. Die Analyse ist damit abgeschlossen. Nun beginnt die Therapie, also Überlegungen und Maßnahmen, wie der Berufstätige aus den gewonnenen Erkenntnissen über die Risiken am heutigen Arbeitsplatz mehr für sein Fortkommen tun kann. Nur mehr Wissen lässt ihn besser und schneller reagieren. Eine Situation, auf die man nicht vorbereitet ist, kann gerade im Berufsleben sehr schnell unangenehm und auch gefährlich werden. Der Weg vom gut bezahlten Job zum Leben ohne Perspektiven, kaum Geld, kaum Hoffnung, ist heute manchmal nicht so lang.

Die erste Frage, die hier von großer Bedeutung ist, stellt sich folgendermaßen dar: wie soll sich ein Mitarbeiter verhalten, wenn er erfährt, dass es der Firma nicht gut geht und erste Entlassungen angekündigt sind? Hier handelt es sich zunächst einmal um eine Ausnahmesituation im beruflichen Werdegang. Als Erstes gilt es, alle Kenntnisse und Informationen darauf zu konzentrieren, ob auch der eigene Arbeitsplatz gefährdet ist, kann er von heute auf morgen wegrationalisiert oder verlagert werden? In welchem Ausmaß und innerhalb welchen Zeitraums besteht die Gefahr des Arbeitsplatzverlustes? Zu empfehlen ist dabei, so objektiv wie möglich in sich hineinzuhören, sich nichts vorzumachen. Der nächste Schritt besteht darin, eine Art Arbeitsplatzbewertung vorzunehmen, die bisherige Entwicklung in der Firma zu analysieren. Konkrete Anhaltspunkte sind dabei vor allem die jetzige Position und Funktion, Stellung und Bedeutung der Abteilung oder des Teams, die Einordnung des gesamten Bereichs, dem die Abteilung angehört, innerhalb des Unternehmens und der gesamten Firmengruppe. Wo wird am meisten investiert, wo werden Erfolge erzielt und in der Öffentlichkeit darüber kommuniziert? Wo gibt es schon seit längerer Zeit Absatzprobleme, wo werden ständig die Konzepte gewechselt und die Erfolge bleiben dennoch aus? Wird eine Fusion oder Übernahme diskutiert und vorbereitet? Wie spricht der Vorgesetzte mit einem selbst und anderen in der Abteilung, wie ist das Betriebsklima und die generelle Motivation der Mitarbeiter?

Ein solches Hineinhören bringt zunächst einmal ein besseres Problembewusstsein. Es gibt im Berufsleben kaum etwas Schlimmeres als vollkommen unvorbereitet eine Entlassung entgegennehmen zu müssen. Und es kann heute geradezu jeden treffen, dass er seinen Arbeitsplatz in kurzer Zeit verliert, obwohl ein Mitarbeiter gut ausgebildet und hoch motiviert ist, Auslandspraktika absolviert hat und vielleicht noch ein Paar Sprachen ziemlich gut spricht. So ist es nach dem Zusammenbruch des Neuen Marktes in den Jahren 2000 und 2001 vielen Investmentbankern, Unternehmensberatern, Marketing- Werbespezialisten und Informations- und Kommunikationsfachleuten ergangen. Kurz zuvor noch haben High-Tech-Firmen, renommierte Industrie- und Bankkonzerne die jungen Bewerber in den Jahren 1998 bis 1999 nach New York oder London einfliegen lassen, um in aufwändigen Auswahlverfahren großspurigen Eindruck zu erzeugen. Wir sind die tollen Arbeitgeber und ihr, die jungen gut ausgebildeten Nachwuchsleute solltet doch bitteschön zu uns kommen. Man hat noch um guten Nachwuchs so richtig gebuhlt. Dann wurden die so eben zwei bis drei Jahre im Beruf stehenden jungen Leute plötzlich entlassen. Der Stern spricht hier von der „Verratenen Generation" (Schneyink, Doris, Gerster, Gaby, in: Stern Nr.42 / 2002 S. 198 ff).

Wenn das Fazit der Unternehmensanalyse und persönlichen Arbeitsplatzbewertung darin besteht, dass in der Tat mit einer Kündigung gerechnet werden muss, ist es dringend notwendig sich mit einer möglichen Kündigungssituation speziell zu befassen. Damit wird zum Ausdruck gebracht, in einer solchen Lage aktiv zu werden, sich in ein Kündigungsgespräch hineinzuversetzen. Fragen und Einwände formulieren, sich beispielsweise mit Kollegen unterhalten, denen bereits gekündigt wurde, sind erste konkrete Schritte. Wie hat der Vorgesetzte argumentiert, wie hat der Kollege reagiert und was hätte er nach heutiger Sicht anders und besser machen können? Das unmittelbare soziale Umfeld muss mit einbezogen werden. So ist es einfach ein Muss, die Familie auf eine mögliche Kündigung mit dem Tag X vorzubereiten. Damit kann weitgehend die Hilflosigkeit vermieden werden, die bei den meisten Mitarbeitern im Kündigungsgespräch vorhanden ist. Und ein Versagen in einem Gespräch, in dem es um den Bestand des Arbeitsverhältnisses geht, greift das Selbstbewusstsein stark an. Das Ego wird angeknackst und selbst gesundheitliche Probleme sind durch die enorme Stresssituation nicht ausgeschlossen. Dies haben Fachleute in ihren langjährigen Personalberatungen herausgefunden (vgl. dazu Harss, Claudia, / Maier, Karin, Mit meiner Firma geht`s bergab, 1998).

Trifft die Kündigung dann – wie befürchtet – tatsächlich ein, empfindet der Betroffene zunächst einmal in der Regel Trauer, Wut und Ohnmacht, nicht zuletzt tritt eine Schocksituation ein. Dies ist umso mehr der Fall, wenn der Mitarbeiter jahrelang Überstunden gemacht hat und er immer zur Stelle war, wenn sein Chef das wünschte. Viele Beschäftigte bekamen dadurch das Gefühl, sie seien unentbehrlich. Ihnen könnte es nicht so leicht passieren, dass eine Kündigung gegen sie ausgesprochen wird. Sie gingen voll in ihrem Job auf und haben gar nicht gemerkt, dass sie psychisch mehr oder weniger ausgebeutet wurden. Verschlimmert wird die ganze Kündigungssituation vor allem auch dann noch, wenn Arbeitgeber Kündigungen in einer mehr oder weniger beschämenden Art und Weise „über die Bühne ziehen". Und das im wahrsten Sinne des Wortes. Da schreibt der Vorstandschef eine Rundmail und spricht vom ruinösen Wettbewerb, von Überkapazitäten und "Personalanpassungen". Der unmittelbare Vorgesetzte fordert den Mitarbeiter zwischen Tür und Angel auf, sich doch in den nächsten Tagen bei der Personalabteilung zu melden oder sagt zu ihm, er möge nach dem Meeting noch kurz dableiben, er hätte eine wichtige Mitteilung für ihn. Und dann die knappen Worte in der Personalabteilung oder vom Chef, „es tut uns leid, wir schließen ihre Abteilung", der Bereich gehört nicht mehr zu unseren Kernkompetenzen, oder die Fertigung wird nach Ungarn verlagert oder sonst wohin. Kein Wort des Dankes und des echten Bedauerns. Man kann es spüren, wie manchmal diejenigen, die die Kündigungen aussprechen, das alles „organisieren und abwickeln", einfach herzlos und stillos. Noch schlimmer ist die Situation für jemanden, der von seinem Vorgesetzten aufgefordert wird, einige Leute „freizusetzen", weil zu viele Leute in der Abteilung sind. Und nach einigen Monaten muss er selbst seinen Abschied nehmen, weil auch er die Kündigung bekommt. Da wird der Mitarbeiter noch als Handlanger für unangenehme Personalentscheidungen benutzt, damit sich der Chef hinterher nur mit dem Rauswurf seines letzten guten und leistungsfähigen Mitarbeiters befassen muss. Qualifikation bewirkt in solchen Situationen auch nichts mehr. Entscheidend ist die Vollzugsmeldung nach oben, wir haben so und so viele Kündigungen ausgesprochen und somit die Vorgaben erfüllt. Die Abteilung ist überflüssig und die Mitarbeiter sind es auch.

Dass während und besonders nach einer Kündigung verwirrende Gefühle, Ängste und auch Selbstvorwürfe eintreten, gehört zu einem vollkommen natürlichen menschlichen Verhalten. Schließlich zählt nach Meinung der Deutschen neben dem Verlust eines geliebten Menschen und der eigenen schweren Krankheit der Verlust des Arbeitsplatzes zu den kritischsten Lebensereignissen. Da kann der vorhin gegebene Ratschlag, sich im Voraus in die Kündigungssituation hineinzuversetzen, höchstens während des Kündigungsgesprächs etwas Abhilfe verschaffen. Hinterher kommen die Gedanken doch hoch, warum trifft es gerade mich, bin ich ein Versager, habe ich mich zu wenig engagiert oder wie stehe ich jetzt bei meinen Freunden und Bekannten da? In unserer heutigen Leistungsgesellschaft definieren wir uns alle sehr stark über unsere Arbeit, unseren Job. Im Privatleben heißt es oft, was machst Du, sprich welchen Beruf in welcher Funktion übst Du aus? Und jetzt soll die Antwort lauten: ich bin ohne Job. Da schwingt schnell der Hintergedanke überall mit, was der oder die hat keine Arbeit, da kann auch nicht so viel dahinterstecken. Wer nichts arbeitet, ist in unserer Gesellschaft heute auch nicht allzu viel wert, so schnell die berühmte Vorverurteilung.

Das oberste Gebot muss sein, alles daranzusetzen, aus einer solchen verzweifelten Lage möglichst schnell wieder herauszukommen bevor etwa Schlaflosigkeit, Kopfschmerzen und weitergehende Stressfaktoren zu einem gesundheitlichen und psychischen Problem werden. Seelisches Gleichgewicht und körperliche Fitness wiederzugewinnen, muss deshalb das große Ziel nach einer Kündigung sein. Das bedeutet zunächst einmal, sich nicht zurückziehen, nicht in passive Lähmung verfallen. Ein Neuanfang hat überall mit Planung, mit Zielstrebigkeit zu tun und das gerade nach einer Kündigung, wo mit vielen Zweifeln das Selbstbewusstsein in höchster Gefahr ist. Jetzt kommt es noch mehr als im Vorfeld einer möglichen Kündigung darauf an, sich dem sozialen Umfeld zu öffnen, dem Lebenspartner, einem guten Freund oder auch bereits gekündigten Kollegen. Ein Gespräch darüber, warum es zur Kündigung kam, wie das alles abgelaufen ist, kann unheimlich befreien. Wut, Angst und Verzweiflung finden bei jenen Menschen Gehör und Verständnis, mit denen ein vertrautes Zueinander besteht. So können Wut und Verzweiflung am ehesten abgebaut werden. Solche Gespräche haben eine gewisse Ventilfunktion, Druck abzulassen und eine neue Richtung vorzugeben. Die Chance dazu muss genutzt werden. Dazu gehört auch, einen gewissen Stolz zu überwinden, mit anderen über einen selbst betreffende, unangenehme Dinge zu reden. Mut ist selbstverständlich auch notwendig.

Wenn so die erste Schocksituation überwunden werden kann, müssen die nächsten Schritte folgen, nämlich sich schnell den Fakten zuzuwenden und Maßnahmen ergreifen, um zunächst einmal alle Rechte im Rahmen des Arbeitsvertrages sicherzustellen. Dabei ist es zuallererst erforderlich, sich nach der Kündigung, also noch während der Laufzeit des Arbeitsvertrages innerhalb einer Woche bei der Arbeitsagentur zu melden und die drohende Arbeitslosigkeit anzuzeigen. Ausnahmen dafür gibt es nur für Auszubildende, die vom Arbeitgeber nicht übernommen werden, sowie für Beschäftigte mit befristeten Arbeitsverträgen. Dieser Personenkreis muss spätestens drei Monate vor Vertragsende bei der Arbeitsagentur vorsprechen. Ansonsten kann es passieren, dass nach Ablauf der Kündigungsfrist das Arbeitslosengeld gekürzt wird. Dahinter steht generell der Gedanke, dass es immer leichter ist, sich aus einem bestehenden Arbeitsverhältnis heraus um eine neue Stelle zu bewerben und somit sofort die Initiative zu ergreifen.

Weiterhin sollten grundlegende Kenntnisse über das Instrument der Kündigung eines Arbeitsplatzes vorhanden sein. Nur so ist es möglich, zunächst einmal ohne Rechtsbeistand Rechte wahrzunehmen und vor allem keine Fristen zu versäumen. Das deutsche

Kündigungsschutzgesetz unterscheidet drei Arten von Kündigungen. Die personenbedingte Kündigung wird vorwiegend nur bei langer Krankheit des Arbeitsnehmers ausgesprochen und ist an strenge Voraussetzungen gebunden. Eine nur vorübergehende Arbeitsunfähigkeit ist beispielsweise kein Kündigungsgrund. Eine verhaltensbedingte Kündigung kann dann ausgesprochen werden, wenn ein Mitarbeiter den Vorgesetzten beleidigt oder die Arbeit verweigert. Hier muss der Arbeitgeber den Mitarbeiter jedoch zuvor abmahnen und ihm für den Wiederholungsfall die Kündigung androhen. Schließlich gibt es noch die betriebsbedingte Kündigung, bei der der Wegfall des Arbeitsplatzes und die Folgen daraus im Mittelpunkt stehen. Und um diese Art von Kündigung geht es hier, bei der von Rationalisierung, Umbau, oder Fusion die Rede ist und dadurch Arbeitsplätze bedroht sind. Hierzu muss man wissen, dass betriebliche Kündigungen in Deutschland eine unternehmerische Entscheidung darstellen. Das Unternehmen, das Mitarbeiter entlassen will, muss dabei nicht unmittelbar vor der Insolvenz stehen, also nicht in einer bedrohlichen finanziellen Krise sein. Es genügen schon so genannte „Sparzwänge“ aus wirtschaftlichen und organisatorischen Gründen. Bei Restrukturierung, Managementwechsel, Verkauf, Übernahme und Fusion des Unternehmens oder Verlagerung von Arbeitsplätzen ins Ausland werden Mitarbeiter über das Instrument der betriebsbedingten Kündigung entlassen, auch wenn der Konzern oder ein mittelständisches Unternehmen insgesamt satte Gewinne macht.

Als Erstes geht es darum, die Rechtmäßigkeit der Kündigung zu überprüfen, ob beispielsweise einer mündlich ausgesprochenen Kündigung auch eine schriftliche Kündigung nachfolgte. Ein Fax, eine E-Mail, auch eine SMS erfüllen nach übereinstimmender Rechtsprechung nicht die Schriftform. Dabei fehlt jeweils die eigenhändige Original – Unterschrift. Mündliche Kündigungen sind grundsätzlich unwirksam. Weiterhin müssen bei einer Kündigung noch bestimmte Regularien eingehalten werden. Der Arbeitgeber muss nämlich der Arbeitnehmervertretung, dem Personalrat bzw. Betriebsrat vorab die Gründe der Kündigung mitteilen. Deshalb ist der Gang zur jeweiligen Arbeitnehmervertretung unbedingt notwendig, um herauszufinden, ob Information erfolgte und die Kündigungsgründe dargelegt wurden. Bei der betriebsbedingten Kündigung muss der Arbeitgeber den Personalabbau auch sozialverträglich vornehmen. Er hat dazu eine Auswahl nach sozialen Kriterien zu treffen. Diese so bezeichnete Sozialauswahl kann ein entlassener Arbeitnehmer angreifen und argumentieren, dass nicht ihm, sondern einem anderen Mitarbeiter hätte gekündigt werden müssen.

Grundsätzlich werden bei der Sozialauswahl Lebensalter, Dauer der Betriebszugehörigkeit, aber auch eventuelle Unterhaltspflichten und Schwerbehinderungen mit einbezogen. Junge Mitarbeiter, Kinderlose, die zudem noch nicht lange im Unternehmen arbeiten, müssen demnach als erste das Unternehmen verlassen. Dabei kann die Personalabteilung die Sozialauswahl nicht unter der gesamten Belegschaft treffen, sondern ist gehalten nur unter Mitarbeitern mit vergleichbarer Qualifikation und Position auszuwählen. Einen besonderen Kündigungsschutz genießen schwangere Mitarbeiterinnen. Die Kündigung einer schwangeren Arbeitnehmerin ist deshalb unwirksam. Bei der Kündigung eines schwerbehinderten Mitarbeiters ist die vorherige Zustimmung der Behörde einzuholen, die die Schwerbehinderung ausgestellt hat.

Jeder Beschäftigte, der durch eine betriebsbedingte Kündigung freigesetzt wird, wie sich das heute so in unserem Sprachgebrauch eingebürgert hat, kann dies mit einer so genannten Kündigungsschutzklage vor dem Arbeitsgericht überprüfen lassen. Vor allem eine etwa fehlerhafte Sozialauswahl kann nur ein Richter ahnden. Von nun an müssen noch weitere Regularien eingehalten werden.

Wer glaubt, dass seine Kündigung nicht rechtens ist, muss innerhalb einer Frist von drei Wochen nach Zugang des Kündigungsschreibens Klage beim Arbeitsgericht einreichen. Dazu benötigt man einen Anwalt, am besten einen, der auf Arbeitsrecht spezialisiert ist. Die Anwaltskosten muss jeder selbst aufbringen, auch derjenige, der im Arbeitsgerichtsverfahren gewinnt, also vor Gericht Recht zugesprochen bekommt. Deshalb kann der Abschluss einer Rechtsschutzversicherung – gerade in der heutigen Arbeitswelt – von Vorteil sein. Allerdings ist es zu spät, eine solche Arbeitsrechtsschutz-Versicherung abzuschließen, wenn die Kündigung zu Hause bereits auf dem Tisch liegt. Gewerkschaftmitglieder haben im Rahmen ihrer Mitgliedschaft Anspruch auf einen Rechtsvertreter.

Ein Hinweis ist bei einer Klage vor dem Arbeitsgericht wegen einer fehlerhaften Sozialauswahl noch besonders wichtig. Wenn man in einem solchen Verfahren Recht bekommen will, muss der gekündigte Mitarbeiter dem Richter Mitarbeiter in der Firma benennen, die eine vergleichbare Arbeit verrichten und die eine Kündigung weniger hart treffen würde. Das bedeutet, solche Daten, wie alt sind Kollegen mit ähnlicher Aufgabenstellung, wie lange sind sie schon in der Firma, haben sie Kinder usw. müssen bereits vorliegen, wenn der Gang zum Anwalt angetreten und die Kündigungsschutzklage eingereicht wird. Es liegt auf der Hand, dass eine solche Datensammlung nicht gerade als „angenehm“ empfunden wird. In der Regel dauert es dann mehrere Wochen bis das Arbeitsgericht die Vertragsparteien, Arbeitgeber und gekündigten Arbeitnehmer zu einem so genannten „Gütetermin“ einlädt. Sinn und Zweck eines solchen Gütetermins bestehen darin, den Rechtsstreit einvernehmlich mit einem Vergleich zu beenden. Der vorsitzende Richter äußert sich zu den Erfolgsaussichten der Klage und die Parteien haben die Möglichkeit ihre Argumente vorzutragen. Danach unterbreitet der Richter einen Vergleichsvorschlag. Neun von zehn Kündigungsschutzklagen enden heute mit einem Vergleich: der gekündigte und klagende Mitarbeiter stimmt seiner Entlassung zu und erhält im Gegenzug vom Arbeitgeber eine Abfindung. Warum hat sich diese hohe Zustimmung zu Vergleichsvorschlägen bei Kündigungsschutzklagen so herausgebildet? Der Hauptgrund liegt darin, dass bei Ablehnung eines Vergleiches hinterher eine Streitverhandlung angesetzt werden muss. Und ein solcher Termin für eine Streitverhandlung findet heute meist erst nach vier bis sechs Monaten nach dem Gütetermin statt, weil die Arbeitsgerichte überlastet sind. Dies bedeutet für den klagenden Mitarbeiter in der Regel lange Rechtsunsicherheit, da ungewiss ist, ob die Kündigungsschutzklage Erfolg hat, er also wieder eingestellt wird. Vor allem kommen auch große finanzielle Belastungen auf den gekündigten Mitarbeiter zunächst einmal zu. Die Kündigung ist nämlich stets so lange wirksam, bis ein Gericht das Gegenteil feststellt. Aus diesem Grund erhält der gekündigte Mitarbeiter nach Ablauf der Kündigungsfrist keine Vergütung mehr. Je nach Vertrag sind ein bis drei Monate Kündigungsfristen schnell vorbei und die Streitverhandlung lässt noch mehrere Monate auf sich warten, und das bei ungewissem Ende. Das ist hart.

Bei einer Abfindung kann der Mitarbeiter mit dem ausgehandelten Betrag fest planen und hat zunächst einmal einen vorübergehend gesicherten Finanzstatus. Als positiv ist auch zu werten, wer das Abfindungsangebot gegen den Verlust des Arbeitsplatzes annimmt, hat heute keine Zwölfwochensperre mehr bei der Arbeitsagentur zu befürchten. Das heißt, wenn die Kündigungsfrist abgelaufen ist, erhält der Gekündigte unmittelbar danach Arbeitslosengeld und nicht erst nach Ablauf von drei Monaten. Was die Höhe der Abfindung angeht, so bietet die heute weit verbreitete Regelung einen Anhaltspunkt: pro Beschäftigungsjahr gibt es jeweils ein halbes Monatsgehalt als Abfindung. Konzernunternehmen zahlen manchmal zwei bis drei Monatsgehälter für jeweils ein Jahr Betriebszugehörigkeit, um möglichst schnell ganze Abteilungen auflösen zu können. Bevor das Abfindungsangebot angenommen, also unterzeichnet wird, sollten zuvor - am besten - mit einem Anwalt oder auch einem Gewerkschaftsvertreter folgende Fragen noch geklärt werden: Wie wird die Abfindung besteuert? Sind Ansprüche auf Urlaubs- und Weihnachtsgeld berücksichtigt? Wie sieht es mit den bisherigen Ansprüchen aus betrieblicher Altersversorgung aus?

Von dieser Abfindungslösung ist ein Ausscheiden aus dem Unternehmen mit Hilfe eines so genannten Aufhebungsvertrages zu unterscheiden. Arbeitgeber, die Mitarbeiter entlassen, jedoch einem Kündigungsstreit aus dem Weg gehen wollen, unterbreiten oft ein Angebot für den Abschluss eines Aufhebungsvertrages. Hier regeln Arbeitgeber und Arbeitnehmer über einen Vertrag die Modalitäten mit dem Ziel, dass das Arbeitsverhältnis aufgelöst und beendet wird. Dabei ist juristischer Rat dringend zu empfehlen. Zunächst gilt einmal, einen solchen Aufhebungsvertrag nicht voreilig zu unterschreiben. Zum zweiten sollte auf jeden Fall auch eine Abfindung vereinbart werden. Hier muss im Aufhebungsvertrag ein Passus stehen, dass ein Aufhebungsvertrag einschließlich einer Abfindung vereinbart wurde, weil ansonsten der Arbeitgeber eine Kündigung ausgesprochen hätte. Dies ist notwendig, um Nachteile bei der Versteuerung der Abfindung zu vermeiden. In aller Regel erhält der Arbeitnehmer unmittelbar nach der Unterzeichnung eines Aufhebungsvertrages auch kein Arbeitslosengeld. Es tritt die Zwölfwochensperre ein, weil der Beschäftigte das Ende seiner Tätigkeit ja selbst mit herbeigeführt hat. Schließlich sind ebenso neben den Fragen von Weihnachts-, Urlaubsgeld vor allem auch die Ansprüche aus betrieblicher Altersversorgung abzuklären.

Diese Fakten kommen alle so knallhart und vor allem so plötzlich auf einen zu. Ohne Arbeit sinkt schnell das Selbstwertgefühl und gleichzeitig steigt das Risiko physischer und psychischer Erkrankungen. Arbeitslosigkeit wird ähnlich fatal empfunden wie eine schwere Krankheit oder das Scheitern einer Ehe. Dies hat der Wirtschaftswissenschaftler Rainer Winkelmann in einer Studie herausgefunden, als er über einen Zeitraum von fünf Jahren mehr als 3000 Personen beobachtete und befragte. Die Zielgruppe waren dabei Menschen, die über einen Zeitraum von sechs Jahren mindestens einmal arbeitslos wurden oder wieder Arbeit fanden (vgl. Bovensiepen, Nina, Arbeitslosigkeit, Wenn die freie Zeit zur Last wird, www. sueddeutsche.de/politik am 29.08. 2005). Auf dem Hintergrund solcher Erkenntnisse sollte jeder, der seinen Arbeitsplatz verloren hat, sich gleich zu Beginn der Arbeitslosigkeit eine Strategie erarbeiten mit dem Ziel, wie bekomme ich so schnell als möglich wieder einen neuen Job. Der Staat kann nur unterstützen, bessere Rahmenbedingungen zur Verfügung stellen, aber keine Arbeitsplätze zum Abbau der Arbeitslosigkeit schaffen. Hier hilft nur die eigene Initiative. Zu allererst sollte der Gedanke vorausgehen, ich darf nicht in den Tag hineinleben, ich muss den Tag strukturieren. Das hat etwas zu tun mit Festlegung von Aktivitäten und Prioritäten, so ähnlich wie im gerade zu Ende gegangenen Joballtag. Von Vorteil ist auch, ein Zeitplanbuch fortzuführen, das im Arbeitsleben sich schon bewährt hatte. Dort werden jeden Tag Aufgaben und Termine eingetragen, die sich auf das Ziel „neuen Job“ konzentrieren. Das Aufstehen am Morgen sollte sich an den früheren Rhythmus zumindest anlehnen. Selbstverständlich trifft das nicht unbedingt für jemand zu, der vorher zur Frühschicht ging und um fünf Uhr aufstehen musste. Aber ein „Arbeitsbeginn“ um neun Uhr morgens am heimischen Arbeitstisch wäre sicherlich sinnvoll. Ab hier beginnt das Projekt „Wie bekomme ich möglichst schnell einen neuen Job?“.

Wenn der Vorsatz zur Strukturierung des Tages gefasst ist, so muss dann die Frage höchste Priorität haben, wie wirkt sich die Arbeitslosigkeit auf die Finanzen aus? Es muss der Finanzstatus auf den

Prüfstand. Um sich hier einen Überblick verschaffen zu können, müssen Einnahmen und Ausgaben, heruntergerechnet jeweils auf einen Monat gegenübergestellt werden. Am besten nimmt man je nach Umfang ein oder mehrere DIN-A4-Blätter und verzeichnet links die monatlichen Ausgaben und rechts die Einnahmen, in der Mitte geteilt durch eine Senkrechte, so dass die einzelnen Ausgaben- und Einnahmen-Positionen auf einen Blick gut sichtbar sind. Nicht vergessen sollte man vor allem bei den Ausgabenblöcken die monatlichen Zahlungen für eventuelle Darlehen, ob Konsumentenkredite oder Hypotheken – Tilgungsraten und Beiträge zu Versicherungen und zur zusätzlichen Altersvorsorge. Bei den Einnahmen gehören neben Arbeitslosengeld auch etwaige Mieteinnahmen, Zuschüsse, Kindergeld oder Lohn bzw. Gehalt der Ehefrau dazu. Es handelt sich ja um den Finanzstatus der gesamten Familie. Wenn nach der ersten Bilanz das Einnahmen- und Ausgabenkonto bereits ein Defizit von zwanzig oder dreißig Prozent aufweisen sollte, so muss eine Detailanalyse klären, welche Ausgaben zwingend notwendig und welche aufschiebbar oder verzichtbar sind. Generell führt eine solche Einnahmen- und Ausgabenrechnung dazu, dass man weiß, was auf einen zukommt, wie eventuell der Lebensstil verändert werden muss. Manche Arbeitslose verdrängen in der ersten Zeit der Arbeitslosigkeit die veränderte finanzielle Situation und leben oft so weiter wie bisher. Schnell mal zum Essen in das Restaurant, eine Urlaubsreise in ferne Länder oder ein teures Auto gehören dann nicht mehr unbedingt zum Standard. Das Gespräch mit dem Ehe- oder Lebenspartner muss geführt werden. Ein Verdrängen der neuen Lage kann sonst dazu führen, dass man die Kontrolle über die Finanzen schnell verliert und in die Schuldenfalle tappt. Sich mit dem persönlichen Finanzstatus zu befassen schärft schon allein das Problembewusstsein.

Nachdem der Finanzstatus sichergestellt ist, sollte der Blick nach vorne, in die Zukunft gerichtet werden. Wie geht es weiter, wie sieht die Plattform für einen Neuanfang aus? Da liegt es nahe, über sich selbst mehr nachzudenken als das in einem aufreibenden Job überhaupt möglich ist. Was kann ich besonders gut, was liegt mir, was sind meine Stärken? Und welchen Dingen gehe ich lieber aus dem Weg, was mache ich nicht so gerne, weil mir einfach die Einstellung fehlt, die Kenntnisse dazu nicht so vorhanden sind? Es geht um die bekannte Stärken- und Schwächenanalyse und generell um Alternativen und Risiken in meinem Beruf. Wissenschaftler sprechen hier von der SWOT-Analyse („Strength“, „Weakness“, „Opportunities“ und „Threats“), die man anwenden sollte, um sein Lebenskonzept umzubauen und zu einer Neubesinnung zu kommen. Sicherlich ist es in einer solchen Lebenslage auch angebracht, in eine ganz andere Richtung zu denken, sich beispielsweise selbständig zu machen, einen alten Traum zu verwirklichen. Darunter fallen dann oft berufliche Umfelder, die im krassen Gegensatz zur bisherigen Tätigkeit liegen. Wenn jemand als Controller oder Buchhalter arbeitslos wird und dann einen kleinen Handwerksbetrieb gründet, in dem Glasplatten in Öfen erhitzt und kunstvoll zu Lampen, Firmenschildern oder Duschkabinen verarbeitet werden, so bedeutet das raus aus gleichförmigen Vorgängen hinein in die Kreativität. Wichtig ist sich darüber im Klaren zu sein, handelt es sich um eine augenblickliche Idee oder sind es Gedanken, mit denen man sich immer wieder einmal beschäftigt hat, die einem schon lange im Kopf herumgehen. Im zweiten Fall sind die Aussichten für einen erfolgreichen Start in die Selbständigkeit zumindest als gut zu bezeichnen. Schwer genug wird es allemal, auf die Dauer in der Selbständigkeit erfolgreich zu sein, wenn vorher jahrelang Aufgaben und Projekte vorgegeben wurden und jetzt alles von den eigenen Entscheidungen, der persönlichen Initiative abhängt.

Für die große Mehrheit, die einen neuen Job bei einem neuen Arbeitgeber anstrebt, kommt es dann darauf an, sich auf eine Bewerbungsstrategie festzulegen. Dazu gehört zu allererst die Bewerbungsunterlagen auf den neuesten Stand zu bringen mit aktuellem Foto, ergänztem beruflichen Werdegang etc. Viel bedeutender sind weiterhin grundsätzliche Überlegungen, bin ich auch bereit in eine andere Gegend oder in ein anderes Bundesland zu ziehen, um eine neue Arbeitsstelle antreten zu können? Das Wort Mobilität ist hier bei allen Diskussionen über die heutige Arbeitslosigkeit in Deutschland stets in aller Munde. Die jungen, meist gut ausgebildeten Arbeitssuchenden aus den Neuen Bundes - Ländern haben dabei in den vergangenen Jahren ihre hohe Mobilität unter Beweis gestellt, wenn sie zu Tausenden nach Baden-Württemberg, Bayern, Österreich oder auch in die Niederlande umziehen und den Arbeitsplatzangeboten in diesen besser strukturierten Regionen folgen. Der Preis ist oft hoch, wenn die vertraute Umgebung, die Familie oder der Lebenspartner zumindest während der Woche oder für einen längeren Zeitraum aufgegeben werden müssen. Die Hoffnung auf eine Rückkehr bleibt.

Eine entscheidende weitere Überlegung bei der Suche nach einem neuen Arbeitsplatz ist die Frage, welche Bewerbungswege sollen beschritten werden? Welche Formen und Methoden sind effizienter, sprich bringen höhere Chancen auf sich aufmerksam zu machen und damit eher einen neuen Arbeitsplatz zu bekommen? Viele Menschen, die einen neuen Job suchen, vereinsamen dabei immer mehr, je länger sie arbeitslos sind. Jeden Tag sitzen sie zu Hause am Schreibtisch, studieren Stellenanzeigen in regionalen und überregionalen Tageszeitungen, durchsuchen Job- und Stellenbörsen im Internet, schreiben dann Bewerbungen und warten auf eine Nachricht. Dazu nehmen sie noch einen Termin nach dem anderen bei ihrer Arbeitsagentur wahr und denken, sie haben alles richtig gemacht. Jede neue Absage erschüttert ihr Selbstbewusstsein immer mehr, sie werden unsicherer. Und das wirkt sich nicht gerade positiv aus, wenn sie zwischendurch einmal zu einem persönlichen Vorstellungsgespräch eingeladen werden. Diese Art von Bewerbung ist heute als die traditionelle Form der Arbeitssuche zu bezeichnen. Die modernen, Erfolg versprechenderen Formen sehen etwas anders aus.

Zu einer guten Bewerbungsstrategie gehört deshalb heute auch die so genannte Initiativbewerbung. Hier versendet der Arbeitssuchende seine Bewerbungsunterlagen unaufgefordert an Firmen, Organisationen und Institutionen. Es liegt also keine konkrete Stellenanzeige zugrunde, die einen Personalbedarf im Einzelnen beschreibt. Diese Art von Stellensuche hat in der Regel mehrere Vorteile. Die Bewerbung steht nicht in Konkurrenz mit einer Vielzahl von Zuschriften, die heute bei einer offiziellen Stellenausschreibung meistens in die Hunderte gehen. Die Firmen wollen oft auch nicht mehr den hohen Zeit- und Kostenaufwand erbringen wie er mit der Bewertung und Auswahl von Massenbewerbungsaktionen verbunden ist. Aus diesem Grunde steigt auch der Anteil der Stellen in den deutschen Unternehmen weiter an, die auf eine Initiativbewerbung hin besetzt werden. Darüber hinaus demonstriert der Bewerber mit einer solchen Bewerbungsart Engagement und Motivation. Auch kann sich der Bewerber so präsentieren, wie es ihm am besten erscheint. Es sind nicht die konkreten Anforderungen und Vorgaben einer Stellenanzeige zu berücksichtigen.

Damit diese grundsätzlichen Vorteile einer Initiativbewerbung auch voll ausgenutzt werden können, ist allerdings noch einigen Besonderheiten Rechnung zu tragen. Vor jeder Initiativbewerbung muss der Name des Empfängers der Bewerbung ermittelt werden. Hier kommt entweder der Personalleiter oder Fachbereichsverantwortliche des jeweiligen Unternehmens infrage. Ansonsten besteht die große Gefahr, dass die unaufgeforderte Bewerbung schnell wieder zurückgesandt wird oder lange Zeit unbearbeitet ihr Dasein fristet. Das Anschreiben unterliegt ebenfalls etwas anderen Anforderungen. Hier sollte klar zum Ausdruck kommen, wer oder was der jeweilige Bewerber ist und welche berufliche Tätigkeit er heute ausübt. Vor allem soll in kurzen Sätzen dargestellt werden, was der Bewerber konkret zu bieten hat, was er sucht und vor allem warum er sich gerade an dieses Unternehmen wendet. Strukturdaten des Unternehmens müssen aus Firmenpublikationen und Firmenhomepages über das Internet erarbeitet werden. Der Name des Empfängers der Bewerbung ist oft auch recht schnell durch ein kurzes Telefongespräch mit der Personalabteilung des entsprechenden Unternehmens in Erfahrung zu bringen. Ansonsten entspricht eine Initiativbewerbung in Form und Aufbau den bekannten Unterlagen, die für eine konkret ausgeschriebene Position eingereicht werden müssen.

Zu einer modernen Bewerbungsart zählt heute auch die Online-Bewerbung. Hier werden die gesamten Bewerbungsunterlagen nicht in schriftlicher Form über den Postweg zum Versand gebracht, sondern per E-Mail zum potentiellen Arbeitgeber transferiert. Man spricht daher auch von einer E-Mail-Bewerbung. Bewerbungen per E-Mail werden immer beliebter. Der Vorteil für die Unternehmen besteht vor allem darin, dass sie eine Bewerbung schnell und in einer strukturierten und gut weiter zu verarbeitenden Form erhalten. Ohne Vorprüfung sollte auch eine E-Mail-Bewerbung nicht versandt werden. Selbst wenn eine Stellenanzeige im Internet veröffentlicht wird, ist das noch keine Garantie, dass das Unternehmen tatsächlich eine E-Mail-Bewerbung wünscht. Hier empfiehlt es sich, die firmeneigene Internetseite zu durchsuchen und herauszufinden, auf welchem Wege das Unternehmen Bewerbungen bekommen möchte. Sofern Zweifel auftauchen, so kann am besten durch einen Anruf in der jeweiligen Personalabteilung geklärt werden, welche Art von Bewerbung in dem Unternehmen den Vorzug bekommt.

Ansonsten gelten bei einer E-Mail-Bewerbung dieselben Anforderungen und Richtlinien wie bei einer klassischen Bewerbungsmappe. Obligatorisch sind daher ein Anschreiben / Bewerbungsschreiben als E-Mail-Text, der Lebenslauf und die gescannten Zeugnisse im Anhang. Die E-Mail-Bewerbung ist immer gezielt an einen Adressaten zu richten. Auf keinen Fall empfiehlt es sich, die Bewerbung per E – Mail an eine anonyme Pooladresse wie beispielsweise kontakt@Firma.de zu senden. Sonst ist die Gefahr groß, dass die Bewerbung verspätet oder nicht bei der gewünschten Person ankommt. Als zwingend wird auch erachtet, sich im Voraus darüber zu informieren, welche Dateitypen dem Unternehmen zugesandt werden können und welche Größe die Dateien maximal haben dürfen. Am besten ist es immer noch, die Anlagen im gängigen PDF-Format (portable document format) zu versenden. Der Umfang sollte in der Regel 1 MB (Megabite) nicht überschreiten, besser wären noch 400 – 500 KB (Kilobite). Generell gilt, dass eine E-Mail-Bewerbung nur dann gut strukturiert ist, wenn sie übersichtlich, kurz und argumentativ abgefasst wird. Die Dateinamen beginnen stets mit dem eigenen Namen wie z.B. Meier Hans Bewerbung. Ein Muss ist auch, dass die E – Mail – Bewerbung immer von einer seriösen privaten E-Mail- Adresse aus verschickt wird. Um die gesamte E-Mail-Bewerbung nochmals abzuchecken, empfiehlt es sich auch, die Unterlagen vorweg an einen Freund oder an sich selbst zu versenden. Auf diese Weise ist es möglich sich zu vergewissern, ob die Bewerbung formatiert und ohne Fehler beim Empfänger ankommt.

Ein Bewerbungsprozess kann schließlich noch dadurch abgerundet werden, dass ein Stellengesuch oder Bewerberprofil in das Internet gestellt wird. Dabei ist nicht an eine eigene Bewerbungshomepage gedacht. Offizielle Job- oder Stellenbörsen bieten hierfür eine bessere Plattform. Einige von ihnen machen Bewerbern das Angebot, ihr Stellengesuch oder Bewerberprofil kostenlos im Internet zu veröffentlichen. Unternehmen nutzen diese Form der Personalsuche, um den Anzeigen- und Verwaltungsaufwand einzusparen oder einer Flut von unpassenden Bewerbungen aus dem Weg zu gehen. Oberstes Gebot sollte für den Bewerber sein: das Profil muss Interesse wecken. Nur wenn der Leser das Gefühl hat, hier präsentiert sich vom Fachwissen und Werdegang her ein viel versprechender Kandidat, wird er den persönlichen Kontakt suchen. Vielleicht sollten bei der Formulierung des Bewerberprofils mehr die Grundsätze befolgt werden, die heute bei der Vermarktung von Produkten und Dienstleistungen selbstverständlich sind, nämlich wodurch unterscheide ich mich von anderen, wo sind meine Wettbewerbsvorteile? Grundsätzlich gilt jedoch, dass die Chancen über diesen Weg einen neuen Arbeitsplatz zu bekommen nicht allzu groß sind. Dennoch sollte diese Möglichkeit nicht außer Acht gelassen werden.

Der Arbeitsplan, was zu tun ist, wenn Entlassung droht, die Kündigung kommt:

Am Anfang sollte die spezielle Art von Arbeitsplatzbewertung stehen mit den Fragen, wie gefährdet ist der eigene Arbeitsplatz und vor allem in welchem Zeitraum könnte die eigene Position im Unternehmen wegfallen. In die Analyse sind harte Fakten mit einzubeziehen, wie wird in die Abteilung investiert, in der man arbeitet, gibt es Absatzprobleme, Stagnation oder gutes Wachstum? Mit einem solchen verschärften Problembewusstsein ist es dann im Falle einer Gefährdung des Arbeitsplatzes auch möglich, sich in eine eventuelle Kündigungssituation besser hineinzufinden, sich auf ein eventuelles Kündigungsgespräch vorzubereiten. Damit soll die weit verbreitete Hilflosigkeit vermieden werden, die bei vielen Mitarbeitern im Kündigungsgespräch vorhanden ist. Tritt dann die Kündigung wirklich ein, so sollte das Bewusstsein im Vordergrund stehen, dass eine gewisse Schocksituation, die Fragen, warum trifft es gerade mich, woran lag es etc. vollkommen normal sind – trotz aller Analyse und Vorbereitung auf den Ernstfall.

Entscheidend ist in diesem Augenblick, nicht für einen längeren Zeitraum in passive Lähmung zu verfallen. Sonst können Schlaflosigkeit, Kopfschmerzen und weitergehende Stressfaktoren schnell zu einem gesundheitlichen und psychischen Problem werden. Oberstes Gebot besteht in dieser Situation darin, sich dem sozialen Umfeld zu öffnen und so die Gedanken für einen neuen Anfang wieder frei zu bekommen. Dazu gehört zuallererst, sich nach der Kündigung, also noch während der Laufzeit des Arbeitsvertrages innerhalb einer Woche bei der Arbeitsagentur zu melden und die drohende Arbeitslosigkeit anzuzeigen. Zu prüfen ist, ob die Schriftform bei der Kündigung eingehalten und die Arbeitnehmervertretung über die eigene Kündigung informiert wurde. Sofern ein Verstoß des Arbeitgebers gegen die Sozialauswahl vorliegt, dann wäre innerhalb einer Frist von drei Wochen eine Klage beim Arbeitsgericht einzureichen. Dafür muss ein Rechtsanwalt eingeschaltet werden. Das Verfahren dauert jedoch wegen Überlastung der Arbeitsgerichte lange, der Ausgang ist ungewiss. Neun von zehn Kündigungsklagen enden daher heute mit einem Vergleich: der gekündigte und klagende Mitarbeiter stimmt seiner Entlassung zu und erhält im Gegenzug vom Arbeitgeber eine Abfindung. Bevor das Abfindungsangebot angenommen wird, sollten noch weitere wichtige Fragen geklärt werden: wie wird die Abfindung besteuert, sind Ansprüche auf Urlaubs- und Weihnachtsgeld berücksichtigt und wie sieht es mit den bisherigen Ansprüchen aus betrieblicher Altersversorgung aus?

Das Ausscheiden eines Arbeitnehmers über einen Abfindungsvertrag ist streng von einem Aufhebungsvertrag zu unterscheiden. Hier regeln Arbeitgeber und Arbeitnehmer über einen Vertrag, dass das Arbeitsverhältnis aufgelöst und beendet wird. Dabei ist juristischer Rat dringend zu empfehlen. Vor allem muss auch berücksichtigt werden, dass der Arbeitnehmer bei einem Aufhebungsvertrag unmittelbar danach kein Arbeitslosengeld bekommt. Es gilt die Zwölfwochensperre, weil der Beschäftigte das Ende seiner Tätigkeit ja selbst mit herbeigeführt hat.

Nach allen diesen juristischen und formalen Regularien sollte eine Strategie erarbeitet werden, wie bekomme ich so schnell als möglich wieder einen neuen Arbeitsplatz. Der Tag ist zu strukturieren, mit regelmäßigem, nicht zu spätem Aufstehen, Festlegung von Aktivitäten, Prioritäten, dokumentiert am besten in einem Zeitplanbuch. Weiterhin ist der Finanzstatus nach dem Verlust des Arbeitsplatzes zu überprüfen. Welche Einnahmen stehen welchen Ausgaben gegenüber und wie ist eine Deckung zu erreichen, jeweils heruntergerechnet auf den einzelnen Monat. Bei einer Unterdeckung muss die Ausgabenstruktur schnell verändert werden, so gut das möglich ist. Bei allen Entscheidungen in diesem Punkt sind selbstverständlich Familie oder Lebenspartner stets mit einzubeziehen.

Danach sollte ausreichend Platz sein für eine Stärken- und Schwächenanalyse. Ziel ist dabei herauszufinden, wo und mit welcher Tätigkeit kann man sich am besten identifizieren? Dort stellen sich in der Regel auch die größten Erfolge ein. Überlegenswert sind auch Gedanken, inwieweit und bis zu welchem Punkt sind Kompromisse möglich, um die Vorstellung von der idealen Berufstätigkeit mit dem Angebot an Arbeitsplätzen halbwegs in Einklang zu bringen. Vielleicht kommt auch die Idee in Betracht, sich selbstständig zu machen. Hierfür müssten dann separate Ratschläge in Anspruch genommen werden.

Für die große Mehrheit, die nach der Kündigung einen neuen Arbeitgeber sucht, gilt es sich auf eine Bewerbungsstrategie festzulegen: Bewerbungsunterlagen überarbeiten und vor allem Bewerbungswege festlegen. Stellenanzeigen studieren, Job- und Stellenbörsen im Internet durchsuchen, Bewerbungen schreiben und dann auf Antwort warten genügt nicht mehr. Zu einer guten Bewerbung gehört deshalb heute auch die Initiativbewerbung. Die Vorteile liegen klar auf der Hand: keine Konkurrenz mit der Vielzahl von Zuschriften bei Stellenausschreibungen, geringerer Zeit- und Kostenaufwand für die Personal suchenden Firmen, der Bewerber demonstriert mit einer Initiativbewerbung Engagement und Motivation und er kann sich so präsentieren, wie es ihm am besten erscheint. Er braucht sich nicht an die konkreten Anforderungen einer Stellenanzeige zu halten. Zu einer modernen Bewerbungsart zählt heute auch die Online- Bewerbung. Dabei werden die gesamten Bewerbungsunterlagen nicht in schriftlicher Form über den Postweg zum Versand gebracht, sondern per E-Mail zum potentiellen Arbeitgeber transferiert. Das jeweilige Unternehmen erhält so eine Bewerbung schnell, in einer strukturierten Form und gut verarbeitbar. Ob eine Online-Bewerbung gewünscht wird, soll vorweg eingehend geprüft werden. Außerdem sind bestimmte Regularien zu beachten, wie Auswahl Dateitypen, Strukturierung und Datenmenge. Ein Bewerbungsprozess kann schließlich noch dadurch ergänzt werden, dass ein Stellengesuch oder Bewerberprofil in das Internet gestellt wird, und zwar bei offiziellen Job- und Stellenbörsen. Das Profil muss allerdings so aufgebaut sein, dass es Interesse weckt. Nur wenn der Leser das Gefühl hat, hier präsentiert sich vom Fachwissen und Werdegang her ein viel versprechender Kandidat, wird er den persönlichen Kontakt suchen.

Die Zielplanung im Berufsleben

Wer von den jungen Berufstätigen hat noch nicht ein Buch oder ein Fachmagazin in der Hand gehabt, das sich mit dem Thema befasst, wie macht man Karriere? Ganze Heerscharen von Berufsberatern, Karrieretrainern und so genannte Job – Coaches leben davon, sich mit Karriereregeln zu beschäftigen und sie aktiv zu vermarkten. Es wird von zehn Geboten im Job gesprochen oder von 17 speziellen Verhaltensmustern im Beruf, um möglichst schnell im Arbeitsleben Erfolg zu haben. Ein Großteil des Seminar – Gewerbes kommt immer wieder mit „neuesten Erkenntnissen" auf den Markt, wie Karriere fast schon kinderleicht zu machen ist. Meistens sind es Tipps, schön in Amerikanismen verpackt, die immer wieder neue Seminarbesucher anlocken sollen. Authentisch oder egoistischer sollt ihr sein, damit die Karriere ihren Lauf nehmen kann. Um alle solche Denkweisen und Verhaltensmuster geht es hier nicht, wenn von Zielplanung im Berufsleben eines jungen Menschen die Rede ist. Gedacht wird hier vielmehr an einige wenige grundlegende Überlegungen, Fragen und dann darauf abgestimmtes Handeln.

Ein Anlass für eine Bestandsaufnahme über die bisherige berufliche Tätigkeit in den ersten zwei bis fünf Jahren kann vielfältig sein. Immer gleiche Arbeitsabläufe und Rituale tragen nicht gerade zu einer Begeisterungsfähigkeit bei. Der Elan bei der Arbeit ist unter Umständen etwas verloren gegangen. Von Unlust soll hier noch nicht einmal gesprochen werden. Der Grad der eigenen Entscheidungs- und Entfaltungsfreiheit im Job stellt hier oft einen neuralgischen Punkt dar. Viele beklagen gerade in den Anfangsjahren der beruflichen Tätigkeit die zu geringe Freiheit. Es muss viel zu viel abgezeichnet und genehmigt werden. Unter Umständen wird die Motivation auch dadurch beeinträchtigt, dass in der Firma ständig umstrukturiert wird. Kaum hat sich eine Organisationsstruktur einigermaßen etabliert, kommt schon die nächste Veränderung.

Oder der junge, gut ausgebildete junge Arbeitnehmer vermisst, dass er seine mehrjährig aufgenommenen theoretischen Erkenntnisse in seinem Job kaum anwenden kann. Es entsteht eine Art Sinnkrise, eine innere Leere. Manchmal kommt noch hinzu, dass in den ersten Jahren auch Erfolgserlebnisse bei der Arbeit nicht so oft vorkommen. Andere kommen beispielsweise in der Teamarbeit besser voran. Sie werden öfter gefragt, ihr Urteil hat unter Umständen mehr Gewicht als die eigenen Argumente. Alles das kann Zweifel hervorbringen und einen gewissen Motivationsknick zur Folge haben. Wie kommt man aus dieser Situation wieder heraus? Stimmt hier eventuell etwas nicht überein, nämlich persönliches Interesse und Wirklichkeit, das, was man macht und das, was man machen möchte?

Zielfindung setzt voraus, so ist hier zu folgern, seine eigenen Stärken und Schwächen zu erkennen. Selbsterkenntnis, Selbstanalyse helfen weiter, können eine Veränderung einleiten bei einer nicht zufriedenstellenden beruflichen Entwicklung und dies besonders in den Anfangsjahren. Die konkreten Fragen sollten dann lauten: was liegt mir besonders, in welchem Metier fühle ich mich wohler, wo bin ich spontaner, weil interessierter, wo traue ich mir am meisten zu? Wo kann ich Höchstleistungen erzielen? Mit einem kurzen Satz, was treibt mich an? Ein Techniker kann je nach Neigung und Einstellung in der Forschung / Entwicklung, als Maschinenführer an einer Produktionsstraße oder im Vertrieb als Verkaufsberater oder Kundendienstmonteur arbeiten. Auch eine führende Position in der Aus- und Weiterbildung des technischen Nachwuchses ist denkbar. Der Beruf als Techniker ist jeweils derselbe, der Arbeitsschwerpunkt doch sehr differenziert und die Anforderungen sind es auch. Der Forscher muss Probleme bewerten, analysieren, neugierig und ausdauernd sein. Ein Maschinenführer hat schnell und gezielt Entscheidungen zu treffen und der Verkaufsberater muss sein Gegenüber, den potentiellen Käufer überzeugen können, mit

Auftreten und Gewandtheit. Und der Ausbilder sollte eine pädagogische Ader und eine gewisse Eloquenz besitzen, um motivierte und leistungsfähige Nachwuchsleute hervorzubringen. Besonders deutlich wird auch, was einen wirklich erfolgreichen Verkäufer antreibt. Die Fachkenntnisse um das Produkt oder die Dienstleistung werden vorausgesetzt. Entscheidend ist jedoch etwas ganz anderes. Er darf sich von Misserfolgen nicht groß beeindrucken lassen, nicht grübeln, wenn Aufträge verloren gehen oder nicht hereingeholt werden können und es muss immer wieder Spaß machen, einen potentiellen Käufer zum wirklichen Käufer zu machen. Gute Verkäufer sind daher oft auch geborene Optimisten, die zielbewusst immer wieder auf den Abschluss des Vertrages zusteuern. Misserfolge werden schnell weggesteckt.

Ein Blick zurück in die noch junge berufliche Tätigkeit und in die Jugendzeit könnte die Selbstanalyse weiter vorantreiben. Was mache ich in meinem Job bisher immer noch am liebsten, egal wie das generelle Umfeld aussieht, und wo kommen ungute Gefühle auf? Gibt es da Parallelen zu der Zeit davor, in der Ausbildung, beim Studium oder im Jugendalter? Manche sind beispielsweise froh darüber, die eigenen Gedanken und Ideen in einem Gespräch beim Vorgesetzten darlegen zu können. Andere haben vor jedem Gespräch mit dem Chef schon schwitzende Hände, wenn es zu einer Terminabsprache kommt. Der eine hat sich in seiner Jugendzeit im Verein, in der Gruppe wohlgefühlt, der andere zog sich in das stille Kämmerlein zurück und hat mit Begeisterung einen Krimi nach dem anderen gelesen. Damit soll angedeutet werden, wie wichtig es ist, sich selbst näher zu kennen.

Deutlich wird auch, worauf es hier bei der Selbstanalyse ankommt, wenn bestimmte Verhaltensweisen typisiert werden. Es kommt dann zu der Frage, bin ich mehr ein Analytiker oder ein Machertyp? Sofern jemand sich sicherer fühlt, ein Projekt alleine oder auch in der Gruppe ohne großen Zeitdruck auszuführen, Problemlösungen zu bewerten und die Entscheidungen über Durchführung und Ausgestaltung eher anderen überlässt, dann ist er vielleicht besser als Assistent, Forscher, Berater oder Qualitätskontrolleur aufgehoben. In der Sprache der betriebswirtschaftlichen Organisationslehre haben solche Positionen eine so genannte Stabsfunktion. Beim Machertyp hingegen kommt es darauf an, ob er gerne Entscheidungen trifft, auch zu seinen Entscheidungen steht, es geradezu genießt im Mittelpunkt zu stehen, mit Menschen umzugehen und die Kommunikation liebt. Der Machertyp ist in der Linienfunktion angesiedelt, dort trifft er die Entscheidungen, inklusive Umsetzung und Kontrolle. Der junge Berufstätige sollte sich zumindest fragen, welchem Typ er sich eher zuordnet, dem Analytiker oder Macher?

Zur Selbstanalyse gehören auch noch Gedanken, die recht schwierig zu beantworten sind, oft verdrängt werden. Es geht darum, wie die eigene Berufswahl zustande gekommen ist. War es der Traumberuf, der immer schon angestrebt wurde oder kamen die entscheidenden Impulse aus dem sozialen Umfeld, den Eltern beispielsweise oder guten Freunden? Bekannt sind ja die Beispiele, dass die Tochter sich für das Lehramt entscheidet, weil die Eltern auch Lehrer sind. Oder der Sohn wird Chemikant bei der BASF in Ludwigshafen so wie der Vater vorher auch. Die Liste könnte beliebig fortgeführt werden. Ist diese nicht ganz selbstbestimmte Berufswahl vielleicht der Grund, warum der Beruf nicht so viel Spaß macht und auch deswegen sogar die richtigen Erfolge ausbleiben, auch wenn erst einige Berufsjahre ins Land gegangen sind? Dies sich einzugestehen fällt im Ernstfall besonders schwer. Schließlich kommen Zukunftsängste auf, was die Konsequenzen daraus angeht.

Es kann nicht ausbleiben, sich der Zukunft zu stellen, nämlich einer besseren Zukunft als bisher anzunehmen ist. Wenn man weiß, was man will, wenn Selbstanalyse, die Selbsterkenntnis abgeschlossen sind, muss der Abgleich zwischen dem persönlichen Antrieb und der beruflichen Zukunft mit ihren Aufgaben und Projekten erfolgen. Nur so sind auf Dauer Zufriedenheit und Erfolg im Beruf wahrscheinlich. Beides ist untrennbar miteinander verbunden. Wer nach dieser Selbsterkenntnis nicht handelt, läuft in Gefahr, passiv, unmotiviert und auch verunsichert zu wirken. Das bleibt wahrscheinlich auch nicht den Kollegen oder dem Vorgesetzten verborgen. Passivität bei Unzufriedenheit, Sinnkrise im Job bergen auch die Gefahr in sich, sich an der berühmten Gerüchteküche in der Firma zu beteiligen, andere vor Kollegen oder sogar dem Vorgesetzten in ein schlechtes Licht zu rücken oder die anderen sind schuld, der Firmenchef, Abteilungsleiter oder die Kollegen, was mit einem gerade passiert. Deshalb sind Ziele notwendig. Ohne Ziele wird man sonst schnell zum Spielball von anderen, äußeren Kräften. Dies sagen Fachleute, die sich jahrelang in der Praxis mit diesen Themen befasst haben (vgl. Harss, Claudia, Meier, Karin, Mit meiner Firma geht´s bergab, Freiburg, Basel, Wien 1994, S.21 f.). Der TV - Moderator Peter Hahne hat in seinem viel beachteten Buch, „Schluss mit lustig“ auf die Schattenseiten unserer „Spaßgesellschaft“ hingewiesen, unter anderem auch auf die Tatsache, dass ein Großteil der Auszubildenden in Deutschland nicht nur Defizite in der Allgemeinbildung, dem aktuellen Tagesgeschehen hat, sondern auch mit Schulterzucken reagiert wird, wenn jemand nach Berufs- und Lebenszielen fragt. Schließlich wird generell gefordert, dass wir „Leute mit Visionen, Perspektiven und Lebenszielen“ brauchen (Hahne, Peter, Schluss mit lustig, Lahr, 2005, S. 22 f, 142). Dem kann nur zugestimmt werden. Viele Menschen verwenden heute mehr Zeit auf die jährliche Urlaubsplanung als sich mit einer Zielplanung im Berufsleben, einer befriedigenden Berufslaufbahn zu beschäftigen. Ohne klare Ziele ist die Sinnkrise, die Unzufriedenheit im Beruf nicht zu meistern.

Wie können nun die aus der Selbsterkenntnis abgeleiteten Ziele mit den anschließenden Handlungsalternativen aussehen? Die Aussagen sind selbstverständlich nur von grundlegender Natur. Die Einzelplanung muss jeder für sich selbst durchführen. Dennoch gibt es drei grundsätzliche Handlungsmuster. Das erste besteht darin, bei der jetzigen Firma zu bleiben, sofern genügend Übereinstimmung zwischen den persönlichen Stärken, Vorlieben und den jetzigen Inhalten, dem Aufgabenspektrum im Job vorhanden ist. Mathematisch ausgedrückt könnte gesagt werden, es muss genügend Schnittmenge geben. Dazu gehört auch die Vorstellung des Einzelnen, was kann an Aufgabenbereichen noch hinzukommen, um welche Projekte werde ich mich künftig noch mehr bemühen und engagieren? Gibt es Möglichkeiten, jemand in einem angrenzenden Bereich zuzuarbeiten, vielleicht sogar Urlaubsvertretung zu machen, um sukzessive in eine etwas anders strukturierte Position hineinzuwachsen, die mehr motiviert und den persönlichen Vorstellungen näherkommt? Dringend zu empfehlen ist dabei auch ein Gespräch mit dem Vorgesetzten, wobei die konkreten Veränderungswünsche mit guten Argumenten dargelegt werden sollen. Zu einer Zielplanung gehört auch, welche Position soll in zwei oder fünf Jahren erreicht werden? Was traue ich mir in dieser Firma überhaupt zu an Verantwortung? Was passt am besten zu meinem persönlichen Einstellungsprofil? Wenn so gedacht und auch gehandelt wird, werden die formulierten Ziele geradezu die Funktion eines Kompasses übernehmen. Allerdings ist ein Ankommen nicht garantiert, aber wahrscheinlich leichter zu erreichen. Mit Sicherheit wird sich mehr Zufriedenheit im Berufsalltag einstellen, vor allem auch dann, wenn Teilziele erreicht werden. Erfolg ist bekanntlich immer das Erreichen von eigenen Zielen. Womöglich lassen sich auch Verhaltensfehler, die in der Vergangenheit gemacht wurden, eher vermeiden.

Das zweite Handlungsmuster besteht darin, den Entschluss zu fassen, es kommt nur ein Wechsel zu einem anderen Unternehmen in Frage. Auch bei einem solchen weiter reichenden Schritt bringen die Erkenntnisse aus der Selbstanalyse wiederum gute Entscheidungshilfen. Diese Arbeit an seinen eigenen Visionen, seinen Vorstellungen, was treibt mich an, ist nicht verloren. Den Entschluss fassen ist hier das eine, ihn dann tatsächlich auch umsetzen, und den Jobwechsel zu vollziehen ist das andere. Viele warten zunächst einmal ab, obwohl sie sich innerlich bereits für eine neue Stelle in einer anderen Firma entschieden haben. In Gedanken ist der Abgang schon vollzogen. Aber das Prinzip Hoffnung behält weiter die Oberhand, dass der Vorgesetzte seine Haltung ändert, ein neues Projekt mit anderen Aufgabenfeldern ansteht oder sogar ein Wechsel in einen anderen Bereich sich andeutet. Oder – sofern eine einschneidende Restrukturierung eingeleitet ist – die Überzeugung sich herausbildet, mich wird es bei einem Arbeitsplatzabbau schon nicht treffen. Sofern der Wechsel nicht wirklich in Angriff genommen wird, ist die Gefahr groß, dass man unsicher wirkt und ein negatives Erscheinungsbild abgibt. Die Psychologen sprechen hier von „Ambivalenz“. Der betreffende Arbeitnehmer ist hin und her gerissen zwischen Bleiben und Gehen und verharrt in einer passiven Haltung. Es passiert nichts. Das Selbstbewusstsein wird angeknackst und das kann je nach Dauer auch gesundheitliche Folgen haben, wie beispielsweise Depressionserscheinungen (vgl. Harss, Claudia, Maier, Karin, S. 23 f). Sobald diese Patsituation überwunden ist, wird es höchste Zeit, sich einen Handlungsplan für den Wechsel zu erarbeiten. Die bekannten Formularien dafür stehen hier nicht zur Diskussion. Wohl aber müssen die Erkenntnisse aus der Selbstanalyse unbedingt hier einfließen, damit nicht eine neue Stelle angenommen wird um des Arbeitsplatzes willen, sondern damit man das machen kann, was einem mehr Spaß macht und auch mehr Erfolg bringt. Das mag zunächst einmal etwas hochtrabend und irreal klingen, wenn die Entwicklung auf den heutigen Arbeitsmärkten betrachtet wird. Die Anforderungen sind hoch, die Zahl der Bewerber für eine herausfordernde Position auch. Aber es bringt den jungen Arbeitnehmer nicht weiter, wenn er wieder in einer Position in einer anderen Firma arbeitet und nach einem kurzen Zeitraum dieselben Frusterscheinungen im Job auftreten wie vorher. Das Ziel sollte zumindest lauten: vom Job zur Profession. Die Arbeit daran wird sich auf die Dauer lohnen.

Zu einem viel versprechenden Handlungsplan für den Wechsel gehören beispielsweise: Vorstellungen über den Wunscharbeitsplatz mit den Umrissen des jeweiligen Metiers von Entwicklung bis hin zu Werbung und Service, Industrie – oder Dienstleistungsbetrieb, Kundenkontakte ja oder nein, bevorzugte Branchen, Groß- oder mittelständischer Betrieb, Reisetätigkeit viel oder wenig usw. Alle Möglichkeiten, vor allem auch über das Internet, müssen wahrgenommen werden, um Wunschfirmen auflisten zu können. Als nächstes stehen Wunschregionen und die Wunschvorstellungen für den Wechsel an, warum die eigenen Wünsche mit den Anforderungen der ausgeschriebenen Position sich decken. Am erfolgversprechendsten wäre natürlich, wenn der Wechselwillige hier sich nichts vormacht, sondern aufgrund seiner Vorarbeiten und Selbsterkenntnisse wirklich eine große Übereinstimmung zwischen dem persönlichen Wunschprofil und der angebotenen Position vorhanden wäre. Das könnte dann als der Idealfall bezeichnet werden. Ein Bemühen darum lohnt sich auf jeden Fall.

Das dritte Handlungsmuster besteht darin, einen vollkommenen Schlussstrich unter die bisherige Karriere zu machen und einen kompletten Neuanfang zu wagen. Hier wird meistens ein Hobby neben dem bisherigen Beruf betrieben. Nach Frust, Sinnkrise und immer stärker aufkommenden Zweifeln an dem bisherigen Job kreist die Leidenschaft für das Fliegen, die Malerei, Reiterei oder Drachenbootrennen ständig im Kopf herum und nimmt immer konkretere Formen an. Die wenigsten wechseln dabei von einem Angestelltenberuf in den anderen, weil eine zweite Ausbildung langwierig und kostspielig ist. Der gut verdienende Wirtschaftsmanager mit Wirtschaftsdiplom kann die finanzielle Durststrecke eventuell überwinden und wird zum Piloten der Lufthansa. Meistens bleibt aber nur die Selbständigkeit für den totalen Umstieg, wenn das Hobby zum Beruf gemacht wird, mit Leidenschaft, viel Arbeit und finanziellen Risiken. Die Groß- und Außenhandelskauffrau wird zur Malerin, gibt zusätzlich Malkurse, die Diplom-Ingenieurin übernimmt eine Reitanlage, vermietet Boxen für Pferdebesitzer, gibt Reitunterricht und Managerseminare. Und der Bankbetriebswirt organisiert Drachenbootrennen, gründet eine Eventagentur. Manche bleiben in einem Übergangsstadium noch mit Teilzeit in ihrem bisherigen Beruf engagiert, um den Finanzstatus etwas verbessern zu können. Ein solches Handlungsmuster erfordert zweifellos den meisten Mut, viel Hartnäckigkeit und Ausdauer, vor allem auch, wenn im persönlichen Umfeld Skepsis und kaum Zuspruch ihre Bremsspuren hinterlassen. Sofern sich der Erfolg einstellt, sind diese Seiteneinsteiger jedoch glückliche und zufriedene Menschen. Bei ihnen ist der wirkliche Idealzustand erreicht. Hobby ist zugleich Beruf (vgl. Schlesiger, Christian, Beruf + Erfolg, Zurück auf Los, in: Wirtschaftswoche Nr. 30 vom 23.07. 2007, S. 88 ff).

Der Leitfaden für die Zielplanung im Berufsleben

Es geht nicht darum, wie man Karriere macht, wie Karriereregeln befolgt werden sollen und wie das unzählige Autoren in ihren Büchern beschreiben. Gedacht ist hier daran, dass junge Menschen, die erst ein Paar Berufsjahre hinter sich gebracht haben, zunächst einmal darüber nachdenken sollten, was wurde bisher erreicht und wo ist die rote Linie für den weiteren Berufsweg? Vor allem sind solche Gedanken und ein gezieltes Vorgehen dann besonders angebracht, wenn der Berufsstarter das Gefühl hat, er sei in eine gewisse Sinnkrise gekommen, das Berufsumfeld stelle sich anders dar als er das erwartet hatte.

Der Erste Schritt vor weiteren Zielvorstellungen muss daher eine Bestandsaufnahme sein, eine Selbstanalyse über Stärken, aber auch Schwächen mit der Grundfrage, was treibt mich an, was macht mir Spaß? In welchem Metier fühle ich mich wohl, bei welcher Arbeit kann ich Höchstleistungen erreichen? Hohe Motivation ist bekanntlich die Schwester guter Leistungen, eine Voraussetzung, um im Beruf voranzukommen. Ein Blick zurück hilft hier weiter, in die noch junge berufliche Tätigkeit, aber auch in die Zeit davor, die Perioden der Ausbildung, des Studiums oder der Jugendzeit generell. Gibt es da bestimmte Verhaltensmuster, die sich jetzt auch im Beruf widerspiegeln? Gehöre ich mehr dem Analytiker- oder Machertyp an? Wo fühle ich mich wohler? Auch die Grundsatzfrage, war die Berufswahl eine lang geplante Entscheidung oder stark beeinflusst vom sozialen Umfeld, muss beantwortet werden. Auch darin kann eine Diskrepanz zwischen innerem Wunsch und Berufswirklichkeit liegen, die letztendlich zur Unzufriedenheit und Unlust führt mit den bekannten Folgen: die anderen sind doch schuld, die Firma generell, der Vorgesetzte oder die Kollegen. Das bringt niemand weiter in die Zukunft. Kurz gesagt, die Beschäftigung mit den Zielen im Berufsleben in dem hier verstandenen Sinne lohnt sich und ist dringend notwendig. Den meisten Menschen ist das so kaum bewusst.

Für die aus der Selbsterkenntnis abgeleiteten Ziele gibt es drei Handlungsalternativen: die erste besteht darin, bei der jetzigen Firma zu bleiben, sofern genügend Übereinstimmung zwischen den persönlichen Stärken und jetzigen Arbeitsinhalten im Job vorhanden ist. Weitere Veränderungen im Sinne des persönlichen Einstellungsprofils müssen hart erarbeitet werden, wie neue Projekte, Gespräch mit dem Vorgesetzten. Das zweite Handlungsmuster liegt in dem Entschluss, die Firma zu wechseln und einen neuen Schritt zu wagen. Zu vermeiden ist dabei vor allem ein ständiges Hin- und Herpendeln, was die Umsetzung des Wechsels angeht. Das erzeugt sonst im Berufsalltag ein negatives Erscheinungsbild mit allen möglichen Gefahren bis hin zum Knick im Selbstbewusstsein und gesundheitlichen Folgen. Am besten wird für den Wechsel ein Handlungsplan aufgestellt mit den Vorstellungen über Wunscharbeitsplatz, Wunschfirmen und Wunschregionen. Beim dritten Handlungsmuster wird ein radikaler Schlussstrich unter die bisherige Karriere gemacht und ein kompletter Neuanfang gewagt. Die wenigsten wechseln dabei von einem Angestelltenberuf in den anderen, weil hier die Ausbildung in der Regel wieder recht lange dauert und kostenintensiv ist. Meistens bleibt in einem solchen Fall nur die Selbständigkeit für den totalen Umstieg. Das stellt zweifellos eine Wahl mit den größten Risiken dar, ein Kampf, der aber mit viel Leidenschaft und viel Arbeit, manchmal ohne jahrelangen Urlaub gewonnen werden kann. Sofern das gelingt, ist das ein Idealfall, bei dem das Hobby zum Beruf geworden ist, eine feste Bindung mit guten Erfolgsaussichten.

Bei allem Sachwissen die Sozialkompetenz nicht vergessen

Wer schon öfter ein Klassentreffen aus der Grundschul- oder Gymnasialzeit mitgemacht hat, dem fallen die unterschiedlichen Charaktere und Verhaltensweisen seiner ehemaligen Mitschüler nach fünf oder zehn Jahren Trennung ganz besonders auf. Der eine kommt leise und zurückhaltend daher, der andere laut, immer im Mittelpunkt stehend. Und meistens haben die einzelnen ehemaligen Mitschüler ihre Grundeinstellungen kaum verändert. Sie verhalten sich nach denselben Grundmustern wie früher. Eine andere Erkenntnis tritt auch oft noch hinzu, wenn das Thema berufliche Entwicklung zur Sprache kommt. Welchen Beruf hast du erlernt, studiert oder eine Ausbildung nach der Schule gemacht, wie geht es dir beruflich heute? Hier kommt es nicht selten zu Überraschungen. Es stellt sich heraus, dass die früheren Klassenbesten mit den überdurchschnittlich guten Noten, denen alles Wissen und Verständnis nur so zuflog, oft gar nicht so erfolgreich in ihren Berufen geworden sind. Die Erfolgsspur in der Ausbildung hat sich somit nicht unbedingt im späteren Berufsleben fortgesetzt. Die guten Absolventen sind nicht immer die ersten, die den Einstieg in den Beruf beispielsweise mit einer Festanstellung schaffen. Oder ihr beruflicher Werdegang weist bei häufigerem Arbeitgeberwechsel kaum Positionen aus, die mit größerer Verantwortung und Zuständigkeit verbunden sind. Es muss demnach außer Fachwissen, logischem Denken noch andere Kriterien geben, die zu einem erfolgreichen beruflichen Werdegang hinführen, ja ihn geradezu erst möglich machen.

Soziale Kompetenz oder Sozialkompetenz heißen die Zauberworte, die heute in aller Munde sind. Die Begriffe gehören schon fast wie selbstverständlich zu jeder Stellenbeschreibung, es gibt viele Bücher darüber und nahezu jede Hochschule bietet heute Seminare über Sozialkompetenz an oder hat sogar einen eigenen

Studiengang Sozialkompetenz eingerichtet, ein Weiterbildungsangebot für Menschen, die ihre Fähigkeiten im Umgang mit anderen Menschen stärken und weiterentwickeln möchten (Hochschule Fulda). Eine Heerschar von Unternehmensberatern bietet Seminare über „Führungskompetenz und Sozialkompetenz" an und Unternehmen schicken ihre Mitarbeiter reihenweise in spezielle Motivationstrainings mit dem Hauptziel, dass soziale Kompetenz dort geübt wird. Die Grundrichtung des Sinngehaltes des Begriffs Sozialkompetenz hat demnach etwas mit dem Verhalten des Einzelnen gegenüber anderen, einer Gruppe zu tun. Ganz pragmatisch geht das auch aus dem Brockhaus hervor: Sozialkompetenz wird definiert als „das Ausmaß, in dem ein Individuum durch Begabung, Ausbildung und Lebensgeschichte fähig ist, in seiner sozialen Umwelt selbständig zu handeln. Sozialkompetenz gilt als Kennzeichen der sozialen Reife und Mündigkeit" (Brockhaus, Die Enzyklopädie, Bd., 24, Mannheim, 1998, S. 482).

Übertragen auf die Situation eines jungen Berufstarters im Arbeitsleben heißt das: Wissen und Können reichen nicht aus, ja werden sogar in einem gewissen Sinne entwertet, wenn jemand in einem Team, in einer Arbeitsgruppe oder bei den Kollegen generell mit seinem Verhalten aneckt, es immer wieder zu Reibereien und Streitigkeiten kommt. Das schafft Unruhe, bleibt auch dem Vorgesetzten nicht verborgen mit den bekannten Folgen von Motivations- und Leistungsverlusten der gesamten Gruppe. Besonders plastisch wird Sozialkompetenz beschrieben und inhaltlich festgelegt mit folgender Formulierung: „in ihrem Wesenskern ist Sozialkompetenz letztlich also nichts anderes als Ausdruck des Wissens und Könnens, sich im zwischenmenschlichen Spannungs- und häufig auch Minenfeld nicht zu verhalten wie der sprichwörtliche Elefant im Porzellanladen" (Volk, Hartmut, Sozialkompetenz ist keine sozialromantische Schwärmerei", in: FAZ Nr. 12 vom 15.01.2005, S. 52). Und noch einen Begriff sollte der junge Arbeitnehmer im

Zusammenhang mit Sozialkompetenz einordnen können. In den Personalabteilungen der Unternehmen wird auch oft von Soft Skills gesprochen, die ein Mitarbeiter oder Bewerber haben sollte. Dabei handelt es sich um so genannte weiche Faktoren, Schlüsselqualifikationen, die neben den Hard Skills (Fachwissen) in Zukunft immer mehr über Erfolg oder Mittelmaß den Ausschlag geben. Zu den Soft Skills zählen beispielsweise Eigenschaften wie Teamfähigkeit, emotionale Belastbarkeit und Kommunikationsfähigkeit. Der Begriff Sozialkompetenz ist jedoch noch umfassender und enthält auch die Kritikfähigkeit, die der einzelne Mitarbeiter besitzen soll. Insgesamt gesehen geht es bei sozialer Kompetenz um Persönlichkeitsmerkmale, menschliche Qualitäten, die in der heutigen Arbeitswelt eine immer größere Rolle spielen.

Bereits bei der Personalauswahl legen Unternehmen immer mehr Gewicht auf weiche Faktoren, müssen Bewerber zunehmend überzeugen, dass sie sich in ein Team einfügen oder Konflikte lösen können. Dies kommt besonders bei einem Assessment - Center zur Anwendung, einem Auswahlverfahren, in dem mehrere Bewerber gleichzeitig für eine bestimmte Position getestet werden. Es werden beispielsweise Verkaufsgespräche simuliert oder Aufgaben an die gesamte Gruppe gestellt, um das Verhalten des Einzelnen in einem Team oder seine Überzeugungskraft zu prüfen. Unternehmen schätzen Bewerber, die in ihrem Werdegang über den Tellerrand hinausgeschaut haben und die reine Fach- und Wissenszone nicht als allein selig machend ansehen. Wer bereits in jungen Jahren Verantwortung für andere übernommen hat, wer Schulsprecher, Gemeinderat war oder ein Ehrenamt als Abteilungsleiter in einem Verein übernommen hat, der macht Personalchefs neugierig. Von dem Chemiegiganten BASF ist bekannt, dass Hochschulabsolventen nicht nur ein hohes Fachwissen aufzuweisen haben, sondern auch in Schlüsselqualifikationen wie Team-, Kommunikations- und Veränderungsfähigkeit besonders kompetent sein müssen. Der

Ludwigshafener Chemiekonzern fördert sogar ein Engagement seiner Mitarbeiter in ehrenamtlichen Aktivitäten wie Kommunalpolitik, Kirche oder sozialen Organisationen. Teilweise werden Programme aufgestellt, um solche Beschäftigte, die Ehrenämter während der normalen Arbeitszeit wahrnehmen, von der Arbeit freizustellen. Die Förderung der sozialen Kompetenzen setzt auch bereits bei den jüngsten Mitarbeitern wie den Auszubildenden ein. Unter dem Motto „Lernen in fremden Lebenswelten" arbeiten die jungen Menschen eine Woche lang in sozialen Einrichtungen der Region, in einer Behindertenwerkstatt, Kindertagesstätte oder der Bahnhofsmission. Die Liste der Unternehmen, die mit speziellen Programmen an den sozialen Defiziten ihrer Auszubildenden arbeiten, ließe sich beliebig fortsetzen. Die Bausparkasse Schwäbisch Hall oder der Verbindungs- und Befestigungsspezialist Würth aus Künzelsau gehören auch dazu. Neben Großbetrieben haben auch mittelständisch geführte Unternehmen erkannt, welche Folgen auftreten können, wenn Schulabgänger sich plötzlich in ein Unternehmen eingliedern müssen und in einem Team mit 20 oder 30 Jahre älteren Kollegen aktiv werden sollen. Die jungen Menschen wachsen oft in Ein – Kind – Familien oder mit einer allein erziehenden Mutter auf. Die Sozialkontakte sind bisher vorwiegend nur auf Gleichaltrige, Eltern und Lehrer ausgerichtet. So können kaum Fähigkeiten trainiert werden, sich in die Bedürfnisse anderer Menschen hineinzuversetzen. Wenn dann in den Unternehmen die von den Auszubildenden gemachten Erfahrungen und Erlebnisse noch nachbearbeitet werden, sind die Lernerfolge aus fremden Welten für die Persönlichkeit des Einzelnen besonders wirksam.

Bei dem Software-Giganten SAP werden Bewerber sehr geschätzt, die nach ihrer Ausbildung eine Auszeit genommen haben, um Neues zu erkunden, neue Herausforderungen zu meistern. In einem Freiwilligen Jahr ergibt sich dafür eine gute Gelegenheit. Immer mehr junge Menschen entdecken hier sich und die andere

Welt. Gefragt sind dabei Fähigkeiten, sich in das Schicksal anderer Menschen hineinzudenken, mit plötzlichen Veränderungen fertig zu werden, also flexibel zu sein, und nicht auf Anweisungen anderer zu warten. Das sind alles Anforderungen, die im Job an oberster Rangfolge stehen und hier ohne Zwangsjacke geübt werden können. Für den Aufbruch in eine neue Welt gibt es teilweise großzügige Programme wie das Projekt des Europäischen Freiwilligendienstes (EFD). Auf jährlich 1000 zur Verfügung stehende Stellen bewerben sich dabei rund 15 000 junge Menschen. Für die Kosten kommt die Europäische Gemeinschaft auf (vgl. Hauser Uli, Drissner Gerald, Freiwillige vor!, in: Stern Nr. 38 vom 11.09. 2008 S. 54 f).

Wie auch immer in der Wirtschaft das Thema Sozialkompetenz der Mitarbeiter bearbeitet und weiter verbessert wird. Fest steht, dass der junge Berufstätige sich nicht mehr alleine auf seine Sachkompetenz verlassen kann, um Erfolg im Beruf zu haben und damit das Arbeitsplatz-Risiko stark zurückdrängen zu können. Generell wird in der Führungstheorie von der „Balance von Sachkompetenz und sozialer Kompetenz" gesprochen (Höhler Gertrud, Die Sinn-Macher, Wer siegen will, muss führen, München, 2002, S. 151). Für den jungen Menschen heißt das, dass Sachebene und Beziehungsebene in etwa dieselbe Bedeutung im Berufsleben haben, damit die Chancen gegenüber den Risiken auf Dauer gesehen die Oberhand behalten. Die Sache beherrschen, seine Arbeit verstehen, das wird heute schon vorausgesetzt. Aber die andere, die nicht so greifbare Seite der Medaille, die soziale Kompetenz, ist schwieriger zu beherrschen und nachzuvollziehen.

Um die wichtigsten Gradmesser für soziale Kompetenz darstellen zu können hilft ein Blick in die Personal - Beurteilungsbögen, die heute in vielen Unternehmen eingesetzt werden. Hier stehen zunächst einmal Begriffe wie Belastbarkeit und Engagement weit vorne. Dabei geht es um Fragen, ob ein Mitarbeiter eine hohe Ausdauer hat, die Arbeitsqualität auch bei hohen Anforderungen konstant bleibt. Weiterhin wird geprüft, inwieweit die Ergebnisse über die eigene Arbeit hinaus stets verbessert und die anfallenden Arbeiten immer von sich aus durchgeführt werden. In einem solchen Fall würde die Beurteilung „hervorragend ausgebildet" lauten. Der zweite Maßstab für Sozialkompetenz, der in der heutigen Arbeitswelt nicht mehr wegzudenken ist, besteht darin, wie sind Kooperationsfähigkeit und Verantwortungsbewusstsein beim einzelnen Arbeitnehmer ausgeprägt. Ist er hilfsbereit und unterstützt stets die Kollegen und fördert er die Zusammenarbeit sehr oder kaum. Sucht er stets nach Lösungen, die in beiderseitigem Nutzen sind. Meistens wird hier auch von der Teamfähigkeit gesprochen seitdem die Teamarbeit als moderne Organisationsform in den Betrieben an der Tagesordung ist. Individualisten haben hier meistens Probleme. Hält sich der Mitarbeiter an Vereinbarungen, die getroffen wurden, behält er vertrauliche Informationen für sich und trägt er die Konsequenzen für das eigene Handeln gehören ebenfalls zum Kriterium Kooperationsfähigkeit und Verantwortungsbewusstsein.

In einer Welt, die immer komplexer wird, kommt es zunehmend darauf an, nicht nur Ideen und Vorschläge zu entwickeln, sondern sie auch anderen Menschen verständlich zu vermitteln. Gute Einzelkämpfer können da nicht mehr viel ausrichten. Gute Ideen müssen anderen plausibel und verständlich gemacht werden. Mehr noch, Kollegen, Vorgesetzte und vor allem auch Kunden und Auftraggeber sind zu überzeugen, müssen für neue Denkweisen und Angebote gewonnen werden. Das erfordert ein hohes Maß an Kommunikationsfähigkeit. Die Fähigkeit, Ideen mit anderen Meinungen auszutauschen und sie davon zu überzeugen ist daher ein dritter wichtiger Gradmesser der sozialen Kompetenz. Die Spielregeln in einer Gruppe sind vielfältig. Soziale Kompetenz hängt im Wesentlichen auch davon ab, wie im Job mit Kritik umgegangen wird, und zwar Kritik an anderen und umgekehrt, wie reagiert man auf Kritik von Kollegen? Kann ein Mitarbeiter seine Kritikpunkte an anderen konstruktiv vorbringen. Spricht er Fehler sehr sachlich und taktvoll an, lobt er auch regelmäßig. Und wie sieht seine Reaktion auf Kritikpunkte der anderen aus. Die Spannbreite kann hier von sehr empfindlicher Einstellung und keine Änderung des eigenen Handelns reichen bis hin zu einem Verhalten, in dem er stets Kritikpunkte der anderen reflektiert und dann auch entsprechend handelt. Die Fachleute sprechen hier von Feedback des Mitarbeiters, das den vierten Gradmesser der sozialen Kompetenz ausmacht. Das Beziehungsgeflecht in einer Firma wird auch immer stark beeinträchtigt, wenn ein Mitarbeiter Mängel in seinem Informationsverhalten aufzuweisen hat. Es werden die relevanten Informationsquellen nicht genutzt, so dass Wissenslücken entstehen. Er sorgt nicht für den Informationsaustausch, der für die Zusammenarbeit einer Gruppe oder Abteilungen notwendig ist und gibt Informationen nicht rechtzeitig oder unangemessen weiter. Die Motive für ein solches Verhalten können unterschiedlicher Art sein. Am unsinnigsten ist hier die Einstellung, dass sich der betreffende Mitarbeiter damit Vorteile gegenüber den anderen verschafft, wenn er bestimmte Sachverhalte für sich behält, um sie dann im Bedarfsfall gegen Kollegen verwenden zu können. Der fünfte bedeutende Gradmesser für soziale Kompetenz ist deshalb die Qualität des Informationsverhaltens.

Im Grunde genommen geht es bei weichen Faktoren, den Soft Skills stets darum, sich in bestimmten Situationen im Beruf angemessen zu verhalten. Und weil das Umfeld in einem Unternehmen sich heute ständig verändert, schneller als noch vor zwanzig oder dreißig Jahren, muss sich der Einzelne auch ständig verändern. Die Einstellung, „das haben wir schon immer so gemacht“, fällt knallhart auf, bei Kollegen und vor allem beim Vorgesetzten. Bremser haben keine Chance, Neugierde und Akzeptanz sind gefragt. Die Veränderungsfähigkeit oder auch Flexibilität sind daher der sechste wesentliche Maßstab für die soziale Kompetenz eines Mitarbeiters und unabdingbar für einen hohen emotionalen Intellekt. Die Kriterien für die Einstufung „hervorragend ausgeprägt" lauten: der Mitarbeiter ist sehr aufgeschlossen für Neues, hat ein sehr großes Interesse für neue Sachverhalte. Ist in der Lage, sich sehr schnell auf neue Rahmenbedingungen einzustellen, passt sein eigenes Verhalten den sich wandelnden Strukturen optimal an und ist auch immer dabei, diesen Wandel maßgeblich mit zu gestalten.

Zu der individuellen Persönlichkeit mit allen ihren Eigenschaften, die die soziale Kompetenz eines Menschen abrunden, gehören beispielsweise noch Planungskompetenz, Organisationsgeschick, Umgangsformen, Etikette oder die interkulturelle Kompetenz, die Fähigkeit, auf Menschen anderer Kulturen einzugehen. Den Status der anderen sechs Maßstäbe der Sozialkompetenz, angefangen von Belastbarkeit bis hin zur Flexibilität können sie jedoch nicht erreichen.

Soziale Kompetenz von Mitarbeitern zu fordern und als Vorgesetzter oder Manager dabei selbst ein flaues Gefühl zu bekommen kann auf die Dauer nicht gut gehen. Wenn Vorgesetzte sich allein auf die Sachkompetenz zurückziehen, ist der Weg zu einem autoritären Führungsstil fast schon vorgezeichnet. Umgang, Beziehungen in der Gruppe und zu den Vorgesetzten müssen durchgängig geprägt sein von allem was über Belastbarkeit, Kooperationsfähigkeit, Kommunikationsfähigkeit, Feedback, Informationsverhalten und Veränderungsfähigkeit gesagt wurde. Ansonsten bleiben die Folgen auf die Dauer nicht aus. „In dieser Abteilung, in diesem Unternehmen herrscht ständig schlechte Stimmung, das Arbeitsklima ist nicht gut", so das Image, das sich dann im Laufe der Zeit im Arbeitsmarkt herauskristallisiert. Gute Mitarbeiter gehen anderswohin, bewerben sich erst überhaupt nicht bei einem solchen Unternehmen. Oder es kommen in Zeiten von konjunktureller Stagnation neue Mitarbeiter, die dann bei passender Gelegenheit diesen Arbeitsplatz wieder aufgeben. So gesehen rechnet sich ein hoher Standard von sozialer Kompetenz in einem Unternehmen auch ökonomisch. Schlechte Stimmung schmälert die Leistungskraft, Motivation und damit die Ergebnisse im Sinne produktiver Arbeit. Hohe Personalfluktuation verursacht höhere Kosten durch Reibungsverluste bei der Einarbeitung neuer Mitarbeiter. Erfahrungen im Umgang mit Kollegen und Kunden müssen immer wieder neu aufgebaut werden. Unternehmer und Manager, die auf höchster Verantwortungsebene kaum Einfühlungsvermögen im Umgang mit ihren Mitarbeitern an den Tag legen, soziale Kompetenz als „modernen Schnickschnack" ansehen, werden so zu einer Gefahr für ihre Firma.

Eine Frage sollte den jungen Berufstätigen noch interessieren. Kann man soziale Kompetenz trainieren, sind Soft Skills lernbar? Fest steht, dass heute in der Ausbildung generell der Schwerpunkt auf die fachliche Kompetenz, auf das Fachwissen gelegt wird. Die Defizite bei den persönlichen und sozialen Kompetenzen der jungen Berufstätigen sind daher dementsprechend groß. Wenn Unternehmen ihre Nachwuchsleute in soziale Institutionen schicken, Ehrenämter fördern, Auslandsaufenthalte organisieren, um andere Lebenswelten kennenlernen, über den berühmten Tellerrand hinausschauen zu können oder spezielle Seminare, Gruppentrainings oder sogar separate Coachings durchführen lassen, dann kostet das alles Geld. Viele Ausbildungsleiter sind jedenfalls der Meinung, dass es sich lohnt, den jungen Berufstätigen Gelegenheiten zu bieten, sich in die Bedürfnisse anderer, fremder Menschen hineinversetzen zu können und die ganzen Erlebnisse dann nachzuarbeiten, Erfahrungen zu vertiefen. Hier werden dann zum ersten Mal Fähigkeiten trainiert, die für den Umgang mit Kunden,

Auftraggebern, Lieferanten und Kollegen gefragt sind. Ist einmal der Blick weg von der Sache, weg vom Ego mit solchen Maßnahmen freigelegt, so führt ein Aufbau von sozialer Kompetenz nur über Learning by doing. Der Alltag bietet so viele Gelegenheiten, sich im Umgang mit anderen zu verbessern, zu bewähren und aus eigenen Fehlern heraus sich weiterzuentwickeln. So gesehen ist soziale Kompetenz lernbar, verbesserungsfähig. Aber das geht nicht von heute auf morgen. Man kann das daraus ersehen, dass heute ältere Arbeitnehmer auch wieder anders eingeschätzt werden als das noch vor wenigen Jahren der Fall war. Ältere Arbeitnehmer haben mitunter nicht das moderne, neueste Wissen wie die Jüngeren, jedoch jahrelange Erfahrung im Umgang mit Menschen. Sie können eine Gruppe mit bewegen, sie haben eben soziale Kompetenz. Äußere Erscheinung, Rhetorik, Körpersprache oder wie präsentiert man Ergebnisse, alles das zählt auch zu den lern- und verbesserungsfähigen Qualifikationen. Schwieriger wird es allerdings, wenn es um Charme, Witz, Humor oder grundlegende Charaktereigenschaften wie Ehrgeiz oder Offenheit geht. Hier gibt es sicherlich Grenzen in der Wandlungsfähigkeit, trotz aller Erkenntnisse oder vieler Fortbildungsmaßnahmen.

Soziale Kompetenz nicht vergessen. Die Kurzform

Die Klassenbesten in Schule und Ausbildung sind nicht immer diejenigen, die im Berufsleben durchstarten, berufliche Karriere machen. Die guten Noten garantieren noch keinen Erfolg im Arbeitsleben. Neben Fachwissen und logischem Denken zählt noch etwas anderes, das einen Aufstieg möglich macht. Sozialkompetenz, weiche Faktoren, Soft Skills heißen die Zauberworte, die heute in aller Munde sind. Keine Stellenbeschreibung ist ohne Hinweis auf soziale Kompetenz. Bücher in einer Vielzahl, Seminarangebote in allen Variationen sollen die Mitarbeiter dorthin bringen, dass sie sich in eine Gruppe einordnen können, Kreatives leisten, ohne die Gruppendynamik zu stören. Fachwissen allein genügt nicht mehr, das Know how in der Beziehungsebene muss dazukommen. Nur so sind Erfolg und Fortkommen heute im Beruf denkbar.

Die Unternehmen stellen die Defizite der jungen Berufsanfänger in sozialer Kompetenz frühzeitig fest. In Schule und Ausbildung sind junge Menschen damit so gut wie nicht konfrontiert worden. Ein ganzes Bündel von Maßnahmen soll hier Abhilfe schaffen: neue Sicht- und Denkweisen eröffnen, über den Tellerrand hinausschauen können durch regelmäßige Kontakte mit Sozialeinrichtungen, die Förderung von Ehrenämtern, die Entsendung von Mitarbeitern ins Ausland oder die Bevorzugung von Bewerbern, die ein Freiwilliges Jahr in fremden Welten hinter sich haben. Sich allein auf Sachkompetenz verlassen erzeugt nicht nur Probleme beim beruflichen Aufstieg, sondern bringt auf die Dauer gesehen auch ein nicht unbeträchtliches Maß an Arbeitsplatz-Risiko mit sich. Wer Gruppenerfolge stört, wer sich in Kundenbeziehungen schwer tut, der geht auf einem schmalen Berufspfad. Generell herrscht die Meinung vor, dass Sachkompetenz und soziale Kompetenz sich in etwa die Waage halten sollten, damit die Chancen im Beruf deutlich größer sind als die Risiken.

Die wichtigsten Gradmesser für soziale Kompetenz sind Belastbarkeit / Engagement, Kooperations-, Teamfähigkeit / Verantwortungsbewusstsein, Kontaktfähigkeit gepaart mit Überzeugungskraft, Feedback/ Kritikfähigkeit anderen gegenüber und umgekehrt, Qualität des Informationsverhaltens und Veränderungsfähigkeit, sprich Flexibilität. Soziale Kompetenz muss ein durchgängiges Führungsverhalten sein, nicht nur für Mitarbeiter, sondern gerade auch für Vorgesetzte und Manager. Wer bei dem Gedanken an soziale Kompetenz als Führungskraft ein flaues Gefühl bekommt, läuft Gefahr, Arbeitsklima und Motivation der Mitarbeiter aufs Spiel zu setzen. So gesehen rechnet sich ein hoher Standard von sozialer Kompetenz in einem Unternehmen oder einer Institution auch ökonomisch.

Und soziale Kompetenz und Soft Skills sind bis zu einem bestimmten Grad trainier- und lernbar. Die kostspieligen Maßnahmen der Unternehmen, die Defizite in der Beziehungsebene der Mitarbeiter abzubauen, bringen dann den größten Erfolg, wenn Erlebnisse nachbearbeitet werden. Learning by doing im Alltag bringt den Einzelnen weiter, wenn er einmal verstanden hat, sich weg von der Sache und weg von dem eigenen Ego zu bewegen hin zu den Bedürfnissen des anderen. Das braucht auch Zeit. Wenn es um Charme, Witz, Humor oder grundlegende Charaktereigenschaft geht, gibt es Grenzen in der Wandlungsfähigkeit.

Networking ist mehr als ein Schlagwort

Ein planvolles Handeln nach einer Kündigung, wenn das Arbeitsplatz-Risiko zur harten Realität geworden ist, war bisher der erste Schritt in eine neue Arbeitswelt, zu einem neuen Job. Ohne konkrete Ziele ist dabei ein Neuanfang nur schwer vorstellbar. Das war der nächste Baustein der neuen Berufsstrategie. Die Einordnung des Fachwissens gegenüber sozialer Kompetenz hat dann ihren Platz im neuen Denken gefunden. Bei allem Fachwissen allein ist demnach ein dauerhafter Erfolg im Beruf eines jungen Angestellten nicht möglich, die dritte Säule der Berufs- oder etwas hochtrabender ausgedrückt, der Karriereplanung.

Damit ist es nicht genug mit den Empfehlungen, einen Arbeitsplatz in einer schwierigen Konjunkturlage und bei besonderen Ereignissen wie Fusion oder Verkauf des Unternehmens zu verteidigen oder im Berufsleben schneller voranzukommen, schneller Karriere zu machen. Jeder junge Berufstätige hat sich in seinem kurzen Arbeitsleben sicherlich schon gefragt, warum ist gerade der Kollege X oder die Kollegin Y befördert worden, hat beispielsweise die Abteilungsleitung übertragen bekommen? Andere wären doch genauso talentiert gewesen, wenn es um Fachwissen, soziale Kompetenz und den Umgang mit Menschen geht. Hier kommt ein weiterer Baustein für eine Erfolg versprechende Berufsstrategie auf den Plan. Es geht darum, Beziehungen im Berufsleben aufzubauen, um Beziehungen auch für sich persönlich zu nutzen, zum Vorteil versteht sich. Das heißt dann heute im neudeutschen Sprachgebrauch Networking oder auch Klüngeln nach einem urdeutschen Wort. „Zum Networking braucht man Zeit, Geld und Energie. Die so erreichten Verbindungen und Kontakte sind hilfreich für das Erreichen von Zielen". Und weiter wird darunter verstanden: „Networking ist eine neuzeitliche, berufliche Vernetzungsstrategie mit hohem Ansehen". Wenn Networking und Klüngeln zu Recht gleich gesetzt werden, dann ist beides „ein feines Netzwerk, eine kluge Verknüpfung von Kompetenzen, Möglichkeiten und Verbindungen. Da greift vieles ineinander – aber nicht die Hand nach dem Scheck“ (Hausladen, Anni, Laufenberg, Gerda, Die Kunst des Klüngelns, Reinbek 2005, S. 19 f). Der letzte Gesichtspunkt ist es, der junge Leute im Berufsleben nicht selten davon abhält, sich mit den Gedanken von Networking, Klüngeln oder auch „Vitamin D“ genannt, näher zu befassen. Wenn hier nur das Geld die Rolle spielen würde, wäre das Bestechung oder Korruption und müsste verurteilt und in die Ecke gestellt werden. Aber das ist hier mit Networking oder Klüngeln nie und nimmer gemeint.

Warum wird dann Networking hier als eine vierte wichtige Maßnahme hervorgehoben, um Arbeitsplatz-Risiken zurückzudrängen bzw. die berufliche Karriere zu fördern? Die Antwort lässt sich schnell finden. Das Institut für Arbeitsmarkt- und Berufsforschung (IAB) untersucht regelmäßig die Wege zur Stellenbesetzung in den deutschen Unternehmen. Daraus geht für das Jahr 2007 hervor: In 45 Prozent der Fälle wurden eigene Inserate geschaltet, um neue Mitarbeiter zu finden, 40 Prozent fielen auf den internen Suchweg „über eigene Mitarbeiter, persönliche Kontakte“. Wird dann noch jeweils die Erfolgsquote der beiden Suchwege errechnet, also wie viele Bewerber jeweils einen Job über Inserate der Unternehmen und eigene Mitarbeiter, persönliche Kontakte tatsächlich bekommen haben, so ist die Frage eindeutig beantwortet. Die Erfolgsquote liegt bei der persönlichen Schiene über eigene Mitarbeiter und persönliche Kontakte mit 69 Prozent absolut an der Spitze, gefolgt von eigenen Inseraten mit 55 Prozent. Dahinter kommen in der Rangfolge die Auswahl aus Initiativbewerbungen, interne Praktika und an fünfter Position erst Stellenangebote im Internet (Kettner, Anja, Spitznagel, Eugen, Betriebliche Personalsuche: Stellenangebot geht zurück, bleibt aber auf hohem Niveau, in: IAB-Kurzbericht 7/2008, S. 6). Bei einer so hohen Erfolgsquote, wo in fast sieben von 10 Fällen, in denen Kenntnisse der Mitarbeiter und Kontakte des Unternehmens für die Besetzung einer Neueinstellung den Ausschlag geben, muss ein recht hohes Vertrauen vorhanden sein. Mitarbeiter empfehlen einen Bewerber eben nur dann, wenn sie ihn näher kennen, seine Kompetenzen weitgehend bekannt sind und Kontakte seit längerer Zeit bestehen. Es geht um einen Bekanntheitsgrad des Bewerbers und wie sich das Wissen daraus zusammensetzt. Und schon kommt das Thema Networking, Netzwerk oder Klüngeln wieder ins Spiel. Neben der Auswahl neuer Mitarbeiter über eigene Beschäftigte und Kontakte schätzen die Betriebe in Deutschland auch noch die anderen internen Suchwege wie Initiativbewerbungen, interne Praktika und interne Stellenausschreibung. Überall spielen hier besondere Kenntnisse über den potentiellen Mitarbeiter eine große Rolle. Bei den Initiativbewerbungen ist zumindest kein Zeitdruck vorhanden und es müssen nicht Hunderte von Bewerbungen in kurzer Zeit bearbeitet werden wie das beim Suchweg eigene Inserate heute meistens der Fall ist.

Um ein berufliches Netzwerk erfolgreich zu machen, braucht es gewisse Regeln. R e g e l N u m m e r 1 lautet: Ziele setzen und diese klar definieren. Es genügt beispielsweise nicht, wenn ein Sachbearbeiter Verkaufsinnendienst sagt, ich möchte Karriere machen. Das ist zu allgemein, zu unpräzise. Teilziele wären die Positionen Gruppenleiter Innendienst und dann Innendienstleitung anzustreben, wenn der jetzige Chef beispielsweise nach ca. 4 Jahren in Rente geht. Erst wenn die Ziele eindeutig festgelegt sind, lässt sich auch überlegen mit welchen Personen und Abteilungen Netzwerkarbeit betrieben werden kann. Und alle Personen, die betriebliche Vorgänge beeinflussen können, sollten von den Berufszielen des Verkaufsinnendienstmitarbeiters auch wissen. Im stillen Kämmerlein nützen ehrgeizige Berufsziele nichts. Mit einer solchen Netzwerkbasis kann dann die Arbeit beginnen, Kontakte zu suchen, auszubauen, mit anderen Abteilungen, vor allem Verbündete im Außendienst zu gewinnen, mit dem ja stets enge Beziehungen auf Tagungen und Seminaren gepflegt werden. Ohne Ziele kein gezieltes Networking! Regel Nummer 2 heißt: was kann in das Netzwerk eingebracht werden, welche Kompetenzen, welche Fähigkeiten interessieren andere. Das können nur die eigenen Stärken sein. Deshalb ist es immer wieder wichtig, in sich hineinzuhören, was liegt einem, wo sind bisher die besten Ergebnisse erzielt worden? Bei einem Sachbearbeiter Innendienst kämen hier Eigenschaften, wie geschicktes Telefonmarketing, Redegewandtheit, Präsentationsbegabung oder Bereitschaft für Zusatzaufgaben infrage. Regel Nummer 3: Bekanntheitsgrad, Image bei denjenigen aufbauen, die über das eigene Potential Bescheid wissen sollten, nämlich bestimmte Abteilungsleiter in der eigenen Firma wie Entwicklung, Forschung, Verkauf, Marketing, Personal, die Inhaber, Manager, Lieferanten oder Kunden. Gerade bei einem Sachbearbeiter des Verkaufsinnendienstes sollten kompetente Kontaktpersonen im Marktbereich gezielt von den eigenen Fähigkeiten überzeugt werden. Im privaten Bereich, bei Bekannten, Freunden, im Verein über den Beruf zu sprechen, fällt manchen Arbeitnehmern immer noch nicht leicht. Meistens wird nur von Problemen berichtet, und das in allen Einzelheiten. Zu bedenken ist dabei, nicht die Stolpersteine im Beruf sollten im Gedächtnis von Kontaktpersonen verankert werden, sondern der Transport von Fähigkeiten, von Kompetenzen muss allein das Ziel sein. Wer will schon jemand empfehlen, der sich nicht als Problemlöser, sondern als Bedenkenträger präsentiert. Das persönliche Umfeld wird für die Vernetzungsmöglichkeiten oft unterschätzt. Das berühmte Beispiel, dass im Tennis- oder Golfclub nicht selten gute Jobs vergeben werden, sollte hier stellvertretend die Bedeutung der persönlichen, privaten Schiene beim Networking demonstrieren. Regel Nummer 4 beim erfolgreichen Networking: Nur eigene Vorteile suchen ist Gift für Networking. Niemand lässt sich über einen längeren Zeitraum ausnutzen. Networking muss auf Gegenseitigkeit beruhen. Der eine gibt Hinweise, Tipps, Empfehlungen für einen Dritten. Der Dritte revanchiert sich umgekehrt mit Angaben über Kompetenzen, Fähigkeiten des anderen. Das kann nicht in einem unmittelbaren Austausch erfolgen. Schließlich handelt es sich nicht um einen schuldrechtlichen Vertrag mit Ansprüchen und Gegenansprüchen. Vertrauensbasis ist der Motor für das Networking. So etwas entsteht nicht von heute auf morgen. Es braucht daher oft auch eine Vorleistung, die den Motor in Gang bringt.

Um sich besser auf ein erfolgreiches Networking einstellen zu können, sollte sich der junge Berufstätige auch fragen, welche persönlichen Eigenschaften sind dafür erforderlich. Hierüber geben die beiden Autorinnen Anni Hausladen und Gerda Lauffenberg in ihrem bemerkenswerten Fachbuch, Die Kunst des Klüngelns, auf S. 64 ff. umfassende Hinweise, gepaart mit vielen Beispielen aus langer Berufspraxis. Zuallererst wird auf eine positive Grundeinstellung, auf eine optimistische Haltung der Klünglerin, allgemeiner ausgedrückt, desjenigen verwiesen, der ein berufliches Netzwerk aufbauen will. Die Zuhörer, Partner, Bekannte, Kollegen wollen keine unzufriedenen Menschen, keine Pessimisten antreffen. Unzufriedenheit erschwert den Zugang zu anderen Menschen. Deshalb sollte jeder Netzwerker seine Stärken, seine Erfolge in die Beziehungen einbringen. Ausstrahlung und Sympathie bleiben dann auf längere Sicht nicht aus - ein erster guter Grundstock für erfolgreiches Networking. Der Netzworker ist zum zweiten neugierig auf sein Umfeld, auf Leute, die etwas zu sagen haben, die Kompetenzen aufweisen können. Er kommuniziert, will Fähigkeiten, Einstellungen der anderen kennenlernen. Nur so gibt es konkrete Ansatzpunkte für ein Networking. Wer im beruflichen und privaten Umfeld von den anderen Menschen kaum etwas weiß, kann mit ihnen nicht in eine Beziehung eintreten, aus der Tipps, Hinweise, Empfehlungen, einfach Vorteile hervorgehen. Der junge Berufstätige schafft den

Einstieg in das Networking zum dritten mit der Einstellung, dass er sich der Umwelt öffnet, sich mitteilt. Seine beruflichen Pläne und Kompetenzen im Verborgenen zu halten, bescheiden zu schweigen, bringt keine Kontakte, keine Ansätze für ein Netzwerk. Der Einzelkämpfer, wenn auch noch so qualifiziert, wird bald feststellen, dass falsch verstandene Bescheidenheit in eine Sackgasse führt. Andere mit einer vergleichbaren Ausbildung und einem ähnlich kurzen bisherigen Berufsweg, aber Kontakten zu Kollegen, zu Bekannten, Institutionen oder sogar mit Ehrenamt ausgestattet sind selbstbewusster, kommen irgendwie besser an. Das wird der mehr zurückgezogene, in sich gekehrte junge Mensch bald nachvollziehen können. Eine vierte Eigenschaft und Einstellung ist für jemand, der ein Netzwerk aufbauen will, noch von großer Bedeutung. Es geht darum, wie der Einzelne sich verhält, wenn er einen Nutzen, einen Vorteil, eine Empfehlung durch andere bekommt. Kann jemand, der sich darüber freut, aber kaum Reaktionen zeigt, auf die Dauer in einem Beziehungsgeflecht erfolgreich sein? Wie lange dauert eine Beziehung, wenn der eine stets gibt, der andere nimmt, ohne sich nennenswert zu revanchieren? Über das Anfangsstadium wird ein solches Netzwerk sicherlich nicht hinauskommen. Bei dem Bemühen, sich für eine Vorleistung einer Person zu bedanken sind der Phantasie keine Grenzen gesetzt, angefangen vom Dankesbrief, dem Angebot von Wissensaustausch über berufliche und private Erfahrungen bis hin zum persönlichen Treffen. Schnelle Reaktionen, Einhaltung von Absprachen und ein Schuss Großzügigkeit schaffen zusätzliches Vertrauen.

Wie ein Netzwerk aufgebaut wird, das hängt von den Methoden eines jeden Einzelnen ab. Wichtig ist nur, dass es einer Organisation bedarf, dass man sich gezielt damit beschäftigen muss. Das übliche Adressbuch mit Telefonnummern, E – Mail –Adressen und eventuell noch Geburtstagen reichen nicht aus. Am besten ist es, mit einer Bestandsliste anzufangen: wer ist aus dem Freundes- und

Bekanntenkreis heute schon eine Kontaktperson, zu dem zumindest gelegentliche Beziehungen gepflegt werden? Dasselbe folgt dann mit dem Kreis der Personen in der Ausbildung und im bisherigen Berufsleben, angefangen von den Schulfreunden, Lehrern, über Kollegen, Vorgesetzte, in der jetzigen Firma und früheren Arbeitsstellen bis hin zu Kunden, Lieferanten und Berufsverbänden. Besondere Bedeutung für ein gut funktionierendes Netzwerk kommt dann dem zweiten Schritt zu, alle bisher gesammelten Namen mit Inhalten zu versehen. Das bedeutet bei einem beruflichen Netzwerk, was machen die einzelnen Kontaktpersonen beruflich, welche Funktionen bekleiden sie heute und haben sie bereits ausgeübt, welche Kompetenzen haben sie? Wo sind sie anzutreffen, auf bestimmten Fortbildungsseminaren, bei Tagungen von Fachverbänden, Messen, Vereinen oder der Ausübung von ehrenamtlicher Arbeit? Entsprechend den bereits festgelegten Zielen, was der Einzelne in den kommenden Jahren beruflich erreichen will, empfiehlt es sich dann in einem dritten Schritt festzulegen, wen man über den bestehenden Kreis von Kontaktpersonen hinaus kennenlernen will. Wer spielt, wer könnte bei einem beruflichen Aufstieg eine wichtige Rolle spielen?

Wer sich so mit dem Thema Aufbau eines Netzwerkes befasst, wird erstaunt sein, wie viele Fakten und Daten eigentlich schon vorhanden sind. Und so lässt sich leichter eine Strategie, ein Vorgehen für den Ausbau des Netzwerkgeflechtes ableiten. Die Fülle von Daten werden am besten in einer Datei im persönlichen Computersystem abgespeichert, geordnet nach den Namen der einzelnen Kontaktpersonen, jeder Zeit abrufbar und vor allem veränderbar. Und damit klingt schon an, dass ein berufliches Netzwerk schnell veraltet, gepflegt werden muss. Es sind auch Wissenslücken stets abzubauen. Das hört sich alles so nach Arbeit an, nach Mühe und viel Zeitaufwand. Das muss es nicht sein. Ein kurzes Telefonat, ob der andere auch an einer Veranstaltung beruflicher oder privater Natur teilnimmt, eine E-Mail über einen Artikel in einer Fachzeitschrift oder ein Postkartengruß aus der Ferne sind schnell ausgeführt. Gemeinsame Zeit mit dem Netzwerkpartner im privaten Kreis zu verbringen, ob anlässlich eines Theater- oder Konzertbesuches, einer Sport- oder Jubiläumsveranstaltung in der Region bedeutet ja auch nicht allein Arbeitsmühe, wohl aber eine Investition in Zeit. Ohne Investitionen in ein Netzwerk in dem hier verstandenen Sinn geht es nicht. Kontakte aufbauen und vor allem Kontakte pflegen führen letzten Endes dazu, dass der reine Privat- und Fun-Bereich etwas zurückgedrängt werden muss. Empfehlungen, nützliche Tipps, Fürsprecherfunktionen müssen eben erarbeitet werden.

Und hier sind beim Networking, Klüngeln, dem Rezept „Vitamin B“ oder wie auch immer der Aufbau eines beruflichen Beziehungsgeflechts bezeichnet wird seit jeher grundlegende Unterschiede zwischen Männern und Frauen festzustellen. Bis weit in das 20. Jahrhundert hinein gibt es in allen Gesellschaften und Völkern Zünfte, Vereine, Zirkel, Clubs, die von Männern gemacht, verwaltet werden mit dem Ziel, sich gegenseitig zu unterstützen und die Macht auszuweiten. Frauen hatten so gut wie keinen Zugang. Dadurch standen Frauen auch kaum Möglichkeiten offen, sich die Grundlagen für Einfluss und ihrer Ausbildung entsprechend berufliche Positionen zu verschaffen (vgl. Hausladen, Anni, Lauffenberg, Gerda, S. 23 f). Inzwischen ist in den Betrieben der Privatwirtschaft und im Besonderen im öffentlichen Dienst etwas in Bewegung gekommen, was die Besetzung von Führungspositionen durch Frauen in der ersten und zweiten Führungsebene angeht. Das lässt sich aus einer IAB - (Institut für Arbeits- und Berufsforschung) Studie aus dem Jahr 2004 ablesen, an der 16 000 Betriebe, einschließlich der Kleinstbetriebe in Deutschland beteiligt waren. Danach ist in der obersten Führungsebene (Geschäftsführer, Filialleiter etc) immerhin rund ein Viertel der Positionen mit Frauen besetzt, in der Ebene unter der Geschäftsleitung haben weibliche Manager einen Anteil von 41 Prozent. Für den öffentlichen Dienst sind die entsprechenden Anteile der Frauen deutlich höher, nämlich in der ersten Führungsebene 41 Prozent und in der Ebene darunter bereits 47 Prozent. Allerdings gibt es deutliche Unterschiede nach Betriebsgröße. Während bei Kleinstbetrieben von 1 bis 9 Beschäftigten 26 Prozent Frauen in der ersten Führungsebene anzutreffen sind, sinkt der Anteil bei den Großbetrieben über 500 Beschäftigte auf ganze 4 Prozent (Brader, Doris, Lewerenz, Julia, Frauen in Führungspositionen, An der Spitze ist die Luft dünn, IAB – Kurzbericht Ausgabe Nr. 2 vom 24.02.2006, S. 1f). Hinzuzufügen wäre noch, dass fast immer dort, wo es um Macht und großen Einfluss in der Wirtschaft geht, alles sich noch fest in Männerhand befindet. So sitzen im Vorstand der im DAX-30 notierten Großunternehmen in Deutschland nur Männer. Eine Ausnahme deutet sich im Jahre 2008 bei dem korruptionsgeschüttelten Technologiekonzern Siemens an. Dort wird eine Frau als weibliches Vorstandsmitglied das Ressort Einkauf besetzen.

Unabhängig von den nach wie vor mächtigen Männerbünden in Deutschland, ungeachtet der Tatsache, dass die Leitung eines Betriebes in Deutschland immer noch weitgehend männliches Terrain darstellt, haben sich in jüngster Vergangenheit viele und vor allem erfolgreiche Frauennetzwerke gebildet, angefangen von Connecta – Das Frauennetzwerk (www.frauennetzwerk-connecta.de) bis hin zu Business Networking für Frauen in den Neuen Medien (www.webgrrls.de). Stellvertretend für die vielen Netzwerke und Interessenvertretungen für Frauen im Management und im freien Beruf sei der Frauen – Businessclub BPW (Business & Professional Women) näher beschrieben. Es handelt sich dabei um eines der größten Berufsnetzwerke für Frauen weltweit, überkonfessionell, überparteilich und berufsbegleitend. BPW bietet in Deutschland mit rund 40 Clubs und in über 100 Ländern vielfältige Möglichkeiten zum Erfahrungsaustausch sowie Kontakte, Veranstaltungen und Fortbildung an. Gemeinsam fühlen sich dort die berufstätigen Frauen stärker. Sie wollen die Schlechterstellung von Frauen im Beruf nicht beklagen, sondern sie verändern.

Frauen im Beruf fördern und unterstützen, beraten und informieren sich gegenseitig – und entwickeln sich mit diesem Rückhalt weiter. Das positive Vorbild, das bei vielen Mitgliedern nachzuvollziehen ist, beflügelt, spornt an. Mit Tipps in fachlichen und auch rechtlichen Fragen helfen sie sich beim Klettern auf der Karriereleiter. Die persönlichen Kontakte und Erfahrungen zählen dabei zu den wichtigsten Karrierebausteinen.

Solche Zielsetzungen und Inhalte sollten junge Frauen, die seit ein Paar Jahren im Beruf sind, eigentlich beflügeln, im Job Ehrgeiz an den Tag zu legen und sich nicht allein auf eine gute Ausbildung zu verlassen. Berufliche Frauennetzwerke sind dabei eine geeignete Gelegenheit, mehr Mut für Karriere und damit auch das Privatleben zu gewinnen. Diejenigen jungen Männer, die ebenfalls am Anfang ihrer Karriere stehen und in aller Regel noch keine Seilschaften aufbauen konnten, beispielsweise eine Mitgliedschaft in Clubs wie Lions, Rotarier oder auch keinen Vater in leitender Stellung in einem Unternehmen, bei Institutionen haben, sollten sich ebenfalls gezielt beruflichen Netzwerken mit vielen persönlichen Kontaktmöglichkeiten zuwenden. Schon alleine mit Gleichgesinnten außerhalb des Klimas in der eigenen Firma sich gegenseitig auszutauschen, zu fördern und Tipps zu bekommen, bringt jeden jungen Menschen einfach weiter, unabhängig davon, dass gleich ein neuer Traumjob damit verbunden ist. Die Erwartungshaltungen jeweils nicht zu hoch zu schrauben, das ist wichtig. Netzwerke brauchen ihre Zeit, ihre Pflege.

Im Internetzeitalter darf natürlich ein Hinweis auf die heute so zahlreichen Online-Netzwerke nicht fehlen. Dort tummelt sich inzwischen eine Vielzahl von Plattformen. Nicht jedes Onlinenetzwerk ist für junge Menschen geeignet, die erst seit kurzer Zeit im Beruf sind. Das zeigt sich recht bald, wenn über einen Onlinebewerbungsbogen oder ein spezielles Bewerbungs-Verfahren die Hürden für eine Aufnahme recht hoch angesetzt sind. Das ist beispielsweise in der Business-Welt von CAPup (www.cap-up.com) der Fall. Sich selbst bezeichnet man als den „Referenz – Club für Entscheider". Zielgruppe sind Unternehmer und Führungskräfte mit reichlich Erfahrung. Die Mitgliedschaft ist zwar kostenlos, eine Aufnahme in den Club erfolgt nur, wenn der Bewerber nach seiner Anmeldung innerhalb von vier Wochen einen Kontakt schließt oder eine Referenz erhält. Nur CAP – Members entscheiden über die Aufnahme neuer Mitglieder. Ebenfalls ein geschlossenes Netzwerksystem stellt die exklusive Business – Plattform „managerlounge" des manager – magazins dar. Es wendet sich an die Führungskräfte der 1. und 2. Ebene mit einem Jahreseinkommen ab 75 000 Euro, „konstant hohe Qualität durch eindeutige Aufnahmebedingungen", so der Wortlaut der Homepage manager- lounge. Der Jahresbeitrag für alle Leistungen der manager-lounge ist mit 250 Euro eher symbolisch, die Qualität der Informationen und vor allem der persönlichen Kontakte in über 100 local lounges und den so genannten business breakfasts dafür umso bemerkenswerter.

Zu einem der bekanntesten Onlinenetzwerke zählt in Deutschland heute das Hamburger Internet-Portal XING, bis Juli 2007 betrieben unter dem Namen Open BC (Business Club und offen). Daraus lässt sich schon ableiten, dass es sich hier im Gegensatz zu den bereits aufgeführten geschlossenen virtuellen Netzwerken CAPup, manager lounge um eine offene, jedermann zugängliche Plattform handelt. Um Mitglied bei XING zu werden, ist eine Registrierung erforderlich. Nach erfolgter Anmeldung kann der Benutzer berufliche aber auch private Daten in ein Profil einstellen, wie Lebenslauf mit Foto, beruflicher Status mit Grundzügen der Aufgabengebiete, sowie private Interessen. Diese Stammdaten bilden dann die Grundlage dafür, dass Kontaktwünsche als Gesuche und Angebote darüber ausgesprochen werden können. Ein Kontakt kommt allerdings nur dann zustande, wenn die Gegenseite damit einverstanden ist. Außerdem hat jeder Benutzer die Möglichkeit darauf Einfluss zu nehmen, wer sein Profil zu Gesicht bekommen soll. Daneben gibt es bei XING eine ganze Anzahl von öffentlichen Diskussionsforen und Benutzergruppen für bestimmte Institutionen und Unternehmen. Wer darüber hinaus gezielt nach bestimmten Suchkriterien andere Mitglieder auswählen oder ihnen Nachrichten zukommen lassen will, muss dafür einen monatlichen Beitrag zahlen, der deutlich unter zehn Euro liegt. Zahlende Mitglieder können auch feststellen, welche anderen Mitglieder die eigene Kontaktseite aufgerufen haben, ob man irgendwo als Kontakt hinzugefügt wurde. Eine Sortierung des Mitgliederverzeichnisses nach Qualifikationen, Berufen oder Arbeitgebern ist ebenfalls möglich. XING-Mitglieder mit Monatsbeitrag werden als Premiummitglieder bezeichnet und sind – was heute nicht unerheblich ist- mit ihrem Profil werbefrei, werden nicht mit Werbeinhalten zugepflastert. Virtuelle Kontakte über Online-Netzwerke können zu einer Vielzahl von Adressen und Daten führen. Diese Datenbank mit Leben erfüllen, das heißt sich wirklich auszutauschen, Erfahrungsaustausch im Detail zu betreiben und intensive Beziehungen aufzubauen, ist allerdings nur vorstellbar, wenn man den Menschen, der hinter einem Profil steckt, wirklich persönlich kennenlernt. Das haben viele XING – Mitglieder längst erkannt. Sie gründeten Regionalgruppen und treffen sich bei lokalen Veranstaltungen, um persönliche Kontakte aufzubauen. Im Übrigen wächst bei XING die Zahl der zahlenden Mitglieder in jüngster Vergangenheit überproportional an, auch ein Beweis dafür, wie hoch der persönliche Kontakt heute wieder eingeschätzt wird. Bemerkenswert ist noch, dass bei XING ein neuer Status „Absolvent

/ Student“ eingeführt wurde, damit professionelles Networking schon während und auch in den ersten beruflichen Schritten gezielt möglich wird, wie Profilansicht mit Angaben über Studienfach, der besuchten Universität, Abschnitte der Laufbahn in Hochschulen, Berufsakademien, erste Joberfahrungen.

Stellvertretend für die vielen Online-Karriere-Plattformen sei noch das Portal BusinessLive (www.businesslive.de) erwähnt. Dort wird der Schwerpunkt mehr auf die Personalvermittlung und die Begleitung bei der Karriereentwicklung gelegt. In einem Online – Test werden Stärken – und Schwächenprofile des einzelnen Mitglieds erstellt, auf Basis des Skill-Profils Vorschläge für weitere Entwicklungen und Handlungsempfehlungen gemacht. Auf diese Weise soll BusinessLive sicherstellen, dass qualifizierte Kandidaten und passende Jobs zueinander finden. BusinessLive ist auch der Karriere – Partner von FOCUS Online.

Wenn es um ein berufliches Netzwerk, um Networking geht, wird wie in einem Atemzug auch fast immer auf das Thema Mentoring hingewiesen. Weil hier ein anderer strategischer Ansatz zugrunde liegt, ist es für den Berufsanfänger wichtig, den grundlegenden Unterschied zwischen Networking und Mentoring zu kennen. Beim Networking handelt es sich um eine Vernetzungsstrategie mit mehreren unterschiedlichen Personen, mit verschiedenen Kompetenzen, um Mitglieder aus Institutionen, Menschen aus dem privaten und beruflichen Bereich. In diesem Kreis werden Austausch von Erfahrungen und Empfehlungen gesucht. Das Mentoring hingegen besteht aus einer sehr engen Zweierbeziehung. „Das Prinzip des Mentoring basiert auf einer persönlichen Beziehung zwischen zwei Personen, die in der Regel eine deutliche Alters- und Erfahrungsdiskrepanz aufweisen. Der handlungsleitende Grundsatz ist, die erfahrungsjüngere Person über die Mentorenschaft in ihrer individuellen Entwicklung zu fördern und zu stärken“ (Mentoring-Programm, www.uni-stuttgart.de/mentoring/mentoring/allgemein.html, abgerufen am 28.11.2008). Hier finden regelmäßige Gespräche über einen längeren Zeitraum statt mit dem Ziel die Persönlichkeit und Fähigkeiten des Mentees – wie der Fachausdruck heißt – zu fördern, weiter zu entwickeln und die berufliche Laufbahn so voranzubringen. Da kann auch auf einer Vertrauensbasis über Fehler und Schwächen der Nachwuchskraft gesprochen werden, ohne dass hiervon etwas an die Öffentlichkeit kommt. Wer als Berufsanfänger in den Genuss einer solchen Mentorenbeziehung kommt, entweder in seiner Firma oder gefördert durch den Arbeitgeber in einer Institution, der sollte mit großem Interesse und Engagement diese Chance wahrnehmen und vom Erfahrungsschatz des Mentors möglichst viel mitnehmen.

Networking ist mehr als ein Schlagwort in Schnellübersicht:

Wenn auffällt, dass bei mehr oder weniger gleichen Qualifikationen im Wissensbereich und beim Umgang mit anderen jemand schneller vorankommt im Beruf, ist zumindest der Gedanke an „Vitamin B", an Klüngeln, Networking nicht auszuschließen. Networking hat nichts damit zu tun, dass Geld von einer Person zur anderen fließt, um eine bestimmte Position zu erlangen. Vielmehr handelt es sich um eine berufliche Vernetzungsstrategie, bei der Kompetenzen, Möglichkeiten und Verbindungen miteinander verknüpft werden. Die Ziele sind auf Austausch von Wissen und Erfahrungen gerichtet, im Beruf so besser voranzukommen oder auch einen neuen Job über gute Kontakte zu bekommen. Die heutige Bedeutung von Networking lässt sich leicht ableiten, wenn die Wege für eine Stellenbesetzung in den deutschen Unternehmen analysiert werden. Das macht das Institut für Arbeitsmarkt- und Berufsforschung (IAB) regelmäßig. Danach werden von Unternehmen in Westdeutschland (Jahr 2007) prozentual gesehen mehr

Inserate geschaltet, um neue Mitarbeiter zu finden, als über den internen Suchweg „Eigene Mitarbeiter, persönliche Kontakte". Die Verhältnisse sind 45 zu 40 Prozent. Bei der tatsächlichen Erfolgsquote, nämlich wie viele Mitarbeiter dann über den jeweiligen Suchweg zur Stellenbesetzung führen, sind die Prozentsätze 55 „Inserate" und 69 „Eigene „Mitarbeiter, persönliche Kontakte". Das Vertrauen des Unternehmens zu den Kenntnissen der eigenen Mitarbeiter über potentielle Beschäftigte hat demnach einen sehr hohen Stellenwert (Kettner, Anja, Spitznagel, Eugen, Betriebliche Personalsuche, IAB-Kurzbericht, S.6).

Um ein berufliches Netzwerk erfolgreich zu machen, braucht es gewisse Regeln, auf die zu achten ist. Regel Nummer 1 lautet: Ziele setzen und klar definieren. Erst dann ist es möglich zu überlegen, mit welchen Personen, Abteilungen, Institutionen Netzwerkarbeit betrieben werden kann. Regel Nummer 2 heißt: was kann in das Netzwerk eingebracht werden, welche Kompetenzen, welche Fähigkeiten interessieren andere? Regel Nummer 3: Bekanntheitsgrad, Image bei denjenigen aufbauen, die über das eigene Potential Bescheid wissen sollten, nämlich bestimmte Abteilungsleiter in der eigenen Firma, die Inhaber, Manager, Lieferanten oder Kunden. Regel Nummer 4 beim erfolgreichen Networking: Nur die eigenen Vorteile suchen ist Gift für Networking. Niemand lässt sich auf Dauer ausnutzen. Networking muss auf Gegenseitigkeit beruhen.

Gut zu wissen ist bei einem gut funktionierenden Networking auch, welche persönlichen Eigenschaften dafür erforderlich sind. An erster Stelle steht eine optimistische Grundeinstellung. Zuhörer, Partner, Bekannte wollen keine unzufriedenen Menschen antreffen und empfehlen. Der Netzworker ist zum zweiten neugierig auf sein Umfeld, auf Leute, die etwas zu sagen haben, die Kompetenzen aufweisen können. Zum dritten gelingt ein Einstieg in das Networking dann am ehesten, wenn der junge Berufstätige sich der Umwelt mitteilt, sich öffnet. Die beruflichen Pläne im Verborgenen zu halten, bringt keine Kontakte, keine Ansätze für ein Netzwerk. Zum vierten geht es darum, wie der Einzelne sich verhält, wenn er einen Nutzen, einen Wissensgewinn durch einen anderen bekommt. Die Vorleistung anderer muss gewürdigt werden, wie auch immer, angefangen vom Dankesbrief, einer E-Mail, dem Angebot von Wissensaustausch bis hin zum persönlichen Treffen. Ichbezogene Nehmertypen schaffen keine Vertrauensbasis, keine Grundlage für ein Netzwerk.

Beim Aufbau eines beruflichen Netzwerkes empfiehlt es sich mit einer Bestandsliste an Kontakten zu beginnen: wer aus dem Freundes- und Bekanntenkreis gehört heute schon zu den Kontaktpersonen, zu welchen Personen in der Ausbildungs-, Studienzeit im bisherigen Berufsleben gibt es Beziehungen, angefangen von den Schulfreunden, Lehrern, über Kollegen, Vorgesetzte in der jetzigen Firma und früheren Arbeitsstellen bis hin zu Kunden, Lieferanten und Berufsverbänden. Im zweiten Schritt gilt es dann festzuhalten, welche Positionen die einzelnen Kontaktpersonen bekleiden, welche Kompetenzen sie haben und wo sie anzutreffen sind. Drittens ist herauszufinden, welche weiteren Kontaktpersonen können bei einer beruflichen Fortentwicklung noch eine wichtige Rolle spielen. Abgespeichert im persönlichen Computersystem ist diese Fülle von Daten jeder Zeit abrufbar und vor allem veränderbar. Damit versteht sich von selbst, dass alle Netzwerkdaten stets auf dem neuesten Stand gehalten werden sollen, mit Investitionen in die Zeit, aber auch dem Mut zur Beschränkung. Möglichst viele Kontakte zu sammeln führt zu Kontakthamsterei mit einem erheblichen Teil davon als Muster ohne großen Wert.

Zu einem gut funktionierenden beruflichen Netzwerk gehören heute selbstverständlich die virtuellen Gemeinschaften, die Online – Netzwerke. Der große Vorteil liegt hier darin, dass die Technik der Kontaktpflege recht einfach ist und jeder Internetnutzer innerhalb kurzer Zeit mit wenigen Klicks Kontakte zu vielen Personen herstellen kann. Nicht jede Plattform eignet sich für den Berufsanfänger. Die geschlossenen Systeme haben Zugangsbeschränkungen wie beispielsweise Jahreseinkommen und Hierarchiestufen, zielen demnach auf Unternehmer und Führungskräfte mit reichlich Erfahrung ab. Bei den offenen Plattformen sollte darauf geachtet werden, dass neben der datenbankorientierten Kontaktpflege auch eine Auswahl der Mitglieder nach bestimmten Suchkriterien wie Qualifikationen, Berufen oder Arbeitgebern möglich ist. Auch eine Nachricht bestimmten Mitgliedern zukommen zu lassen, wäre von Vorteil. Das alles kann jedoch den persönlichen Kontakt nicht ersetzen. Deshalb ist dasjenige offene Online – Netzwerk stets zu bevorzugen, bei dem sich nebenher regionale Gruppen gebildet haben. Dort sind dann bei lokalen Veranstaltungen Erfahrungsaustausch und reichlich persönlicher Kontaktaufbau zwischen den Mitgliedern möglich. Wenige, dafür umso intensivere Kontakte aufbauen, dieser Grundsatz gilt gerade auch bei den Online – Netzwerken.

Die Arbeit für den Arbeitsplatz – ein Programm für das ganze Berufsleben

Die Veränderungsdynamik in unseren Betrieben ist gerade am Beginn des 21. Jahrhunderts unverändert hoch. Es wurde festgestellt, wie die Globalisierung die Unternehmen verändert, wie der Wettbewerbsdruck steigt, die Angebotsstrukturen sich wandeln, wie Betriebe gekauft und verkauft werden, große Fusionen und Übernahmen stattfinden und letzten Endes für die Beschäftigten das Arbeitsplatz-Risiko immer mehr ansteigt und so auch viele Arbeitsplätze vernichtet werden. Zunehmender Technikeinsatz, Veränderungen der Kundenbedürfnisse und prozessorientierte Betriebs- und Arbeitsorganisationen, die Auflösung von straffen Fachabteilungen und generelle Optimierung von Vertriebsprozessen in Industrie- und Dienstleistungsbetrieben bleiben ebenfalls nicht ohne Folgen. Es werden ständig neue Produktivitätsrekorde erzielt, mit immer weniger Personal kann dieselbe Produktion, die gleiche Dienstleistung erzielt werden. Oder mit anderen Worten, mit derselben Zahl von Mitarbeitern lässt sich jedes Jahr ein größerer Output erreichen. Die produktivere Wirtschaft braucht weniger Personal, wird wettbewerbsfähiger, benötigt dadurch aber stets weniger Mitarbeiter. Jobs gehen verloren.

In der deutschen Automobilindustrie beispielsweise werden Stellen nicht mehr besetzt, die in der Produktion frei werden. Die Zahl der produzierten Autos steigt dennoch jedes Jahr an. Die Produktivität erhöht sich im Durchschnitt jährlich um rund fünf Prozent. Ähnlich sehen die Strukturen in der Metall- und Elektroindustrie aus, aber auch in den Getränke-, Milch- und Fleischsparten und im öffentlichen Dienst. Die stetige Rationalisierung erhöht geradezu den Druck auf die Mitarbeiter immer ein Stückchen mehr. Sie müssen sich den veränderten Rahmenbedingungen anpassen und das immer noch schneller als das früher der Fall war. Die Mitarbeiter sind gezwungen, mit diesen schnellen Veränderungen Schritt zu halten, um ihren Arbeitsplatz zu sichern oder Aufstiegschancen zu wahren. Das Begreifen, Annehmen und Lernen der neuen Technik, der Umwelt generell im Arbeitsleben wird so zur Überlebensstrategie des einzelnen Mitarbeiters.

Erschwerend kommt noch hinzu, dass Wissen, das man sich in der Schule, in der Ausbildung, im Studium oder in den ersten Jobs angeeignet hat, immer schneller veraltet. Innovationen werden in immer kürzeren Abständen von noch besseren Lösungen abgelöst. Paradebeispiel dafür sind die Produkte der digitalen Elektronik. Im Segment der Digitalkameras kämpfen heute die Marktführer im fernen Osten um Wettbewerbsvorsprünge von wenigen Wochen. Immer preiswertere Digitalkameras mit noch höherer Bildqualität und neuen Zusatzfunktionen werden in kürzesten Zeitabständen auf den Markt gebracht. Wer hier der schnellste ist, macht zunächst einmal die großen Umsätze. Bei diesem schnellen Veralterungsprozess ist das Wissen von heute dann der Stoff von gestern, selbst wenn man nicht an so extreme Marktsegmente wie die digitale Elektronik denkt. Viele Menschen empfinden das als großes Problem, wenn Vieles von dem, was man sich erarbeitet hat, nach kurzer Zeit schon mehr oder weniger wertlos wird. Der leitende Forscher des Fraunhofer-Instituts Hariolf Grupp spricht dabei sogar von der „Abschreibung des eigenen Wissens“ und weist vor allem darauf hin, dass dies vor wenigen Generationen noch ganz anders war. Da wussten die älteren Mitarbeiter durch Erfahrung noch mehr als die jungen Menschen (Rötzer, Isolde, Sie können ihr Wissen bald abschreiben, Interview mit Hariolf Grupp, in: Fraunhofer Magazin 1.2002, S 31 f). Und heute, so kann man hinzufügen, findet ein fünfzigjähriger Ingenieur oft keinen Job mehr, weil die Arbeitgeber die Einstellung haben, er hätte ja nicht mehr die Kenntnisse und Fähigkeiten, die für moderne Produktlösungen notwendig seien.

Warum steigt der Druck auf den jungen Berufstätigen noch weiter an, sich fortzubilden, auf neue Rahmenbedingungen sich flexibel einzustellen? Die Antwort ist leicht zu finden. Rund 40 Jahre an einem Ort, bei einem Arbeitgeber beschäftigt zu sein, davon heißt es Abschied nehmen. Das war sicherlich bis in die Anfänge der neunziger Jahre des vorigen Jahrhunderts noch eine Vorstellung, die teilweise verwirklicht werden konnte. Geborgenheit und Stabilität über viele Jahre bei einem Arbeitgeber wie beispielsweise einem Unternehmen BASF oder den Großbanken Deutsche Bank, Commerzbank oder den staatlichen Landesbanken sind nicht mehr garantiert. Daran muss nicht eine Finanzkrise schuld sein. Es wird unabhängig davon rationalisiert, Unternehmensbereiche werden gekauft und verkauft, Fusionen gehen über die Bühne, Prioritäten in den Produkt- und Leistungsfeldern wechseln sich ab. Beschäftigte müssen daher den Arbeitsplatz wechseln, manchmal sogar den Beruf. Und wer hier nicht das aktuelle Wissen hat, dazu Leistungsbereitschaft und Anpassungsfähigkeit, der bleibt unter Umständen auf der Strecke. Die Idee vom Job und Arbeitgeber auf Lebenszeit gehört der Vergangenheit an.

Und eines sollte dem jungen Berufstätigen zu Beginn seines Arbeitslebens auch bekannt sein. Wer wenig Wissen und ein niedriges Ausbildungsniveau besitzt, der wird von dieser Dynamik der heutigen Wirtschaft am stärksten betroffen. Eine Hilfskraft wird als erste durch Rationalisierung, sprich Automatisierungsprozesse freigesetzt, nicht nur in der Produktion sondern auch in den Verwaltungsabteilungen. Die Anpassungs- und Reaktionsfähigkeiten sind hier meistens zu gering ausgebildet. Hilfskräfte sind daher die ersten, deren Stellen bei Umsatzstagnation und verstärktem Wettbewerbsdruck gestrichen werden. Es muss sich dabei noch nicht einmal um eine Krise handeln. Dieser Strukturwandel lässt sich in der deutschen Wirtschaft schon seit vielen Jahren beobachten und hat auch die gesamte Dienstleistungsbranche erfasst. Auch in öffentlichen Verwaltungen werden heute Pässe, Lohnsteuerkarten, Meldebestätigungen nicht mehr in getrennten Abteilungen ausgestellt und verwaltet, sondern einige wenige gut qualifizierte Mitarbeiter können solche Dienste in einem Bürgerbüro ohne Warten und Terminvereinbarung erledigen. Es besteht demnach ein enger Zusammenhang zwischen Bildung und Beschäftigung, oder anders ausgedrückt, wer ein niedriges Bildungsniveau besitzt, der hat auch ein höheres Arbeitplatz-Risiko. Der Arbeitsplatz ist hier stärker gefährdet als bei besser ausgebildeten Mitarbeitern.

Vor diesem Hintergrund des starken Wandels in der heutigen Arbeitswelt dürfte dem Berufsanfänger ziemlich deutlich geworden sein, welchen Stellenwert Bildung und vor allem Weiterbildung in seiner Berufsplanung haben müssen. In der öffentlichen Diskussion steht das staatliche Bildungssystem in Deutschland sehr oft in der Kritik. Vor allem die Wirtschaft und ihre Funktionäre sparen nicht mit Vorwürfen. So klagt der Arbeitgeberpräsident Dieter Hundt die „mangelnde Ausbildungsreife vieler Schulabgänger“an. Sofern es aber um den eigenen Beitrag der Unternehmen zu den Bildungsaufwendungen geht, die Fort- und Weiterbildung der Mitarbeiter in den Betrieben, da wird eine noble Zurückhaltung an den Tag gelegt. Der wahre Grund dafür ist eindeutig. Bei einem Ländervergleich der Bildungsaufwendungen in den Betrieben bekommt Deutschland noch schlechtere Bewertungen als beim Pisa – Test. Konkret heißt das: zwischen 1999 und dem Jahr 2005 sanken die Qualifizierungsetats vom Führungskräftetraining angefangen bis hin zur EDV – Schulung von 9,4 auf 7,4 Milliarden Euro ab. Deutschlands Unternehmen landen im Vergleich der Industrieländer bei den betrieblichen Bildungsaufwendungen sogar am Ende der Tabelle (vgl. Sauga Michael, Unternehmen im Glashaus, Spiegelonline, www.spiegel.de/unispiegel/jobundberuf am 24.10. 2008). So kommt auch nicht überraschend, dass in den deutschen Unternehmen eine Lernkultur, ein Lernklima kaum ausgebildet ist. Fort- und Weiterbildung wird oft noch als Kostenfaktor angesehen. Einsparungen auf diesem Sektor stehen in schlechteren Zeiten ganz schnell auf der Tagesordnung. Hier handelt es sich um ein kurzfristiges Denken, das auf die Dauer Innovationskraft und Veränderungsfähigkeit des jeweiligen Unternehmens gefährdet.

Während die Investitionen der deutschen Unternehmen in die Ausbildung der Nachwuchskräfte und Lehrlinge sich international durchaus sehen lassen können, ist bei der Weiterbildung der älteren Mitarbeiter ein ziemlich düsteres Bild festzustellen. Lediglich von 23 Prozent der Betriebe werden spezielle Qualifizierungs- und Weiterbildungsmaßnahmen für Mitarbeiter angeboten, die 50 Jahre und älter sind. Die Zahl der Unternehmen, die ein Karrieremodell ausdrücklich für Mitarbeiter über 50 Jahre zur Verfügung stellen können, ist noch niedriger. Sie beläuft sich gerade einmal auf 17 Prozent. Das geht aus einer Studie „Pro 50 – Arbeit mit Zukunft“ der Wirtschaftprüfungs- und Beratungsgesellschaft PricewaterhouseCoopers hervor (Spiegelonline, Fachkräftemangel, Deutsche Firmen verschlafen den demografischen Wandel, www.spiegel.de/wirtschaft/ am 19.08. 2008). Hinzuzufügen wäre noch, dass in Deutschland bereits die Arbeitnehmer über 40 Jahre kaum noch weitergebildet werden, also die Altersschwelle für die Investitionsbereitschaft in Weiterbildung noch niedriger angesetzt wird. Dabei ist allen hinreichend die zunehmende Bedeutung der Älteren im Arbeitsmarkt bekannt. Im deutschen Erwerbsleben, wie in anderen Industrieländern auch, verändert sich die Struktur immer stärker hin zu den Älteren. In den kommenden 10 bis 15 Jahren, etwa bis zum Jahr 2025 kann die Zahl der Erwerbspersonen nur dadurch einigermaßen konstant gehalten werden, weil bei den Frauen im mittleren Alter generell und bei Frauen und Männern in höherem Alter die Erwerbsbeteiligung ansteigen wird. (Schulz, Erika, Betriebe sind auf alternde Belegschaften kaum eingestellt, in: Wochenbericht des DIW Berlin Nr. 40/2008, S, 597 f). Wahrscheinlich sind solche wissenschaftlich abgesicherten Strukturveränderungen auf dem Arbeitsmarkt noch nicht in die Köpfe der Manager und Personalverantwortlichen eingegangen. Das Problem wird auf die lange Bank geschoben.

Der Berufsanfänger, der viel und rasch lernt , der auch seine neuen Kenntnisse mit anderen austauschen will, ist hier selbstverständlich darauf angewiesen, wie systematisch Weiterqualifizierung in den Unternehmen betrieben wird. Und hier haben nach einer Untersuchung des Bundesinstituts für Berufsbildung deutsche Firmen doch einige Probleme ein Wissensmanagement in ihren Organisationen aufzubauen. Damit ist „eine systematische und zielgerichtete Nutzung, Weiterentwicklung und Verbreitung des im Betrieb vorhandenen und stetig neu zu erwerbenden Wissens“ gemeint. Befragt wurden im Jahre 2003 622 Ausbildungsbetriebe. Davon hatten 48 Prozent der großen Betriebe, 37 Prozent der mittleren und nur 28 Prozent der kleineren Betriebe ausgesagt, dass sie ein solches Wissensmanagement besitzen. Bemerkenswert ist nach dieser Untersuchung auch, dass bei der Aus- und Weiterbildung moderne Informations- und Kommunikationstechnologien wie beispielsweise Wissensportale, vernetzte Arbeitsplätze und Electronic-Learning noch viel zu wenig eingesetzt werden. In der Ausbildung geben 2 Prozent, in der Weiterbildung 3 Prozent der Betriebe an, dass sie Wissensportale / Lernplattformen verwenden.

Beim Coaching /Mentorensystemen betragen die Anteile 5 bzw. 7 Prozent. Am meisten verbreitet sind die klassischen internen und externen Präsenzseminare mit jeweils 20 Prozent und mehr, sowie das Internet zu 26 Prozent bei der Ausbildung und 40 Prozent bei der Weiterbildung (vgl. BIBB – Pressemitteilung 07/2005, Bonn 17.02. 2005 S. 1-3).

Was ist zu tun, um solche Strukturveränderungen auf den Arbeitsmärkten bewältigen zu können? Beide Seiten sind gefragt, Arbeitgeber und Arbeitnehmer, jedem muss klar sein, dass Bildung und hier vor allem Weiterbildung der Mitarbeiter zum wichtigsten Rohstoff Deutschlands gehören. Und hier hilft kein kurzfristiges Denken, einmal schnell Budgets kürzen, erhöhen oder gelegentlich ein Seminar besuchen. Alles muss nachhaltig sein, wie das heute gern bezeichnet wird, stetig betrieben werden, um mit der Veralterung des Wissens einigermaßen fertig zu werden und immer wieder neue Wissensmengen bewältigen zu können. Die Arbeit für die Arbeitsplätze ist eben ein Programm für die gesamte Berufswelt und muss auf Dauer angelegt sein, bei den Managern, die dafür die Weichen stellen und beim einzelnen Mitarbeiter und hier im besonderen Maße bei den jungen Leuten, die am Beginn ihres Berufslebens stehen.

Zunächst ist ein Umdenken im Arbeitgeberlager gefragt. Wenn heute die Arbeitsagentur in Nürnberg ein Programm zur Weiterbildung von Arbeitslosen aufstellt und die Unternehmen die Fortbildungsmittel in Millionenhöhe nicht abrufen, dann kann es doch mit der Einstellung zur Fortbildung von Mitarbeitern generell nicht gut bestellt sein. Es wurde festgestellt, wie niederschmetternd Deutschland beim internationalen Vergleich bei den Qualifizierungsetats abschneidet. Jahrelang wurden Ausbildungs- und Fortbildungsangebote in deutschen Betrieben zusammengestrichen. Und als die Konjunktur im Jahre 2007 und bis Mitte 2008 auf dem Höhepunkt angelangt war, beklagten die Unternehmen den großen Fachkräftemangel. Nur die anderen sind schuld, das öffentliche Bildungssystem in erster Linie. Es wäre höchste Zeit hier umzudenken und anders zu handeln, nämlich Aus- und Fortbildung der Mitarbeiter nicht alleine als Kostenfaktor anzusehen, sondern als Differenzierungsmerkmal, um sich von Konkurrenten abzusetzen und Märkte besser, schneller bedienen zu können und so neue Märkte zu gewinnen.

Zum zweiten muss mit dem Jugendwahn in der Arbeitswelt Schluss sein, dass ältere Arbeitnehmer mit teuren Frühverrentungsprogrammen in den Vorruhestand entlassen und die noch verbliebenen Fünfzigjährigen plus X deshalb auch nicht mehr fortgebildet und weiterqualifiziert werden. Die Denkhaltung vieler Arbeitgeber ist einfach noch zu sehr verbreitet, dass die älteren Mitarbeiter ab 50 Jahren kaum noch Lernerfolge erzielen könnten und es sich deshalb auch nicht lohne, sie noch mit aufwändigen Qualifizierungsmaßnahmen weiterzubilden. Oft wird diese Einstellung schon bei Vierzigjährigen in die Praxis umgesetzt. Dabei wird der demografische Wandel neben der Globalisierung zu einer der größten Herausforderungen der Zukunft werden. Die Alterspyramide in den Betrieben verschiebt sich immer mehr zugunsten der älteren Mitarbeiter, weil einfach zu wenig junge und vor allem gut ausgebildete Menschen nachkommen. Es müssen altersdifferenzierte Weiterbildungsmaßnahmen nach und nach eingeführt, Karrieremodelle für die Generation 50 Plus geschaffen werden. Das wirkt gleichzeitig stimulierend, wenn Anerkennung und Perspektive für die älteren Arbeitnehmer in der Arbeitswelt wieder gespürt werden. Wer sagt denn, dass Ältere schlechter lernen, sie lernen anders. Sie sind neugierig, wie sie das Erlernte in der Praxis umsetzen können. Ihre Stärken sind Überblick, Erfahrung und Gelassenheit. Jüngere lernen vielleicht schneller, sind belastbarer, besitzen bessere Computerkenntnisse. Weitsichtige Arbeitgeber haben längst erkannt, dass weiterqualifizierte ältere Arbeitnehmer und junge gut ausgebildete Mitarbeiter zusammen das stärkere, das bessere Team in der heutigen und vor allem in der zukünftigen Arbeitswelt darstellen. Der gemischten Alters- und Lernkultur gehört die Zukunft.

Zum dritten müsste ein Wissensmanagement, eine systematische und zielgerichtete Weiterqualifizierung der Mitarbeiter in den Betrieben zur Regel werden. Ob in der eigenen Firma nur fallweise, im schlimmsten Fall nur nach Kassenlage Wissen verbreitet und Fortbildung betrieben wird, kann der junge Berufstätige daran ablesen, ob die Möglichkeiten der innovativen Informations- und Kommunikationstechnologien eingesetzt werden. Hierzu zählen beispielsweise Systeme wie E-Learning oder auch Blended Learning. Beim E-Learning, auch Online – Learning genannt erhält jeder Mitarbeiter dieselbe Lernsoftware auf seinen PC in der Firma und ergänzend auf den häuslichen Computer. Die Kursinhalte sind jeweils für die einzelnen Aus- und Fortbildungsgruppen identisch. Präsentation und Kommunikation erfolgen vorwiegend über das Internet, entweder durch Chat oder E-Mails. Dadurch kann der Ausbildungsleiter Lernprozesse fördern oder anstoßen. Dort, wo es von den Inhalten her nicht so sehr auf eine direkte Kommunikation zwischen Lernendem und Lehrer ankommt, werden auch DVD´s für den Inhaltsstoff eingesetzt. Jeder Teilnehmer kann so die Lerninhalte zu jeder Zeit und ohne räumliche Begrenzung nutzen und seine Lerngeschwindigkeit festlegen. Lernkontrollen sind individuell möglich, ebenso das Wiederholen und Vertiefen von einzelnen Lerninhalten.

Beim Blended Learning werden über den Einsatz der neuen Medien hinaus die persönlichen Kontakte durch das sogenannte Präsenzlernen zusätzlich genutzt. „Blended Learning bedeutet wörtlich gemischtes Lernen und bezeichnet die Verbindung von Online- und Präsenzelementen in Lernangeboten“ (Maier-Häfele, Kornelia, Häfele, Hartmut, Open-Source-Werkzeuge für e-Trainings, Bonn, 2005, S. 313). Der Mitarbeiter verschafft sich zunächst das Grundwissen über die Methode E- Learning, indem er die Lerninhalte in elektronischer Form übermittelt bekommt. Danach nimmt der Trainer über das Internet Verbindung mit dem einzelnen Fortbildungsteilnehmer auf, weist auf Schwerpunkte und Verständnisbausteine hin. In anschließenden Präsenzveranstaltungen erfolgt dann die Vertiefung des Wissens und wie der Stoff am besten in die

Praxis umgesetzt werden kann. So werden die Fortbildungsseminare mit der gemischten Technik des Blended Learnings nicht nur qualitativ besser, sondern auch kürzer und reduzieren die Kosten. Nicht zuletzt findet das Blended Learning im Ausbildungs- und Fortbildungsbereich eine immer größere Zustimmung. Das sind nur zwei Beispiele, an denen der junge Berufstätige messen kann, ob in seiner Firma oder auch im öffentlichen Dienst Fortbildung systematisch, nachhaltig oder nur gelegentlich durch einige Seminare betrieben wird.

Was sind nun die wichtigsten Regeln, die ein junger Berufstätiger für sich selbst bei dem Thema Fort- und Weiterbildung einhalten sollte? Ganz am Anfang sollte der Gedanke stehen, eine eigene Bildungsbilanz aufzustellen. Dazu gehört zunächst der Gedanke, mit dem Abschluss der Ausbildung und den ersten Erfahrungen der Berufstätigkeit beginnt der Kampf um die besseren Lösungen, das praxisorientiertere Wissen, den geschickteren Umgang mit Menschen. Und dieser Kampf wird jeden erfolgsorientierten Mitarbeiter ein Berufsleben lang begleiten. Da liegt es nahe, sich zu fragen, bei welchen Projekten, welchen Arbeitsabläufen kommt Unsicherheit auf, fehlen Kenntnisse oder Kompetenzen? Wenn beispielsweise ein Großkundenbesuch aus dem Ausland ansteht und die entsprechende Landessprache nicht in einem guten Verständigungsniveau beherrscht wird, dann entstehen leicht Missverständnisse und Unsicherheiten. Der Kunde merkt das recht schnell. Ein guter Techniker verliert auch an Kompetenz, wenn er die neuesten Computerprogramme nicht sicher beherrscht. Die Regel Nummer 1 in der Weiterqualifizierung lautet daher: eigene Bildungsbilanz aufstellen, wo sind Defizite, wo muss mehr Sicherheit aufgebaut werden? Und dann auch mit dem Vorgesetzten sprechen, wie hier Abhilfe geschaffen werden kann. Dies ist immer vorteilhafter für den einzelnen Mitarbeiter als sich vom eigenen Chef auf die Schwächen hinweisen zu lassen.

Regel Nummer 2 in der Fortbildung hat einen ebenso hohen Stellenwert: stets aktuelles Fachwissen ist ein Muss. Über den Tellerrand hinausblicken können bedeutet Zukunft. Dahinter steckt eine Entwicklung, die in der Arbeitswelt von heute immer mehr zum Tragen kommt. Mitarbeiter mit einem breiter angelegten Wissen, die auch über ihren Fachbereich hinausschauen können, sind immer stärker gefragt. Warum Spezialistentum vorherrscht liegt auch in vielen Berufsausbildungen begründet, die nur ein schmales Arbeitsfeld abdecken. So besitzen Techniker meistens kaum Kenntnisse über Logistik. Informatiker haben keine betriebswirtschaftlichen Grundkenntnisse. Das führt dazu, dass die Einsatzmöglichkeiten geringer werden. Aber gerade Generalisten wären in einer Welt der zunehmenden Globalisierung und der stark voranschreitenden Technisierung dringend notwendig. Spezielles, einseitiges Fachwissen reicht hier nicht mehr aus (vgl.Harss, Claudia, Maier, Karin, Mit meiner Firma geht`s bergab, S. 135).

Regel Nummer 3 stets im Auge behalten: die so benannten weichen Faktoren müssen gepflegt und verbessert werden. Wie entscheidend Team-, Konfliktfähigkeit, Kommunikations-, Einfühlungsvermögen und unternehmerisches Denken und Handeln für die berufliche Weiterentwicklung eines Mitarbeiters sind, ist inzwischen hinreichend bekannt. Aber wie ist hier ein Wandel möglich, weil Veränderungen ja nicht so ohne Weiteres quantifiziert werden können? Problembewusstsein schärfen, auf Urteile von Kollegen und Vorgesetzten hören, spezielle Kurse über Konfliktmanagement und Kommunikationstrainings bringen auf die Dauer Fortschritte. Ideal wäre selbstverständlich, wenn ein Coach einen jungen Berufstätigen im Alltag zeitweise begleiten könnte und nach Meetings auf die berühmten „Macken“ hinweist und eine Aufarbeitung möglich ist. Personalchefs wissen es jedenfalls zu schätzen, wenn Mitarbeiter zeigen, dass sie an dem schwierigen Thema weiche Faktoren arbeiten und sich weiterentwickeln wollen. Regel Nummer 4: Es geht nicht nur darum, was du lernst, es darum, wie du lernst, nämlich schnell. Das Wissen der heutigen Zeit wird bekanntlich immer mehr und veraltet auch schneller als je zuvor. Deshalb müssen sich in dieser Zeit die arbeitenden Menschen auch diesem rasanten Wandel stets anpassen, um zu überleben, sprich mitmachen zu können in der Arbeitswelt, den Job zu behalten oder einen noch besseren zu bekommen. Dieses Credo gilt vor allem für die westliche Welt, in der die Menschen noch schneller und härter arbeiten müssen, um der Billigkonkurrenz aus dem fernen Osten mit besseren Leistungen Paroli bieten zu können (vgl. o.V., Klüger werden mit: Thomas Friedmann, ein Interview, in: Der Spiegel Nr. 52 vom 22.12. 2006, S. 68).

Regel Nummer 5 ergibt sich abschließend schon fast automatisch: Weiterqualifizierung bedeutet lebenslanges Lernen, flexible und stetige Anpassung an veränderte Rahmenbedingungen. Aktuelles Wissen gehört zur neuen und wichtigsten Überlebenstechnik. Die Arbeit für den Arbeitsplatz ist eine langfristige Strategie, ein Programm für das ganze Berufsleben. Wissen löst Zukunftsprobleme. Ein Kraftfahrzeugmechaniker, der heute bei einer Audi – Werkstatt arbeitet, muss alle Paar Wochen zur Schulung und am Abend zu Hause am eigenen Computer ein elektronisches Lernprogramm absolvieren. Wer hier nicht engagiert mitmacht, setzt letzten Endes seinen Job aufs Spiel. Manchmal wünscht man sich ein Stück mehr von dem Bildungshunger in Deutschland, den heute junge Chinesen oder Koreaner an den Tag legen. In diesen Ländern wissen die jungen Menschen sehr genau, dass Wissen und vor allem aktuelles Wissen mehr Lebensqualität, ja Wohlstand bedeutet. Auf die Situation der westlichen Industrieländer übertragen heißt das, lebenslanges Lernen sichert den Arbeitsplatz auf jeden Fall besser ab.

Worauf kommt es bei der Arbeit für den Arbeitsplatz an? Die rote Linie

Die Rahmenbedingungen in der heutigen Wirtschaft verändern sich durch Globalisierung, Fusionen, Übernahmen, zunehmende Technisierung und neue Produktionsrekorde stetig. Der Anpassungsdruck bei den Arbeitnehmern steigt. Das Wissen der Ausbildung veraltet viel schneller als früher. Das Wissen von heute wird schnell zum Stoff von gestern. Lebenslange Beschäftigungsverhältnisse bei einem Arbeitgeber werden zur Ausnahme. Die Idee vom Job und Arbeitgeber auf Lebenszeit gehört der Vergangenheit an. Wer weniger Wissen und ein niedrigeres Ausbildungsniveau besitzt, der wird von dieser Dynamik der heutigen Wirtschaft am meisten getroffen. Es besteht ein enger Zusammenhang zwischen Bildung und Beschäftigung. Die Menschen mit niedrigerem Bildungsniveau verlieren eher ihren Arbeitsplatz.

Vor diesem Hintergrund fällt leider die Fortbildungs- und Qualifizierungsbilanz der deutschen Unternehmen nicht einmal zufriedenstellend aus. Die Qualifizierungsetats wurden in den letzten Jahren zurückgefahren und im internationalen Vergleich der Industrieländer befindet sich Deutschland bei den betrieblichen Bildungsaufwendungen sogar am Ende der Tabelle. Der Stellenwert von Fort- und Weiterbildung ist nicht besonders hoch angesiedelt und Qualifizierung landet vorwiegend nur unter der Rubrik Kostenfaktor, der in weniger guten Zeiten auch noch schnell reduziert wird. Bei der Weiterbildung älterer Mitarbeiter sieht es ziemlich düster aus. Nur knapp ein Viertel der Betriebe bieten Qualifizierungs- und Weiterbildungsmaßnahmen für Mitarbeiter über 50 Jahre an. Noch weniger Betriebe können ein Karrieremodell für diese Altergruppe zur Verfügung stellen. Die Zurückhaltung der Unternehmen mit Weiterbildung beginnt größtenteils schon bei Arbeitnehmern über 40 Jahre. Ein Wissensmanagement, also eine systematische und zielgerichtete Nutzung, Weiterentwicklung und Verbreitung des Wissens ist noch am ehesten in den großen Betrieben vorhanden. Moderne Informations- und Kommunikationstechnologien wie beispielsweise Wissensportale, vernetzte Arbeitsplätze und Electronic-Learning werden in den deutschen Betrieben bei der Aus- und Weiterbildung kaum eingesetzt.

Das Programm, die Therapie, um solche Einstellungen zu Qualifizierung der Arbeitnehmer zu ändern und den Strukturwandel auf den Arbeitsmärkten bewältigen zu können, ist für beide Seiten, Arbeitgeber und Mitarbeiter, vielfältig. Für alle muss gelten, dass Bildung und Weiterbildung zum wichtigsten Rohstoff Deutschlands gehört. Da ist kein Platz für kurzfristiges Denken und Handeln. Die Arbeit für die Arbeitsplätze ist ein Programm für die gesamte Berufs- und Arbeitswelt und muss auf Dauer angelegt sein. Worte und fallweises Handeln bringen nichts, höchstens Fachkräftemangel.

Bei den Unternehmen muss höchste Priorität haben, die aufgezeigten Schwächen in der Qualifizierungspolitik abzubauen. Als die Konjunktur im Jahre 2007 und bis Mitte 2008 auf dem Höhepunkt angelangt war, beklagten die Manager in Deutschland den großen Fachkräftemangel. Nur andere waren daran schuld, in erster Linie das öffentliche Bildungssystem. Es wäre höchste Zeit, Aus- und Fortbildung nicht als Kostenfaktor anzusehen, sondern als Differenzierungsmerkmal, um sich von Konkurrenten abzusetzen und Märkte besser bedienen zu können. Zum zweiten muss mit dem Jugendwahn in der Arbeitswelt Schluss sein. Wer die Entwicklung in der Alterspyramide in den Betrieben nicht beachtet, handelt verantwortungslos, verschläft die Zukunft. Altersdifferenzierte Weiterbildungsprogramme und Karrieremodelle für die Generation 50 Plus sind Bausteine für den Umbau, das Umdenken. Weitsichtige Arbeitgeber haben längst erkannt, dass gut qualifizierte ältere Arbeitnehmer und junge gut ausgebildete Mitarbeiter das stärkere, das bessere Team in der Arbeitswelt von heute und morgen sind. Beide Gruppen ergänzen sich und bringen höhere Teamleistungen. Zum dritten müsste ein Wissensmanagement, eine systematische und zielgerichtete Weiterqualifizierung der Mitarbeiter in den Betrieben zur Regel werden, unter Einsatz von innovativen Informations- und Kommunikationstechnologien. Dazu zählen E-Learning und Blended Learning (wörtlich gemischtes Lernen) mit Lernsoftware für jeden Mitarbeiter, auf dem eignen PC in der Firma und dem Computer zu Hause. Präsentation und Kommunikation erfolgen vorwiegend über das Internet, entweder durch Chat oder E-Mails. Lerngeschwindigkeiten und Lernkontrollen sind individuell möglich. Beim Blended Learning werden über den Einsatz der neuen Medien hinaus die persönlichen Kontakte durch das Präsenzlernen zusätzlich genutzt. Der Mitarbeiter verschafft sich zunächst das Grundwissen über die Methode E-Learning, indem er die Lerninhalte in elektronischer Form übermittelt bekommt. Danach weist ein Trainer über Internet auf Schwerpunkte und Verständnisinhalte hin. In anschließenden Präsenzveranstaltungen erfolgt die Vertiefung des Wissens und wie der Stoff am besten in der Praxis umgesetzt werden kann. Mit der gemischten Technik wird Fortbildung qualitativ besser, kürzer und dadurch sogar kostengünstiger.

Die 5 wichtigsten Regeln, die ein junger Berufstätiger für sich selbst bei dem Thema Fort- und Weiterbildung beachten sollte, sind folgende: zuallererst eigene Bildungsbilanz aufstellen, wo sind Defizite, wo muss mehr Sicherheit aufgebaut werden, bei Sprach-, Computerkenntnissen oder know how im jeweiligen Fachbereich? Und dann versuchen, gemeinsam mit dem Vorgesetzten Abhilfe zu schaffen. Regel Nummer 2: die Kompetenzen über die Fachdisziplin hinaus erhöhen. Ein IT – Spezialist sollte nicht nur ein Könner auf seinem Fach sein, sondern auch vor Publikum sprechen können, von Gestaltung etwas verstehen und vor allem betriebswirtschaftliche Grundkenntnisse besitzen. Generalisten gehört die Zukunft. Regel Nummer 3: die weichen Faktoren wie Team-, Konfliktfähigkeit, Einfühlungsvermögen und unternehmerisches Denken stets pflegen und verbessern. Problembewusstsein schärfen, auf Urteile von Kollegen und Vorgesetzten hören, sowie spezielle Kurse über Konfliktmanagement und Kommunikationstrainings bringen auf die Dauer Fortschritte. Regel Nummer 4: es geht nicht nur darum, was du lernst, es geht darum, wie du lernst, nämlich schnell. Das Wissen der heutigen Zeit veraltet schneller als je zuvor. Die arbeitenden Menschen, auch schon junge Berufstätige nach Abschluss ihrer Ausbildung, müssen sich diesem rasanten Wandel stets stellen. Nur so können sie überleben, sprich auf die Dauer in der modernen Arbeitswelt mitmachen, nämlich den Job behalten oder einen noch besseren bekommen. Regel Nummer 5: Weiterqualifizierung bedeutet lebenslanges Lernen, flexible und stetige Anpassung an veränderte Rahmenbedingungen. Aktuelles Wissen gehört zur neuen und wichtigsten Überlebenstechnik. Die Arbeit für den Arbeitsplatz ist eine langfristige Angelegenheit, ein Programm für das ganze Berufsleben. Wissen löst Zukunftsprobleme, vor allem in den westlichen Industrieländern. Wer hier nicht engagiert mitmacht, setzt letzen Endes seinen Arbeitsplatz aufs Spiel.

Die Säulen des Strukturwandels in der Arbeitswelt der Zukunft

Die Globalisierung und ihre Folgen des weltweiten Wettbewerbs bei Produkten, Ideen und den Arbeitsmärkten werden die jungen Menschen in ihren Berufen ein Leben lang begleiten. Permanente Restrukturierungen in den Betrieben, Übernahmen, Verkäufe von Unternehmen, Beteiligung von international aufgestellten Investoren an Firmen kommen ja nicht von ungefähr. Alles das ist Ausfluss, Reaktion auf harten internationalen Konkurrenzdruck, nicht zuletzt durch die Entwicklungs- und Schwellenländer. Und diese aufstrebenden neuen Konkurrenten rüsten stets auf, mit neuem Wissen, mit neuester Technik und neuen Organisationsstrukturen. Die Technologielücke zwischen den westlichen Industrieländern und den Entwicklungsländern Asiens wird so immer kleiner. Sofern gestiegene Lohnkosten in den Aufsteigerstaaten die Kalkulationsstrukturen bei der Produktion von Massengütern wie Schuhe, Bekleidung oder Spielwaren belasten, werden Betriebe auch in China schon wieder geschlossen. Die Karawane zieht weiter nach Vietnam oder Laos, wo die Löhne noch viel niedriger sind.

Jedem, der mit Wirtschaft zu tun hat, ob der junge Berufstätige, der Unternehmer oder ein Gewerkschaftsmitglied, sollte klar werden, dass dieses weltweite Wettbewerbsfestival ständig weitergeht. Der Antrieb, sich dagegen zu wehren und sich immer wieder neue Wettbewerbsvorteile zu verschaffen, ist unbegrenzt, solange es diese Unterschiede in den wirtschaftlichen Rahmenbedingungen in der Welt gibt. Globalisierung ist kaum zu lenken, das Rad der Globalisierung ist nicht mehr zurückzudrehen. Wir alle müssen mit ihr leben. Die Konsequenz daraus kann nur sein: „Wir müssen uns schon in der Schule mit den Zusammenhängen globaler Wirtschaft befassen. Das ist mindestens so wichtig wie Deutsch und Mathematik“. Das sagt Frank Sieren, China-Korrespondenz der

Wirtschaftswoche, ein Kenner Chinas, der schon seit 1994 dort lebt (Sieren, Frank, Der China Code, Wie das boomende Reich der Mitte Deutschland verändert, Berlin, 2005, S. 356). Der Anpassungsdruck, sich stets dem Wandel neu zu stellen, mit den Anforderungen klarzukommen und flexibel zu bleiben, wird für junge Leute im Beruf nicht aufhören. Nicht nur Indien und China, die im Zusammenhang mit den Auswirkungen der Globalisierung immer an erster Stelle genannt werden, stehen zum Sprung auf die Weltwirtschaftsbühne bereit. Auch andere Länder mit riesiger Ausdehnung und großen Bevölkerungszahlen werden auf den Weltmärkten eine immer größere Rolle spielen. Dazu zählen vor allem die beiden Länder Brasilien und Russland. Zusammen mit Indien und China werden diese Schwellenländer nach ihren Anfangsbuchstaben als BRIC – Staaten bezeichnet. Der junge Berufstätige sollte zumindest in den Grundzügen darüber informiert sein, welche Wachstumschancen Fachleute den BRIC – Staaten Brasilien, Russland, Indien und China in den kommenden Jahrzehnten einräumen, selbstverständlich mit Folgen für die Märkte in den westlichen Industrieländern und damit auch Deutschland. Im Jahre 2003 tauchte der BRIC – Begriff zum ersten Mal in der Analyse „Dreaming with BRICs- the path to 2050" auf, die von der Investment Bank Goldmann & Sachs herausgegeben wurde. Danach wird vorausgesagt, dass die BRIC – Staaten die momentan sechs größten Industriestaaten im Hinblick auf die Wirtschaftskraft überholt haben und mit Ausnahme von den USA und Japan alle anderen Länder, nämlich Deutschland, Großbritannien, Frankreich und Italien im Jahre 2050 nicht mehr zum Kreis der größten Volkswirtschaften gehören werden (Wilson, Dominic, Purushothaman, Roopa, Dreaming with BRICs: the path to 2050, New York 2003 / Global Economics Paper, No. 99, S. 3). Dabei wird davon ausgegangen, dass Aufschwung und Wachstum sich automatisch einstellen, wenn die Wirtschaft in diesen BRIC-Staaten jeweils modernisiert wird. Soweit zu diesem Ansatz.

Der Berufsanfänger wird sich fragen, wie kann so ein Aufholprozess automatisch in Gang gesetzt werden und dann auch zielsicher nach 30 oder 40 Jahren zum Erfolg führen? In dieser Frage steckt gleichzeitig eine gute Portion Zweifel, der sich heute bei diesen Voraussagen von Goldmann & Sachs nach fünf oder sechs Jahren in Praxis und Wissenschaft breitmacht. Die Philipps-Universität Marburg hat sich diesem Thema gestellt: BRIC – Aufstrebende Schwellenländer? Sommersemester 2007 (Schmalz, Stefan, www.uni-marburg.de, am 02.02.2009 abgerufen). Fest steht danach, dass das Wachstum der BRIC-Staaten zu einem großen Teil von Investitionen abhängt, die von außen kommen. Das gilt vor allem für China und Brasilien. In China werden Direktinvestitionen und der Import von Know-How zur Verbesserung der ökonomischen Strukturen eingesetzt. Brasilien hat wegen der hohen Verschuldung einen hohen Bedarf an ausländischem Kapital, um Modernisierungsinvestitionen in Gang zu bringen. In Russland fließt ausländisches Kapital vor allem in die Modernisierung und Instandhaltung der Rohstoffförderanlagen und in die Erschließung neuer Rohstofffelder, während Indien vor allem in die IT-, Pharmazie- und Chemiebranche investiert. So kommt es, dass jedes BRIC – Land jeweils andere Boomsektoren aufzuweisen hat. Brasilien und Russland beziehen ihr Wachstum zum größten Teil aus der Gewinnung und dem Export von Rohstoffen. In China sieht es wieder ganz anders aus. Dieses Land ist zur Produktionsstätte weltweit aufgestiegen, bedingt durch niedrige Löhne und gezielte staatliche Fördermaßnahmen. Und Indien gelangte nicht durch Rohstoffe oder Industrieproduktion zum Wirtschaftsboom, sondern durch den Dienstleistungssektor in Form der globalisierten IT- Dienstleistungsbranche. In allen Ländern konzentriert man sich auf den Export und ist so stark von der Entwicklung anderer Staaten und ausländischen Investitionen abhängig. Was passiert, wenn es zu einer Rezession oder Krise in den westlichen Industrieländern kommt?

Die Finanzkrise weltweit hat inzwischen auch die Entwicklung in den Schwellenländern wie die BRIC-Staaten erreicht.

Hinzukommt generell die soziale Schere, das Auseinanderdriften von Nutznießern des Wachstums in der Wirtschaft und einer armen Bevölkerung. Die regionalen Entwicklungsunterschiede in den BRIC-Staaten sind einfach zu groß. In Indien und Brasilien leben rund 26 Prozent der Bevölkerung unterhalb der Armutsgrenze. Dabei bestehen in Indien große Unterschiede zwischen dem Südosten und dem armen Nordosten. China und Brasilien haben Wirtschaftszonen rund um die Ballungszentren errichtet. Ungefähr 200 Millionen Wanderarbeiter gibt es in China, weil sie in ihren Heimatregionen keine Arbeit finden. Und Russland hat mit einem riesigen West-Ostgefälle zu kämpfen. Den Wirtschaftszentren Moskau und Petersburg stehen arme ländliche Strukturen gegenüber, die sich nur weiterentwickeln können, wenn ihnen Bodenschätze zur Verfügung stehen.

Als Fazit kann nach dieser Studie festgehalten werden: die Strukturdefizite in den BRIC-Staaten werden in Zukunft abnehmen. Der Aufholprozess wird jedoch lange dauern. Von einem Automatismus bei Wachstum und Wohlstand kann nicht gesprochen werden. Andererseits sind die riesigen Länder mit nahezu 40 Prozent der Weltbevölkerung und stark steigenden Einwohnerzahlen (Ausnahme Russland) selbstverständlich ein Magnet für international operierende Konzerne und große Mittelstandsunternehmen. In solchen Ländern locken nicht nur günstige Produktionsbedingungen, sondern vor allem die gewaltigen und noch wenig erschlossenen Absatzmärkte mit der Nachfrage der riesigen Bevölkerung. Die Herausforderung der großen Schwellenländer ist da und wird in Zukunft noch stärker werden.

Für den jungen Arbeitnehmer ist darüber hinaus wichtig zu wissen, dass noch elf weitere Länder zur Diskussion stehen, denen ein ähnlicher wirtschaftlicher Aufschwung in den kommenden Jahrzehnten vorausgesagt wird wie den BRIC-Staaten. Sie werden als „Next-11“oder kurz „N-11“ bezeichnet. In alphabetischer Reihenfolge gehören dazu Ägypten, Bangladesch, Indonesien, Iran, Mexiko, Nigeria, Pakistan, die Philippinen, Südkorea, die Türkei und Vietnam. Wiederum stammt dieses Denkmodell aus der Research-Abteilung der Investment Bank Goldmann & Sachs. Die besten Chancen auf überdurchschnittliches Wirtschaftswachstum besitzen dabei Vietnam (84 Millionen Einwohner, Öffnung nach Westen), Südkorea sowieso, Mexiko und Indonesien (242 Millionen Einwohner und hoch qualifizierte Arbeitskräfte). Der Kampf um Anteile auf den Weltabsatzmärkten wird weiter gehen, der Druck auf Preise, verbunden mit verstärkter Technologisierung und neuen Produktivitätsrekorden ist auch in den kommenden Jahrzehnten vorprogrammiert.

Die Antwort der westlichen Industrieländer auf die Herausforderungen der Schwellenländer kann nur lauten: Innovation, Forschung, Entwicklung, immer etwas besser sein mit hochkomplexen Produkten und Dienstleistungen. Deutschland ist ein rohstoffarmes Land und ein Hochlohnland dazu. Die Wirtschaftsstruktur in der Zukunft wird deshalb auch nur durch hochwertige Produkte zu meistern sein, die eine hohe Forschungs- und Entwicklungsintensität besitzen und international vermarktet werden (Schnur, Peter, Zika, Gerd, Arbeitskräftebedarf bis 2025, Die Grenzen der Expansion, in: IAB-Kurzbericht, Ausgabe Nr. 26 vom 21.12. 2007, S. 5). Wissen und Können werden dabei zum wichtigsten Rohstoff, den die westlichen Industrieländer zur Verfügung haben. Jeder Arbeitnehmer und dabei vor allem der Berufsanfänger sollte zudem noch bedenken, dass heute durch das Internet Wissen selbst in den abgelegensten Winkeln der Erde zur Verfügung steht, schnell und umfangreich. Die Globalisierung erleichtert immer mehr Menschen den Zugang zu Wissen. Das verschärft die Konkurrenz auf den Weltmärkten. Die bildungshungrigen Menschen in den Schwellenländern wollen dabei ihre Chancen wahrnehmen. Deshalb kann die Alternative nur heißen: „Tech up or dumb down", weiterbilden oder zurückbleiben. Die Gesellschaften in den westlichen Industrieländern sind schon lange, als die Industrialisierung einsetzte, so zu Wissensgesellschaften geworden. Und die Entwicklungsländer werden hier auf die Dauer gesehen auch nicht abseits stehen (vgl. Tempel, Silke, Globalisierung, was ist das? Berlin 2005, S. 99 f). Vor diesem Hintergrund ist auch zu sehen, dass Bundeskanzlerin Merkel stets klar und deutlich sagt, Deutschland muss zur Bildungsrepublik Deutschland werden, um die wichtigsten Rohstoffe – Wissen und Können – noch besser nutzen zu können.

Ein Strukturwandel in unserer Arbeits- und Wirtschaftswelt kündigt sich daher auch schon länger an. Und er wird in den kommenden 10 bis 15 Jahren sich noch verstärken. Es geht darum, welche Sektoren in unserer westlichen Gesellschaft in Zukunft die besten Beschäftigungsperspektiven bieten, weil sie einfach die günstigeren Wachstumschancen haben. Dabei zeichnet sich ein klarer Trend zur Dienstleistungsgesellschaft ab. Hier werden bis zum Jahr 2025 besonders die unternehmensbezogenen Dienstleistungen zunehmen. Dort sagen die Forscher des IAB starke Beschäftigungsgewinne voraus, mit fast 2,5 Mio. Zuwachs an Arbeitsplätzen (Schnur, Peter, Zika, Gerd, S. 5 f). Ein Hauptgrund liegt darin, dass der Prozess der Ausgliederung von Unternehmensteilen und Betriebsfunktionen (unter „Outsourcing" bekannt) auch zukünftig anhalten wird. Zu den unternehmensbezogenen Dienstleistungen gehören: Datenverarbeitungsdienste aller Art, Instandhaltung von Büromaschinen, Forschung und Entwicklung generell, Rechts-, Steuer- und Unternehmensberatung, Markt- und Meinungsforschung, Wirtschaftsprüfung, Public-Relations-Beratung, Werbeagenturen, Ingenieurbüros und gewerbsmäßige Vermittlung und Überlassung von Arbeitskräften.

Mit einem Zuwachs von knapp 1 Mio. Beschäftigten bis 2025 folgt das Gesundheits- und Sozialwesen an zweiter Stelle (Alterung der Gesellschaft), gefolgt von sonstigen öffentlichen und privaten Dienstleistern mit einem Beschäftigungsgewinn von ca. 0,5 Mio. in einem recht unterschiedlichen Beschäftigungsbereich, wie Rundfunk- und Fernsehanstalten, Dienstleistungen für private Haushalte (Reinigung, Tagesbetreuung), sowie politische Organisationen (Parteien, Verbände, Gewerkschaften, religiöse Vereinigungen). Zusammengenommen wird der Anteil der Erwerbstätigen im Dienstleistungsbereich von 71,5 % im Jahre 2005 auf 77,0 % in 2025 ansteigen und die Gewichtung des warenproduzierenden Gewerbes von 26,2 % in 2005 auf 21,7 % zurückgehen, so die Nürnberger IAB-Forscher. Im Dienstleistungsbereich gibt es in der Zukunft auch einige, aber wenige Verlierer: Anteilsverluste wird beispielsweise das Kredit- und Versicherungsgewerbe hinnehmen müssen (hohe Produktivitätsgewinne) und Bereiche der Öffentlichen Verwaltung, Verteidigung, Sozialversicherung werden infolge des Rückgangs des Staatsverbrauches insgesamt Beschäftigungsverluste zu verzeichnen haben.

Im Verarbeitenden Gewerbe wird es bis zum Jahr 2025 mit 1,5 Mio. den größten Beschäftigungsabbau geben. Fast alle Wirtschaftszweige werden davon erfasst werden. Hohe jährliche Produktivitätsfortschritte bewirken eben tendenziell Stellenabbau, wenn größere Schwankungen durch Konjunkturboom und rezessionsartige Entwicklungen nicht berücksichtigt werden. Dies führt allerdings nicht zu einer De-Industrialisierung in Deutschland. Vielmehr nimmt die Bruttowertschöpfung auch in Zukunft im Verarbeitenden Gewerbe überdurchschnittlich zu. So kommt es durch Rationalisierung zu kräftigen Produktivitätssteigerungen. Darin liegt dann die Ursache dafür, dass es jetzt und auch in Zukunft zu dem Beschäftigungsabbau im Sektor Verarbeitendes Gewerbe in bemerkenswertem Maße kommt (Schnur, Peter, Zika, Gerd, S. 5 f).

Für den jungen Berufseinsteiger, der heute je nach Ausbildungsdauer, fast 40 Jahre Berufstätigkeit noch vor sich hat, ist es schon von großem Vorteil, wenn er über zukünftige wahrscheinliche Beschäftigungsgewinne oder den sicheren Beschäftigungsabbau in den einzelnen Branchen in etwa Bescheid weiß. Ein Arbeitsplatz-Risiko sieht in einem Sektor mit wenig Innovationen, kaum beherrschbarem Preiswettbewerb und bei einem strukturellen Nachfragerückgang anders aus als in einer innovativen Branche, in der Produktneuheiten an der Tagesordnung sind und rege Nachfrage aus dem In- und Ausland gegeben ist. Das Bild kann hier eine Untersuchung noch abrunden, die am Institut der deutschen Wirtschaft in Köln durchgeführt und unter dem Titel Branchenranking, Zukunftsbranchen Deutschlands veröffentlicht wurde (Bericht der IW Consult GmbH Köln, 16.04.2007, www.iwconsult.de/zukunftsbranchen.htm). Insgesamt sind dabei 34 Wirtschaftzweige auf ihre Zukunftsfähigkeit hin untersucht worden. Als Maßstab kamen zunächst makroökonomische Indikatoren in der Vergangenheit (Entwicklung der Beschäftigten und Wertschöpfung) zum Einsatz, sowie Wachstumstreiber, Faktoren, die das Wachstum der Branche erklären (Nachfrage, Investitionen, Produktivitäten, Technologie/Innovationen und Globalisierung als positive Faktoren). Diese quantitative Analyse ergänzte eine qualitative Expertenbefragung und schließlich rundeten das Bild noch Daten aus einer regelmäßigen Befragung von 3 500 Unternehmen durch die IW Köln Consult GmbH ab.

Als Sieger dieses Branchen-Rankings gingen auch hier die unternehmensnahen Dienstleistungen hervor, die in sehr enger Verbindung zur deutschen Industrie stehen. Sie werden als wesentliche

Treiber des Strukturwandels angesehen und gelten als bedeutsame Drehscheibenbranche. Auf den zweiten Platz des Branchen-Rankings kam die Pharmaindustrie. Diese Branche profitiert vor allem vom Megatrend Alterung der Gesellschaft und der steigenden Nachfrage aus dem Zukunftsfeld Gesundheit. Rang drei konnte die Medizin-, Mess-, Steuer- und Regeltechnik/Optik erreichen. Sie zählt zusammen mit der Pharmaindustrie zur Spitzengruppe bei Forschung & Entwicklung- und Humankapitalintensität, besitzt hohe Innovationskraft und erzielt auch eine gute Exportperformance. In der Top 12 - Liste dieser Untersuchung folgen dann absteigend Automobilindustrie, Logistik, Nachrichten, Chemieindustrie, Maschinenbau, Sonstiger Fahrzeugbau, sowie Gesundheits- / Sozialdienste, Finanzdienstleistungen und der Bereich Erziehung / Unterricht (Branchenranking, Zukunftsbranchen Deutschlands, S. 52). Dieser Mix von Industrie- und Dienstleistungsbranchen zeigt, wie stark inzwischen der Dienstleistungssektor in der deutschen Volkswirtschaft vertreten ist und gleichzeitig als zukunftsfähig gilt. Im Industrieland Deutschland sind immerhin sechs von den Top 12-Zukunftsbranchen Dienstleistungsbereiche.

Berufsanfänger sollten aber auch wissen, dass neben den traditionellen Branchen neue und junge Geschäftsfelder immer mehr als zukunftsträchtig und lukrativ wahrgenommen werden. Dazu zählen beispielsweise die Umwelttechnologien, in denen Deutschland zudem eine führende Weltmarktstellung einnimmt. Man spricht hier auch von Cleantech – Technologien. Damit werden Branchen bezeichnet, die direkt oder indirekt zum Umwelt- und Klimaschutz beitragen. Es gehören dazu Unternehmen aus dem Bereich Erneuerbare Energien wie Solar- und Windenergie, Anbieter von Kraftwerkstechnologien, aber auch Betriebe im Bereich Kälte- und Wärmeschutz, Recycling oder Unternehmen, die sich mit der Technik für sauberes Wasser befassen.

Nach einer Studie der Unternehmensberatung Roland Berger wird die Umwelttechnologie in Deutschland bis etwa 2020 so stark anwachsen, dass sie den Fahrzeug- und Maschinenbau als heutige klassische Leitindustrie überholen wird. Die Untersuchung, bei der 1 500 Unternehmen und 250 Forschungseinrichtungen befragt wurden, ist wesentlicher Bestandteil des „Umwelttechnologie – Atlas für Deutschland", herausgegeben vom Bundesumweltministerium. Darin werden die Strukturen einer boomenden Umweltindustrie mit glänzenden Zukunftsaussichten dargestellt. Deutsche Unternehmen sind in allen Segmenten der Umwelttechnologie stark aufgestellt und werden daher in der Zukunft überdurchschnittliche Zuwächse zu verzeichnen haben. Der Atlas definiert die Bereiche Energieerzeugung, Energieeffizienz, Rohstoff- und Materialeffizienz, Kreislaufwirtschaft, nachhaltige Wasserwirtschaft und nachhaltige Mobilität. Die Beschäftigtenzahlen stiegen in den Betrieben seit 2004 zweistellig und das wird auch für die kommenden Jahre so prognostiziert. Das Fazit der Studie ist eindeutig: die Umwelttechnologie wird zu den wichtigsten Sektoren gehören, die in Deutschland neue Arbeitsplätze schaffen (Stratmann, Klaus, Roland-Berger-Studie, Umwelttechnologie steht vor großer Zukunft, www.wiwo.de/technik/umwelttechnologie-steht-vor-großer-zukunft-240808/).

An dieser Stelle mag sich so mancher Berufsanfänger fragen, wo bleibt denn die Zukunftsfähigkeit einer Branche, wenn in einer Krise plötzlich Zwangsurlaub, Kurzarbeit zur Tagesordnung gehören und die Gefahr von Massenentlassungen droht. Zwei bis drei Monate zuvor herrschte noch Vollbeschäftigung, mit Überstunden und Klagen über Fachkräftemangel, so die Überlegungen. In einer solchen Situation befinden sich die deutsche Autoindustrie, der Maschinenbau oder die Logistikbranche zur Jahreswende 2008 / 2009, alles Branchen, die immerhin zu den Zukunftsbranchen Deutschlands gezählt wurden.

Hierzu muss der junge Berufstätige wissen, dass im vierten Quartal 2008 eine globale Kreditkrise, meistens Finanzkrise genannt, eingetreten ist, mit der sich viele Branchen weltweit auseinandersetzen und die Folgen tragen müssen. Letzten Endes liegt eine der Hauptursachen in der ständigen Gier nach immer besseren Renditen in den Geldanlagen. Ausgangspunkt war Jahre zuvor der Amerikanische Markt, als US-Banker neue Finanzinstrumente mit hohen Renditen im Immobiliengeschäft schufen. Gute und schlechte Risiken wurden in neuen Wertpapieren mit schön klingenden Namen verpackt und an Banken und Anleger verkauft. Weltweit ist dann die Nachfrage nach diesen neuen hochverzinslichen Wertpapieren riesig und manche Banken verpacken die erworbenen Papiere zwei- oder dreimal, meistens mit vielen Ausfallrisiken aber hohen nominellen Zinssätzen und veräußern sie weiter. So kommt es, dass sich amerikanische Immobilienschulden über die ganze Welt verteilen. Und kaum noch jemand weiß, was er mit dem erworbenen Wertpapier überhaupt besitzt. Als dann herauskommt, dass viele Schuldner sich total übernommen haben, dass selbst Arbeitslose und Mittellose in den USA Darlehen für einen Hauskauf erhalten haben, wollen die Hausbesitzer ihre Häuser schnell verkaufen. Die Immobilienpreise sinken daraufhin im Eilzugstempo dramatisch. Die Erlöse reichen nicht mehr aus, um die Kredite abzubezahlen. Kreditversicherer sollen einspringen. Und die sind dazu nicht annähernd in der Lage. Die Zinszahlungen für die schönen hochverzinslichen Wertpapiere bleiben aus. Der Markt bricht zusammen und die Banken müssen ihre wertlos gewordenen Papiere abschreiben und produzieren Verluste ohne Ende. Plötzlich ertönt der Ruf nach dem Staat, und das weltweit.

Die Folgen konnten nicht ausbleiben. In einem bisher noch nicht da gewesenen Ausmaß und innerhalb von wenigen Monaten gingen so die deutsche Autoindustrie und die gesamten Autohersteller weltweit von der Vollbeschäftigung in die Krise. In den Jahren

2008 und 2009 wird eine neue Seite in der Wirtschaftsgeschichte aufgeschlagen. Unter den TOP 12 der Zukunftsbranchen wird auch die Logistik (fünfter Rang) von der globalen Finanzkrise betroffen. Wo weniger produziert, exportiert und importiert wird, braucht man auch schnell weniger Transporteinheiten, weniger Containerschiffe. Selbst die Chemieindustrie (Rang sieben) und der Maschinenbau (Rang acht), zwei Vorzeigebranchen der deutschen Industrie werden von dieser internationalen Krise erfasst. Bei den an Platz neun stehenden Finanzdienstleistungen erübrigt sich ein Wort zum Ausmaß der Finanzkrise. Viele Banken sind Auslöser und Opfer der Wirtschaftskrise in einem. Sie können und wollen in einer solchen prekären Situation ihrem angestammten Geschäftsfeld, nämlich der Kreditvergabe an die Wirtschaft, nur sehr restriktiv nachkommen. Plötzlich werden Risiken gescheut, mit denen man vorher lukrative Geschäfte gemacht hat, solange Anleger in ihrer Gier immer wieder neues Geld in das System gepumpt haben. „Fatal ist, dass zum ersten Mal seit Jahrzehnten alle Weltregionen gleichzeitig vom Abschwung erfasst werden. Wenn Deutschland früher in eine Rezession schlitterte, konnte es sich darauf verlassen, dass Großbritannien, die USA oder Asien für Entlastung sorgten. Dieses Muster gilt nicht mehr, in dieser Krise leiden alle gemeinsam und jeder für sich“ (Höges Clemens, Jung Alexander, Kullmann Kerstin, Kurbjuweit Dirk, Nelles Roland, Reiermann Christian, Sauga Michael, Jahr der Bewährung, in: Der Spiegel Nr. 1 vom 29.12. 2008, S.19).

Für den Berufsanfänger ist wichtig zu unterscheiden, welche Branche hat langfristig die Kraft für eine hohe Zukunftsfähigkeit. Dafür stehen bereits bekannte Kriterien wie Innovationen, Nachfragestrukturen oder der erfolgreiche Umgang mit der Globalisierung, Wachstumstreiber eben. Dies ist die langfristige Betrachtung. Dagegen muss die kurzfristige Sicht gestellt werden, wenn es um Wirtschaftskrisen geht, die zudem weltweit sich verbreiten und von keiner noch so innovativen und nachfrageverwöhnten Branche ohne Blessuren verarbeitet werden können. Die Vorzeigebranchen der deutschen Industrie, wie Pharma-, Auto-, Chemieindustrie und der Maschinenbau werden daher mit ihren hoch technisierten Spezialprodukten und gutem Wachstumspotential die Zukunftsfähigkeit behalten -trotz globaler Finanzkrise.

Weniger Optimismus ist allerdings angesagt, wenn es darum geht zu beurteilen, wie der im Arbeitsmarkt bereits eingeleitete Wandel in den kommenden Jahrzehnten weitergehen wird. Hier hat der heutige junge Berufstätige mit großer Wahrscheinlichkeit mit Entwicklungen zu rechnen, die gradlinige Erwerbsbiografien der vergangenen Jahre nicht mehr so ohne Weiteres sicherstellen werden. Das fängt bei vielen Berufsstartern schon damit an, dass der Einstieg nur über ein befristetes Arbeitsverhältnis möglich ist. Und hier kann man in Deutschland in den zehn Jahren von 1996 bis 2006 eine rasante Zunahme verzeichnen. Der Anteil befristeter Arbeitsverhältnisse stieg in diesem Zeitraum von unter vier auf über sechs Prozent der betrieblichen Gesamtbeschäftigung. Das ist eine Zunahme von 65 Prozent und in absoluten Zahlen ausgedrückt bedeutet das: mehr als zwei Millionen Arbeitskräfte sind auf Basis eines befristeten Vertrages tätig. Am meisten fällt dabei auf, dass am Ende dieses zehnjährigen Zeitraums, nämlich im Jahre 2006 43 Prozent der Neueinstellungen zeitlich befristet waren. Im Jahre 2001 betrug dieser Wert erst 32 Prozent. Im öffentlichen Dienst sind sogar zwei Drittel der neuen Arbeitsverträge zeitlich befristet. In den Bereichen Sozialwirtschaft und den gemeinnützigen Betrieben werden heute Befristungen schon als ein Normaleinstellungsverhältnis angesehen. Nur ein Viertel aller befristeten Arbeitsverträge in der öffentlichen Verwaltung werden umgewandelt in ein unbefristetes Vertragsverhältnis und enden mit einer Übernahme. Immerhin werden im produzierenden Gewerbe und in produktionsnahen Dienstleistungen fast zwei Drittel der zeitlich befristeten Beschäftigten in ein dauerhaftes Vertragsverhältnis übernommen (Hohendanner, Christian, Befristet Beschäftigte: Gut positioniert mit Hoffnung auf Anschluss, in IAB-Forum, Nr.1, 2008, S.26 -31). Wer glaubt denn daran, dass sich dieser Trend zum befristeten Arbeitsverhältnis in der Zukunft umdrehen wird? Hier wird der Kündigungsschutz umgangen, vor allem im öffentlichen Dienst, wo faktisch Unkündbarkeit herrscht für alle, die „im System" sind. Bei dem produzierenden Gewerbe und anschließenden Dienstleistungen wird das Instrument der Befristung als verlängerte Probezeit benutzt und je nach Lage auf dem Arbeitsmarkt und der jeweiligen Konjunkturlage immer gezielter eingesetzt. Die gute Verhandlungsposition der Arbeitgeber wird hier auch in Zukunft nicht schwächer werden, wenn zumindest im produzierenden Gewerbe mit dem technischen Fortschritt Produktivitätszuwächse ständig weiter wachsen auf Kosten der Zahl der Mitarbeiter. Der Druck auf Arbeitssuchende wird eher noch zunehmen.

In dieselbe Richtung tendiert das Thema Niedriglohnbeschäftigung. Hier ist wiederum angebracht, zuerst einen Blick in die Vergangenheit zu werfen, um daraus Schlussfolgerungen für die Zukunft abzuleiten. Viele Jahre, bis Mitte der neunziger Jahre, war man in Deutschland stolz auf die ausgeglichene Einkommensstruktur mit einem breiten Mittelstand. Inzwischen schrumpft Deutschlands Mittelschicht dramatisch, wenn die Veränderungen an der Teilhabe eines durchschnittlichen Haushaltsnettoeinkommens als Maßstab zugrunde gelegt werden. Nach den Untersuchungen der Verteilungsforscher Markus Grabka und Joachim Frick vom Deutschen Institut für Wirtschaftsforschung (DIW) sank im Zeitraum von 2000 bis 2006 der Anteil der Schicht der Bezieher mittlerer Einkommen von 62 auf 54 Prozent. Zur Mittelschicht zählen dabei Personen, die zwischen 70 und 150 Prozent des mittleren Haushaltsnettoeinkommens von 16 000 Euro jährlich erreichen. Einkommensstarke Schichten mit mehr als 150 Prozent des mittleren

Einkommens konnten im gleichen Zeitraum ihren Anteil an der Bevölkerung von 18,8 auf 20,5 Prozent erhöhen, während bei der armutsgefährdeten Schicht unter 70 Prozent dieses Durchschnitts eine starke Zunahme an der gesamten Bevölkerung von 18,9 auf 25,4 Prozent zu verzeichnen war (Grabka, Markus, Frick, Joachim, Schrumpfende Mittelschicht – ein Anzeichen einer dauerhaften Polarisierung der verfügbaren Einkommen?, in: Wochenbericht DIW, Nr. 10/2008, 5. März 2008, S. 101-108).

So ist auch nicht verwunderlich, dass sich in den letzten Jahren die Zahl der Niedriglohnbeschäftigten in Deutschland signifikant erhöht hat. Das geht aus Forschungsergebnissen vom Institut Arbeit und Qualifikation (IAQ) hervor. Danach liegt in 2006 unter allen abhängig Beschäftigten, einschließlich sozialversicherungspflichtiger Teilzeitarbeit und Minijobs, der Anteil von Niedriglöhnen bei 22,2 Prozent. Das bedeutet mehr als jeder Fünfte hat eine geringe Entlohnung, die, so die Definition, unterhalb von zwei Dritteln des Durchschnittlohns in Deutschland angesiedelt ist. Das sind fast 6,5 Millionen Niedriglohnbeschäftigte. Dabei schockt vor allem der Anstieg der Niedriglohnquote von 15,0 Prozent in 1995 auf 22,2 Prozent in 2006. Das entspricht einem Anstieg von über 43 Prozent innerhalb von nur elf Jahren. Knapp drei Viertel aller Niedriglohnbeschäftigten hatten dabei in 2006 eine abgeschlossene Berufsausbildung, nämlich 67,5 Prozent und 6,1 Prozent sogar einen akademischen Abschluss (Kalina, Thorsten, Weinkopf, Claudia, Weitere Zunahme der Niedriglohnbeschäftigung: 2006 bereits rund 6,5 Millionen Beschäftigte betroffen, in: IAQ-Report 2008-01, S. 1-11). In verschiedenen Niedriglohnbranchen besteht auch noch die Gefahr, dass die Möglichkeiten der Arbeitgeber niedriger bezahlte Beschäftigte einsetzen zu können eine Auswirkung auf das gesamte Lohngefüge in den Betrieben hat. Bei Tarifverhandlungen oder Neueinstellungen kommen die Lohnstrukturen unter Druck. Im internationalen Vergleich, so die Forscher vom IAQ weiter, nähert sich der Niedriglohnanteil von gut 22 Prozent in Deutschland dem hohen Wert von Großbritannien und ist auch nicht mehr weit von den 25 Prozent in den USA entfernt.

Für die Zukunft ist festzuhalten, dass neben dem Druck durch Produktivitätszuwächse und dem internationalen Lohnwettbewerb auch der Niedriglohnsektor die Vollzeitbeschäftigung negativ beeinflusst und weiterhin beeinträchtigen wird, was die absolute Zahl und vor allem die Höhe der Entlohnung angeht. Zunehmender Fachkräftemangel, geschickte Tarifverhandlungsführer und gute Konjunkturzeiten mit Wachstumsraten von zwei Prozent und mehr beim Bruttosozialprodukt können hier positive Gegenwirkungen erzeugen.

Mit einem weiteren Wandel des Arbeitsmarktes wird der junge Berufstätige heute konfrontiert. Es geht um das Thema Mehrfachbeschäftigung. Der Trend zum Zweitjob hat heute bereits in Deutschland eine Größenordnung erreicht, die schon beträchtlich ins Gewicht fällt. Nach Aussagen des Instituts für Wirtschaftsforschung Halle (IWH) gehen heute von rund 30 Millionen abhängig Beschäftigten ca. eine Million neben ihrem angestammten Beruf einer zusätzlichen Beschäftigung nach. Hinzukommen noch etwa 700 000 Frauen und Männer, die unregelmäßig Nebenjobs ausüben. Die Hauptmotive für eine solche Mehrfachbeschäftigung liegen in den hohen Lebenshaltungskosten und den moderaten Einkommenserhöhungen der vergangenen Jahre. Gleichzeitig wird dabei die Meinung vertreten, dass künftig noch mehr Arbeitnehmer einer zweiten Tätigkeit nachgehen müssen, um ihren Lebensunterhalt zu finanzieren (Veröffentlicht im Tagesspiegel vom 09.04. 2008, Arbeitsmarkt, Der Trend zum Zweitjob, www.tagesspiegel. de/wirtschaft). Allerdings – und das sollte gerade für den jungen Berufstätigen ein wichtiges Signal sein – nimmt die Dringlichkeit einen zweiten Job anzunehmen ab, je höher die Qualifizierung eines Arbeitnehmers ist. Damit wird davon ausgegangen, dass bei höherer Qualifizierung auch das Einkommen dementsprechend höher ist.

Wer als junger Arbeitnehmer bei seinem Berufsstart schon einmal in einer Zeitarbeitsfirma gearbeitet hat, weiß, was es bedeutet, ständig unterschiedliche Arbeitseinsätze zu haben und in der Regel deutlich schlechter entlohnt zu werden als der Kollege im gleichen Team mit der gleichen Arbeit. Die Jobnomaden gehen auf Wanderschaft. Und wie sieht die Zukunft der in Deutschland auch umstrittenen Branche der Zeitarbeit aus? Für die Unternehmen ist Zeitarbeit geradezu ideal, Arbeitsspitzen mit Zeitarbeitern abzudecken und in Krisenzeiten die Mitarbeiter auf Zeit durch Kündigung schnell wieder von der Belegschaft zu streichen. Neu gewonnene Flexibilität und erhebliche Lohnkosteneinsparungen sind ungeheuere Trümpfe. Die Spaltung in Kern- und Randbelegschaft macht dies alles möglich.

Es ist anzunehmen, dass sich die Zeitarbeitsbranche mit den „zwei Seiten der Medaille" auch in den nächsten Jahren weiter entwickeln wird, von gegenwärtig rund 700 000 im Jahre 2008 auf zunächst einmal eine Größenordnung von einer Million Zeitarbeitern. Die Branche versucht ihr Image in der Öffentlichkeit stets zu verbessern durch vielseitige, konkrete Maßnahmen: Abschluss von verbindlichen Tarifverträgen, Einigung mit dem Deutschen Gewerkschaftsbund über Mindestlöhne in dem jeweiligen Tarifverbund, Forcierung von Qualifizierungsprojekten , mit kräftiger Unterstützung der Politik durch Einführung von Kurzarbeitergeld, das unter besonderen Umständen von den Zeitarbeitsunternehmen beantragt werden kann. Die Schwankungen der Beschäftigtenzahlen in der Zeitarbeitsbranche werden künftig sehr groß sein mit der Funktion des Jobschaffers in Aufschwungzeiten und kräftigem Rückgang in Krisenzeiten, so wie in der Finanz- und Wirtschaftskrise 2008/2009, wo die deutschen Autobauer und Autozulieferer Tausende von Leiharbeitern entlassen haben. Der Sockelumfang der Zeitarbeit wird sich allerdings in den nächsten Jahren so in Stufen nach oben bewegen. Die Vorteile für die Unternehmen sind einfach zu verlockend, wenn in der Personalabteilung von größeren Unternehmen neben den eigenen Personalverantwortlichen die Fachleute der Zeitarbeitsfirma direkt angesiedelt sind, die im Bedarfsfall Personal kurzfristig anheuern und auch wieder entlassen können. Diese Fälle werden in Zukunft weiter zunehmen.

So ist es durchaus wahrscheinlich, dass in Zeiten von Rezession und Krise weiterhin die Zeitarbeit als „moderne Sklaverei" bezeichnet, in Boomzeiten aber von einer Branche als „Jobmotor" gesprochen wird. Zu denken gibt allerdings, dass in 2008 etwa 40 Prozent aller offenen Stellen bei der Arbeitsagentur auf Angebote von Zeitarbeitsfirmen entfallen (Bovensiepen, Nina, Tietz, Janko, Arbeitsmarkt „Moderne Sklaverei", in: Der Spiegel Nr. 49 vom 01.12. 2008, S. 94 f). Das ist schon ein hoher Prozentsatz und es kommen wieder die Gedanken auf, dass die Unternehmen die Stammbelegschaft mit unbefristeten Verträgen und den sozialen und teuren Errungenschaften so gut wie nicht verändern wollen und mit dem Instrument Leiharbeit den deutschen Kündigungsschutz zu umgehen versuchen. Dadurch bleibt die gewünschte Flexibilität der Unternehmen stets auf hohem Niveau.

Eine weitere kräftige Säule des Strukturwandels im Arbeitsmarkt der Zukunft wird der demografische Wandel sein. Es wird darin geforscht und auch angemahnt. Viele Unternehmen verdrängen die aufkommenden Risiken heute jedoch. Dabei wurde auf knallharte Daten schon lange hingewiesen. Die Generation der heute 15 – 25-Jährigen wird in den nächsten 20 Jahren gegenüber heute um 2 Millionen schrumpfen und die Generation der heutigen Leistungsträger in den Betrieben, nämlich die 35- bis 45-Jährigen, wird in den kommenden 10 Jahren um 2,5 Millionen zurückgehen. Diese Reduzierung entspricht bei dieser Altersgruppe immerhin einem Sechstel der heutigen Größenordnung. Daraus ergeben sich in den kommenden Jahren Probleme für die Unternehmen. Die Mengenprobleme werden dabei zu Strukturproblemen, wenn es um den Einbau von qualifizierten jungen Mitarbeitern in die Belegschaften geht (Zimmermann, Klaus F., Demografischer Wandel: Große Herausforderungen für die Unternehmen, in: RKW-Magazin Nr. 4, November 2006, S. 12).

Für die heute jungen Berufsanfänger lassen sich daraus längerfristig auch Perspektiven ableiten, die das spätere Berufsleben zumindest in einem etwas anderen Licht erscheinen lassen als das heute noch weitgehend der Fall ist. Die Unternehmen werden ihr Verhältnis zu älteren Arbeitnehmern überdenken müssen und für Frauen generell werden sich die Beschäftigungsmöglichkeiten in Zukunft verändern, sprich verbessern. Der durch den demografischen Wandel bedingte Rückgang der Erwerbstätigen wird spätestens in ca. 15 Jahren seine Wirkung zeigen, so sagen die Fachleute voraus. Danach werden sowohl Frauen als auch Männer deutlich länger als bisher im Erwerbsleben verbleiben. Bis 2025 wird die Erwerbsquote der 55- bis 64 – Jährigen bei den Frauen von 41,6 Prozent im Jahre 2005 auf 69,4 Prozent in 2025 ansteigen und bei den Männern in derselben Altersgruppe und im gleichen Zeitraum von 60,6 auf 81,9 Prozent. Damit steht fest, dass die Erwerbsbeteiligung bei den Frauen noch eine stärkere Dynamik in der Zukunft zu verzeichnen hat, vor allem wegen der zunehmenden Erwerbstätigkeit von Müttern. Zum zweiten wird bei den Frauen insgesamt die Erwerbsquote spürbar ansteigen. Für alle berufstätigen Frauen von 15 bis 65 Jahren werden Erwerbsquotenanstiege von 68 Prozent im Jahr 2005 auf fast 78 Prozent vorausgesagt und sogar über 80 Prozent in 2030. Die Vergleichswerte für Männer von 15 bis 65 Jahren bewegen sich in den kommenden 15 Jahren von knapp 81

Prozent in 2005 auf 87 Prozent in 2025 und rund 88 Prozent in 2030. So nähert sich in Zukunft die Erwerbsbeteiligung der Frauen immer mehr dem Niveau der Männer an (Schulz, Erika, Betriebe sind auf alternde Belegschaften kaum eingestellt, S. 599).

Der heutige Berufsstarter wird darauf hoffen können, dass er nicht schon in einem Alter von knapp über 40 Jahren in den Betrieben zu jener Belegschaft gehört, die zu alt ist für eine Einstellung oder eine Weiterqualifizierung. Die heute noch verbreitete Haltung vieler Manager, in meinem Betrieb ist keiner über 50 Jahre, wir sind jung und dynamisch und besonders produktiv, wird in den kommenden 15 bis 20 Jahren in sich zusammenfallen. Der junge, stets „flexible" Nachwuchs wird ganz einfach ausbleiben. Der Gesetzgeber hat im Hinblick auf die zukünftige Alterspyramide der erwerbstätigen Bevölkerung heute schon gehandelt. Die schrittweise Erhöhung des Renteneintrittsalters auf 67 Jahre ab 2030, das Auslaufen des jetzigen Altersteilzeitgesetzes und eine restriktivere Handhabung bei der Gewährung von Erwerbsminderungsrenten sprechen eine deutliche Sprache.

Für die Berufsanfängerinnen arbeitet auf dem Arbeitsmarkt auch die Zeit. Die Rolle der Frauen auf dem Arbeitsmarkt wird sich in den kommenden 10 bis 15 Jahren verändern. Wegen des demografischen Wandels werden die Betriebe gezwungen sein, das Arbeitskräftepotential von Frauen besser zu nutzen als das heute noch der Fall ist. Durch den von der Politik bereits eingeleiteten Wandel, mehr Kinderbetreuungsplätze zur Verfügung zu stellen und den Ausbau von Ganztagsschulen werden auch die Rahmenbedingungen für die Frauen verbessert, am Berufsleben verstärkt teilzunehmen. Auch haben manche Unternehmen erkannt, dass sich der Betrieb einer Kindertagesstätte rechnet, wenn es darum geht, hoch qualifizierte Frauen als Mitarbeiterinnen zu gewinnen oder auf eine längere Zeit an sich zu binden. Bei Schulabschlüssen oder

Studien machen die jungen Frauen heute schon Furore, arbeiten gezielter, schneller und erzielen sehr häufig bessere Ergebnisse als die jungen Männer. Wenn Berufsanfängerinnen heute noch deutlich den Karrierechancen der männlichen Konkurrenten hinterherlaufen müssen, nimmt in der globalisierten Welt der Druck auf die Unternehmen zu, das weibliche Potential besser auszunutzen. Intelligente und gut ausgebildete Frauen werden auch immer weniger Berufe ergreifen, die von Frauen dominiert und meistens schlecht bezahlt sind. Der Anteil der berufstätigen Frauen in den bisherigen Männerdomänen wie Naturwissenschaften und Ingenieurberufen wird ansteigen, ja ansteigen müssen. Der heute schon in diesen Disziplinen vorhandene Fachkräftemangel führt in Zukunft zum Umdenken auf allen Ebenen. Und – was dabei noch als erfreulich zu werten ist – die Vollzeitbeschäftigung von Frauen sollte dabei deutlich zunehmen (vgl. König, Marion, Frauen und Männer auf dem Arbeitsmarkt: Wer macht das Rennen? in: IAB-Forum, Nr. 2/2008, S. 22-27).

Selbst die in Deutschland seit vielen Jahren verankerte Lohnungleichheit zwischen Frauen und Männern wird auf die Dauer so nicht mehr bestehen bleiben. Nach einer Studie, die das Institut für Arbeitsmarkt- und Berufsforschung (IAB) gemeinsam mit der Universität Konstanz für das Jahr 2006 bei Vollzeitbeschäftigten in Westdeutschland durchgeführt hat, sind die Lohnunterschiede zwischen Männern und Frauen in Deutschland unter allen Ländern der Europäischen Union am stärksten verfestigt. Danach verdienen Frauen insgesamt 24 Prozent weniger, im gleichen Beruf 21 Prozent und bei Gleichheit von Beruf, Ausbildung, Alter und Betrieb liegen Frauen immer noch 12 Prozent unter dem Lohnniveau der Männer. Wenn man sich auf den festgestellten Lohnunterschied von 12 Prozent bei gleichen Bedingungen zwischen Männern und Frauen konzentriert, dann fallen dabei vor allem drei Faktoren ins Gewicht: Männer machen mehr Überstunden als Frauen, Männer erhalten die besseren Jobs, werden eher Gruppen- oder Teamleiter; Frauen haben wegen der Kindererziehung die längeren Erwerbsunterbrechungen; das bewirkt, dass sie hinterher in der Regel nur noch schlechter bezahlte Positionen oder Teilzeitjobs bekommen. Und dies alles liegt heute noch in den gesellschaftlichen Strukturen begründet, wonach sich Frauen erst einmal um die Familie kümmern sollten und im Beruf nur als Hinzuverdiener angesehen werden (Presseinformation des IAB vom 19.03. 2009, Lohnungleichheit zwischen Frauen und Männern in Deutschland seit 15 Jahren kaum geringer geworden, www.iab.de am 19.03. 2009). Die Zukunft im Arbeitsmarkt– so lässt sich salopp formulieren – wird in den kommenden Jahren deutlich weiblicher. Die Berufsanfängerinnen werden vom demografischen Wandel profitieren.

Manche Säulen des Strukturwandels für den künftigen Arbeitsmarkt– so kann hier kurz bilanziert werden - sind schon fest verankert im Boden, wie die Konkurrenz der BRIC-Staaten und anderer Aufsteigerstaaten, die Rolle der unternehmensbezogenen Dienstleistungen oder die Bedeutung von innovativen Industrie- und Umweltbranchen. Andere Entwicklungen sind in vollem Gange: die Ausweitung der befristeten Arbeitsverhältnisse, der Zeitarbeit, der Niedriglohn- und Mehrfachbeschäftigung. Ein dritter Bereich hat vorerst nur schmale Pfosten in den Untergrund geschlagen, wird jedoch in spätestens 10 Jahren voll zur Auswirkung kommen, nämlich die neue Stellung der älteren Arbeitnehmer, die Verbreitung der Berufstätigkeit bei Frauen und die neue Position der jungen Arbeitnehmer. Es gibt demnach im Arbeitsmarkt der Zukunft, unverrückbare, starre und für den jungen Arbeitnehmer nachteilige Hindernisse auf dem Weg durch das Berufsleben und andere, die ihre Schärfe und Nachteile allmählich verlieren.

Das Arbeitsplatz – Risiko im Zwiespalt harter Fakten und neuem Aufbruch

Ein Berufsanfänger wird an seinem Arbeitsplatz zunächst einmal mit vielen spezifischen Problemen der eigenen Firma konfrontiert, aber auch mit volkswirtschaftlichen Gesamtzusammenhängen wie Wachstum, Globalisierung, die Rolle von Aufsteigerstaaten und die Auswirkungen auf die westlichen Industrieländer. Auf alle diese Themen, die den Arbeitsplatz des Berufsstarters stark beeinflussen können, ist der junge Mitarbeiter in seiner Ausbildung nicht vorbereitet worden. Hier stand zur Diskussion, etwas Licht in diese wirtschaftlichen Gesamtzusammenhänge zu bringen.

In Zeiten des Aufschwungs spricht jeder von Wachstum, bei Stagnation ist von Nullwachstum die Rede und bei Rezession oder Krise treten Begriffe wie Schrumpfung der Wirtschaft, Rückgang der Wirtschaftsleistung, des Bruttosozialprodukts in den Vordergrund. Inzwischen weiß der Berufsanfänger, dass es hier Zusammenhänge zwischen dem Ausmaß der Veränderung der gesamtwirtschaftlichen Leistung und der Zahl der Arbeitsplätze, der Beschäftigung generell gibt. Und an dieser Stelle kommt bei vielen jungen Menschen die Frage auf, muss denn die Wirtschaft ständig wachsen? Was soll passieren, wenn die Wirtschaft in einem Jahr um drei Prozent schrumpft, wenn sie in den beiden Jahren zuvor jeweils - angenommen – um 1,5 Prozent gewachsen ist? Dann wäre doch immer noch das Niveau von vor zwei Jahren erreicht und dabei ging es doch der Mehrheit der Beschäftigten gar nicht so schlecht. So denken viele, so weit verbreitet ist dieser Gedanke auch gerade bei jungen Menschen, die ihre berufliche Laufbahn beginnen. Die Wirklichkeit sieht leider anders aus.

Es wurde festgestellt, dass bei einem Wachstum von 1,5 bis 2 Prozent jährlich neue Arbeitsplätze überhaupt erst entstehen. Es handelt sich dabei um die so genannte Beschäftigungsschwelle, die angibt, wie stark eine Volkswirtschaft wachsen muss, damit der Beschäftigungseffekt eintritt. Warum, so lässt sich fragen, ist das so? Der Schlüssel für eine Antwort liegt in dem ständigen Produktivitätswachstum. Dieser bewirkt, dass die Unternehmen, egal ob in der Industrie oder im Dienstleistungsbereich, ihre Umsätze mit immer weniger Menschen erzielen können. Schuld an dieser Entwicklung ist der harte globale Wettbewerbsdruck auf den Märkten. Sofern nicht in neue Produktions- oder Organisationsmethoden investiert wird, können keine Umsatzsteigerungen erzielt werden. Eine Folge davon wäre auf längere Sicht gesehen ein Ausscheiden aus dem Markt. Nur wenn die Umsätze der Unternehmen gesteigert werden oder andere Unternehmen mit neuen Leistungsangeboten auf den Markt kommen, entsteht Wachstum und damit Arbeit für die gesamte Stammbelegschaft, bisher Arbeitslose und Berufsstarter. Wachstum einer Volkswirtschaft ist und bleibt somit der Maßstab für das Einstellungsklima in den Betrieben.

Wachstum heißt somit Antriebskraft für bessere Rahmenbedingungen in einer Volkswirtschaft, Motor für Fortschritt und Weiterentwicklung. Ohne Wachstum sind in den westlichen Industrieländern auf Dauer keine Investitionen in neue Technologien möglich, in die Erneuerung der Infrastrukturen, in den immer wichtiger werdenden Klimaschutz und die Einsparung von Energien. Bei den Schwellenländern Asiens, Lateinamerikas und Afrikas hilft Wachstum die Grundbedürfnisse der Menschen zu befriedigen, genügend zu Essen zu haben und vor allem sauberes Trinkwasser und Bildungssysteme überhaupt erst einzurichten. Die Millionen von Wanderarbeitern in China und meist gut ausgebildeten Hochschulabgängern in Indien sind ein gutes Beispiel dafür, dass Menschen erst in den Arbeitsmarkt eintreten können, wenn die Wirtschaft floriert, wächst und neue Umsätze und Leistungen erzeugt werden. Ansonsten führt geringes Wachstum oder Schrumpfung der Wirtschaft längerfristig gesehen in den Industrieländern zu veralteten Kapazitäten der Betriebe, zu kaum Forschung und Entwicklung und immer mehr Arbeitslosigkeit. In den Schwellenländern kommt es dort zu Verarmung, Hunger, schlechter medizinischer Versorgung, wo schon Verbesserung in Sicht war. Der große Rest bleibt in dem ärmlichen Zustand zurück, den die Menschen nicht anders kennen. Ein Entrinnen ist ohne eine florierende und wachsende Wirtschaft nicht möglich. Das ist ein Faktum ohne wenn und aber.

Fest muss der junge Berufstätige auch damit rechnen, dass die Vernetzung der Volkswirtschaften weltweit, nämlich der internationale Handel, der Austausch von Wissen, Export und Import, hohe Kompetenz und Wettbewerbsfähigkeit der Unternehmen, kurz die Globalisierung keine dauerhafte Garantie für Wohlstandsgewinne hervorbringen können. Wenn Millionen von Wanderarbeitern in China keine Jobs mehr bekommen und das renommierte Autounternehmen Daimler in Deutschland wegen gravierender Absatzrückgänge Kurzarbeit anordnen muss, was hat das miteinander zu tun? Eine ganze Menge. Dann deutet viel darauf hin, dass eine globale Wirtschaftskrise sich anbahnt oder schon in vollem Gange ist. Bisher war es seit Jahrzehnten so, das das Exportland Deutschland Absatzkrisen in einigen Regionen der Welt mit zusätzlichen Geschäften in Boomländern ausgleichen konnte. Gerade bei den hochwertigen Autos, den Spezialangeboten der Chemie oder den hochgerüsteten Produkten des deutschen Maschinenbaus war das lange Zeit der Fall. Eine gute Weltkonjunktur insgesamt gesehen mit zunehmendem Welthandel brachte den exportorientierten Industrieländern und dabei gerade Deutschland Wachstum und in den Schwellenländern Wohlstandsgewinne. Eine globale Wirtschaftskrise, so wie sie sich im letzten Quartal 2008 ankündigte und in 2009 voll zum Tragen kam, kann den Berufsstart eines jungen Arbeitnehmers knallhart zum Stillstand bringen, mit Kurzarbeit,

Einkommenseinbußen oder im schlimmsten Fall mit Jobverlust. Andererseits ist hervorzuheben, dass globale Wirtschaftskrisen auch künftig nicht zur Tagesordnung gehören werden, vor allem auch deswegen, weil diese bisher kaum da gewesene weltweite Rezession ausgelöst wurde durch eine Krise im Finanzsystem. Und wenn kein Vertrauen bei den Banken untereinander mehr vorhanden ist, werden auch weniger Kredite vergeben. Jeder, der die Grundzüge der Marktwirtschaft versteht, weiß, dass Innovationen, effektive Dienstleistungen zuerst einmal finanziert werden müssen bevor Erträge und damit Einkommen erwirtschaftet werden können. Die generell durch die Globalisierung bedingte harte Wettbewerbssituation auf den Produkt- und Arbeitsmärkten bleibt aber ein Datum.

Zur Gewissheit ist auch geworden, dass der Einstieg und das erste Fortkommen in der Arbeitswelt für junge Menschen immer schwerer werden. Bereits seit Anfang der 80er Jahre dauert es immer länger, bis junge Menschen nach Lehre oder Studium einen ersten Arbeitsvertrag bekommen, zumal ein festes Arbeitsverhältnis. Es wurde dargestellt wie die Formen der Flexibilität, alles zugunsten der Arbeitgeber, sehr vielfältig geworden sind: Praktikas, Zeitverträge, Minijobs, Teilzeitarbeit, Kurzarbeit, Lohnverzichte. Und das alles, obwohl die nachwachsende Generation eine deutlich bessere Qualifikation im Vergleich zur Generation ihrer Eltern aufzuweisen hat. Die jungen Menschen haben mehr Fremdsprachenkenntnisse, waren während ihrer Ausbildung oft im Ausland, konnten nicht nur die Sprachkenntnisse verfeinern, sondern auch die Strukturen von Unternehmen außerhalb von Deutschland kennenlernen, besitzen meistens Zusatzausbildungen. Und jetzt in der allgemeinen Wirtschaftskrise zeigt sich das kurzfristige Denken vieler Arbeitgeber mehr als deutlich. Auszubildende mit guten Leistungen und hoher Motivation werden nach ihrem Abschluss von vielen Unternehmen nicht in ein Arbeitsverhältnis übernommen. Zeitverträge werden grundsätzlich nicht verlängert. Verständlich ist, dass ein Unternehmen in fünf oder zehn Jahren bei dem globalen Wettbewerb nicht mehr so aussehen kann wie heute und deshalb feste Arbeitsverhältnisse für ein halbes Berufsleben in derselben Firma ein Auslaufmodell sind. Aber muss denn alles zu Lasten von den Arbeitnehmern, zumal den Berufsstartern, geregelt werden? Der Aufschrei vom Facharbeitermangel, dem Mangel an gut ausgebildetem Nachwuchs ist kaum verhallt, er klingt noch in den Ohren. Wenige Monate danach gibt es wieder nur das Denken in Monats- und Quartalsergebnissen. Verbände und Wirtschaftsinstitute überschlagen sich mit Negativprognosen, verkünden geradezu den halben Weltuntergang. Nach der Rezession, beim nächsten Aufschwung wird wieder der Fachkräftemangel gepredigt, gute, junge Leute werden mit großem Aufwand wieder in den Kreis der Mitarbeiter geholt, selbstverständlich wieder mit den Versuchen, zunächst prekäre Arbeitsverhältnisse anzubieten. Und wer soll dann in 10 Jahren die Innovationen auf den Markt bringen, die anspruchsvollen Dienstleistungen anbieten? Von den demografischen Veränderungen soll hier noch nicht einmal die Rede sein. Vielleicht hat eine Krise auch einmal einen gewissen Reinigungseffekt in der Denkhaltung der Unternehmer. Man sollte die Hoffnung nicht aufgeben, als junger Mensch sowieso nicht.

Arbeitsplatz-Risiken lassen sich nicht vermeiden, verringern schon. Das fängt damit an, dass der Berufsanfänger sich immer wieder mit seiner ganz persönlichen Arbeitsplatzanalyse befasst. Wie hoch ist für die eigene Tätigkeit, die momentan eingenommene Position das Arbeitsplatz-Risiko? Mehr Wissen über das Marktumfeld der Firma, die Rahmendaten hinsichtlich Marktposition, Investitionspläne, Absatzmärkte, Konkurrenzsituationen und die Strukturdaten über Management, Eigentumsverhältnisse, Restrukturierungsziele, Verkaufs- oder Fusionspläne geben hier Anhaltspunkte. Das Thema „Sensibilisierung Sicherheit Arbeitsplatz“ sollte im Gedankengut eines Berufsstarters eine hohe Priorität haben. Damit ist es letzten Endes zwar nicht möglich, einen eventuell sich anbahnenden Arbeitsplatzverlust zu vermeiden, aber jeder, der sich regelmäßig damit befasst, ist besser auf den Ernstfall vorbereitet. Bereits durchdachte Alternativen, ob bleiben und kämpfen oder die Suche nach neuen potentiellen Arbeitgebern, anderen Branchen, nach verwandten Positionen oder zusätzlichen Qualifikationsanforderungen, lassen sich konsequenter, schneller und mit weniger behafteten Fehlern in die Tat umsetzen. Mehr Wissen bedeutet hier ganz einfach auch mehr Chancen.

Neue Hoffnung, neue Zukunft hat auch etwas damit zu tun, sich eine Einstellung zu erarbeiten, die da lautet: mit Niederlagen umgehen und daraus lernen. Gerade auch im Beruf und zudem am Beginn des Berufslebens sind Erfolge und Misserfolge oft dicht beieinander. Frust kann entstehen, wenn andere im Team mehr Aufmerksamkeit auf sich ziehen, ihre Argumente besser aufgenommen werden, eine Beförderung ausbleibt oder vom Vorgesetzten stets Kritik und kaum Lob kommen. Solche Misserfolge sind für jeden Menschen im Beruf negativ, aber im Besonderen für einen Berufsstarter. Wenn noch die Einstellung vorherrscht, dass stets andere für ein Scheitern, für Fehler verantwortlich gemacht werden, dann kann das geradezu in eine berufliche Sackgasse führen. Dabei wäre ein offener Umgang mit Fehlern und Misserfolgen von großem Vorteil. Wer keine Fehler macht, der kann auch nicht daraus lernen. Mit einer solchen positiven Grundeinstellung wird der Druck kleiner und führt dazu, weitere und vor allem die gleichen Fehler künftig zu vermeiden. Entscheidend ist der Umgang mit Fehlern, wie der Einzelne Misserfolge erlebt und verarbeitet. Generell gibt es hier zwei Typen, nämlich den grundsätzlich Erfolgsorientierten und den Fehlervermeider. Dabei freut sich der erfolgsorientierte Typ über positive Erlebnisse, nimmt auch Rückschläge in Kauf. Der Fehlervermeider ist nur dann froh, wenn er keine Fehler macht. Grundsätzlich sind Erfolgsorientierte gegenüber den Fehlervermeidern nicht von vorneherein die besseren Karrieretypen. Aber wenn Niederlagen eher weggesteckt werden und mit Misserfolgen positiver umgegangen wird, dann sind Hürden im Berufsleben eher zu überwinden, können mehr positive Erfahrungen gemacht werden und ist Bereitschaft zur Übernahme von Verantwortung besser ausgebildet. Auf die Einstellung, wie der Berufsstarter mit Fehlern umgeht, kommt es demnach entscheidend an.

Mitten in der schwersten Wirtschafts- und Finanzkrise, die Deutschland und die globale Welt vor allem im Jahr 2009 durchmacht, reift vielleicht auch eine etwas aufgehellte Zukunft heran. Das hat etwas zu tun mit dem Veränderungswillen der politisch Mächtigen dieser Welt, zumindest mit dem Vorhaben, es muss in der Finanzwelt, in der Finanzmarktarchitektur weltweit mehr Kontrolle herrschen, damit die Finanzinstitute mit ihren kaum mehr durchschaubaren Angeboten nicht noch einmal ein solches Desaster anrichten. Dazu wurden Anfang April 2009 auf dem Londoner G-20-Gipfel in der Tat konkrete Beschlüsse zur Reform des globalen Finanzsystems gefasst. Die wichtigsten Industrie- und Schwellenländer, von denen auch die größten und bedeutendsten wie China, Indien und Brasilien vertreten waren, sind offenbar gewillt, Lehren aus der globalen Krise zu ziehen. So ist beispielsweise in der Abschlusserklärung des G–20- Gipfels zu lesen, dass alle Akteure, Instrumente und Märkte im Finanzwesen künftig reguliert werden sollen. Dies bezieht sich vor allem auf große Hedgefonds und Ratingagenturen.

Bekanntlich verwenden Hedge Fonds neben den traditionellen Finanzinstrumenten wie Anleihen, Rohstoffen, Devisen auch Wetten auf steigende und fallende Kurse und verschulden sich dabei über die Maßen. Mit Kurswetten an den Börsen können Hedge Fonds im Falle des Gelingens zwar riesige Gewinne erzielen, vervielfältigen damit aber auch ihre Risiken. Es gibt keine Verschuldungsgrenzen für diese Fonds und auch keine Eigenkapitalvorschriften. Mit Beteiligungsquoten von 5 bis 10 Prozent an Unternehmen versuchen sie zudem die restlichen Eigentümer für neue, oft riskantere Geschäftsmodelle zu gewinnen und bewirken meistens Restrukturierungen mit großem Personalabbau. Nach den G-20-Beschlüssen sollen Hedge Fonds künftig bei den Aufsichtsbehörden registriert werden. Ratingagenturen prüfen die Kreditwürdigkeit von Staaten und Unternehmen, vergeben Noten für Investmentfonds und komplexe Finanzprodukte und haben so einen großen Einfluss auf das Marktgeschehen. Vor allem bei der Bewertung von Finanzprodukten haben die Ratingagenturen nach Meinung von Profianlegern und den verantwortlichen Politikern versagt. Als erste Zweifel an bestimmten Finanzangeboten auftauchten, wurde in US-Ramschhypotheken immer noch fleißig investiert. Die Ratings der Agenturen waren immer noch als gut eingestuft worden. So ist es nicht verwunderlich, dass nach dem Willen der G-20-Staaten gerade auch bei den Ratingagenturen strengere Regulierungen eingeführt werden sollen. Die EU hat inzwischen als erste Region weltweit die Ratingagenturen unter staatliche Aufsicht gestellt. Außerdem sollen Ratingagenturen nicht länger Finanzinstitutionen beraten und gleichzeitig deren Produkte bewerten dürfen.

Für den jungen Berufsanfänger, der um sein erstes unbefristetes Arbeitsverhältnis ringt, mag es ein schwacher Trost sein, dass im Zuge der internationalen Finanz- und Wirtschaftskrise auch über die Vergütungssysteme der Manager nachgedacht wird. Aber immerhin ist hier zumindest ein kleiner Anfang für eine Umkehr im Denkansatz zu sehen, wenn künftig bei Verlusten in den jeweiligen Unternehmen keine Boni mehr für Manager gezahlt werden sollen. Im G-20-Beschluss ist zunächst etwas vorsichtig die Rede davon, dass exzessive Bonuszahlungen und Managergehälter auf „harten, neuen Prinzipien“ fußen sollen. Konkreter sind bereits die Vorstellungen der EU mit einer Obergrenze bei Abfindungen für ausscheidende Manager, ein vernünftiges Verhältnis zwischen Festgehalt und Erfolgszulagen und langfristigeren Kriterien bei der Bemessung der Leistung. Dabei wird es sich allerdings nur um Empfehlungen handeln ohne Bindungskraft, die jedoch auf Dauer gesehen ihre Wirkung zeigen werden. In Deutschland hat sich die Bundesregierung bereits auf Regeln für Managergehälter geeinigt. Demnach soll eine angemessene Vergütung aus den langfristigen Zielen abgeleitet werden, die allerdings auch bei wirtschaftlichen Schwierigkeiten gekürzt werden kann. Anreizsysteme sind am langfristigen Erfolg eines Unternehmens auszurichten. Dadurch sollen Bonuszahlungen eingedämmt werden. Aktienoptionen für Vorstände können erst nach vier Jahren statt wie bisher nach zwei Jahren eingelöst werden. Für zu hohe Vergütungen haftet künftig der Aufsichtsrat. Schließlich sollen Vorstandsmitglieder bald nicht mehr alle Schäden, die durch Missmanagement hervorgerufen werden, auf Versicherungen allein abgewälzt werden können. Vielmehr muss der jeweilige Manager dafür maximal mit dem Anderthalbfachen seines Jahresgehalts selber einstehen. Wer – so darf hier festgestellt werden – hätte sich das vor dem Eintritt der internationalen Finanz- und Wirtschaftskrise vorstellen können?

Wer allerdings jetzt davon ausgeht, dass die Zeiten des „Superkapitalismus“ für immer und ewig vorbei sind, dem kann man mit Sicherheit nicht zustimmen. Im Superkapitalismus haben Unternehmer und Anleger immer mehr Macht, Arbeitnehmer hingegen immer weniger. Wenn sich das Gewicht der Arbeitnehmer mit den Lehren aus der großen Finanz- und Wirtschaftskrise ein Stück zugunsten der arbeitenden Bevölkerung verschiebt, wäre schon viel gewonnen. Und das würde bedeuten, dass Beschäftigte nicht mehr nur als Kostenfaktor angesehen werden, sondern mehr als Partner gelten, die bei der Gestaltung von neuen und wettbewerbsfähigen Leistungen im internationalen Wettbewerb der Unternehmen unabdingbar sind. Arbeitsplatz-Risiken würden bleiben, aber Entlassungen wären dann nicht mehr die einzige Lösungsmöglichkeit bei wirtschaftlichen Schwierigkeiten, vor allem wenn etwas längerfristiger und kreativer in den Managementetagen gedacht wird. Der Begriff „soziale Marktwirtschaft", dem sich die meisten Politiker in Deutschland heute noch verpflichtet fühlen, würde vom schönen Aushängeschild wegkommen und mit neuem Inhalt wieder ein Stück menschlicheres Antlitz bekommen, ganz im Sinne des Erfinders Ludwig Ehrhard.

Im Ausblick soll der Sinn eines Berufsanfängers noch dahingehend geschärft werden, dass Wachstum alleine noch keine Arbeitsplätze schafft, die längerfristig Bestand haben. Es kommt auf die Art des Wachstums in den einzelnen Branchen und Sparten in der Wirtschaft an und vor allem auf das Wachstumspotential in der Zukunft. Und hier lehren Vergangenheit und Gegenwart, dass immer dann zusätzliche und recht sichere Arbeitsplätze entstehen, wenn technologische Quantensprünge und damit einhergehende Organisations- und Logistikmodelle bevorstehen und zum Durchbruch kommen. Dies ist in der heutigen sich ständig verändernden Arbeitswelt auch ein hoffnungsvoller Ansatz, den der Berufsanfänger zumindest im Auge behalten sollte. Zwar kann nicht jeder junge Arbeitnehmer in einem Sektor arbeiten, in dem Technik und Dienstleistungen mehr oder weniger neu erfunden werden, aber über Zulieferer und Dienstleister für innovative neue Angebote reicht die Arbeitsplatz schaffende Wirkung meistens weit in die Wirtschaftsstrukturen und verwandte Zweige hinein. Man spricht hier von dem so genannten Multiplikator - Effekt, den Branchen mit einem hohen Innovationsgrad für die Entstehung von Arbeitsplätzen haben.

Ein besonders herausragendes Beispiel dafür, wie durch die Einführung eines innovativen und kostensparenden Systems eine ganze Branche einen geradezu märchenhaften Aufschwung erreichen kann, findet sich im Bereich der Logistik. Als der amerikanische Spediteur Malcom McLean im Jahre 1956 sich daranmachte, die Umladevorgänge in den Häfen zu reduzieren und in einer letzten Stufe neuartige Behälter für eine einmalige Entleerung ohne zusätzlichen Umschlag während des Transports einsetzte, war die Urgeneration des heutigen Containers geboren. Der Umschlag der „amerikanischen Kisten", wie Container damals bei ihrem Aufkommen verächtlich manchmal bezeichnet wurden, begann in Deutschland am 6. Mai 1966 mit der Abfertigung des Schiffes „Fairland" im Bremer Überseehafen. Ein überwältigender Siegeszug nahm seinen Lauf. Heute steht die modernste Umschlagstechnologie für Container in allen bedeutenden Häfen der Welt zur Verfügung. Container haben Schiffe und Häfen, sowie den Weitertransport an Land erheblich verändert und der Logistikbranche einen weltweiten Aufschwung beschert mit einem Beschäftigungszuwachs und einem breiten Spektrum von zukunftsträchtigen Berufen. Neben Kraftfahrern, Speditionskaufleuten, Disponenten, Fachkräften für Lagerwirtschaft und Diplomlogistikern sind mit dem boomenden globalen Warenverkehr über die Hafenanlagen dieser Welt viele weitere Berufe gefragt: Außenhandelskaufleute, Seegüterkontrolleure oder Befrachtungsmakler und spezialisierte IT – Fachleute. Eine leistungsfähige Informations- und Kommunikationstechnik wird nämlich heute in dem schnellen Logistik – Geschäft zum wichtigen Wettbewerbsvorteil. Längst hat die digitale Revolution auch die Logistik-Branche erfasst. Digitale Datenverbindungen übernehmen einen Großteil der Kommunikation zwischen Kunden, Auftraggebern, Herstellern und Logistikern. Mit speziellen Identifikationssystemen erfolgt die Kennung der Transportgüter, per Funk an die Computer aller Logistikverantwortlichen übertragen, sind in Sekundenschnelle unzählige Informationen möglich: nämlich, wo befindet sich die Ladung, wie viel Lagerbestände gibt es, wann trifft die Ladung am Zielhafen ein. Nur so ist es heute möglich, schnell und kostengünstig die globalen Warenströme über große Entfernungen von Asien nach Europa zu bewältigen. Überspitzt ausgedrückt ließe sich sagen, eine Grundvoraussetzung dafür war die Erfindung der Containersysteme in den sechziger Jahren.

Momentan vollzieht sich ein technologischer Quantensprung in bisher nicht für möglich gehaltenen Lebens- und Anwendungsbereichen, noch weitgehend unbemerkt vom Normalbürger und sicherlich auch von den Berufsanfängern. Es geht um die Nanotechnologie. Das Wort „Nanos“ stammt aus dem Griechischen und bedeutet Zwerg. Die Nanoteilchen sind so winzig, dass ein Nanometer dem milliardsten Teil eines Meters entspricht. Das Entscheidende dabei ist, dass diese Nanoteilchen bei dieser Größe ihre Eigenschaften verändern und im Verbund mit anderen Materialien sich ungeahnte Produktinnovationen auftun. Beispielsweise sind nanobeschichtete Backöfen nach dem Backvorgang genauso sauber wie vorher. Alle Fettspritzer werden bereits während des Backens wieder abgebaut. Mit der Nanotechnik lassen sich auch extrem glatte Oberflächen erzeugen. Eine Beschichtung von Schiffsrümpfen mit Nanopartikeln bewirkt, dass Meeresorganismen wie Muscheln oder Algen sich nicht mehr festsetzten können. So werden riesige Mengen an Giftstoffen für die Reinigung solcher Schiffsflächen eingespart, große Personalkostenblöcke ebenso. Bakterienresistente Kühlschränke sind möglich, wasserabweisende Schutzkleidung, auch gegenüber Chemikalien resistent, keimfreie Frischhalteboxen werden nanobehandelt selbstverständlich sein. Selbst die Reinigung schadstoffverseuchter Böden und Gewässer können die Nanowinzlinge bewirken. Neueste Forschungsansätze in der Nanotechnologie gehen noch viel weiter. Wahrscheinlich sind wir nicht mehr weit davon entfernt, dass abgasfreies Autofahren, Riesenfortschritte im Kampf gegen Krebs und Aids mit Hilfe der Nanotechnologie bewältigt werden können.

So ist es auch nicht verwunderlich, dass Wissenschaftler und – das sei betont – auch Politiker sich geradezu eine neue industrielle Revolution von dieser noch kaum bekannten Disziplin der Nanotechnologie versprechen. Deutschland gehört zu den führenden Ländern im Bereich der Nanotechnologie. Etwa 600 bis 700 Unternehmen befassen sich derzeit gezielt mit der Nanotechnologie, bisher meist kleinere und mittlere Firmen. Das Bundesforschungsministerium hat die „Nano-Initiative, Aktionsplan 2010“ ins Leben gerufen. Damit werden Millionenbeträge für die Entwicklung von sogenannten Leitinnovationen bereitgestellt, um beispielsweise die Konstruktion von ultraleichten Nanomaterialien für den Automobilbau zu fördern. Die Europäische Union setzt ebenfalls hohe Prioritäten bei der Nanotechnologie und hat bereits 1,4 Milliarden Euro für die Förderung und Forschung dieser Disziplin zur Verfügung gestellt. Ein „Euronanoforum 2009“ wurde bereits in Prag abgehalten. Alles dies deutet darauf hin, dass die Nanotechnologie immer mehr Anwendungsbereiche erfasst und Innovationen hervorruft: sie macht Materialien, Oberflächen besser, anwendungsfreundlicher, die Chemieproduktion sauberer, optimiert Fertigungsprozesse und trägt dazu bei, mit den Umweltverschmutzungen besser zurechtzukommen, weil Nanopartikel Stoffe neutralisieren können. Selbst in der Medizin verspricht die Nanotechnologie neuartige Diagnose- und Therapieverfahren. Kurz gesagt: Nanotechnologie führt zu Wachstum, und zwar zu nachhaltigem Wachstum und – was für den Berufsanfänger am wichtigsten ist – generiert neue und ziemlich sichere Arbeitsplätze.

Auf diesem Weg befinden sich die gesamten Umwelttechnologien schon seit einiger Zeit. Jetzt aber, zu Beginn des ausgehenden ersten Jahrzehnts im 21. Jahrhundert, ist das Umweltbewusstsein, die Diskussion über Klimawandel und CO 2- Ausstoß so groß und intensiv, dass die grünen Technologien einen zweiten, riesigen Schub erfahren. Die Entwicklung hat auch die politisch Verantwortlichen dieser Welt erfasst. Vor allem in den USA, die neben China zu den größten Umweltsündern zählen, scheint mit dem Antritt der Präsidentschaft von Barack Obama eine neue Ära zu beginnen.

Al Gore, der einstige US – Vizepräsident und Weltklimaschützer ersten Grades hat daraus eine Mission formuliert, die da lautet: „Investiert in Klimaschutz, und ihr rettet nicht nur die Umwelt, sondern auch die Wirtschaft". Und dies zeigt sich gerade in der größten und schwersten Wirtschaftskrise des Jahres 2009. Plötzlich bekommen Ökothemen wie Erneuerbare Energien, Elektroautos oder intelligente Stromnetze in den USA ein ganz anderes Gewicht, rücken in den Blickpunkt der Öffentlichkeit und erfassen die Wirtschaft. In Deutschland gehen die Investitionen in grüne Technologien auch in der Wirtschaftskrise weiter. Beim Siemens – Konzern wird das Umweltgeschäft forciert und zum Wachstumstreiber erklärt. Danach hat Siemens 2008 zum ersten Mal sein Umweltportfolio vorgelegt mit einer Größenordnung von 19 Milliarden Umsatz und einer Investition von einer Milliarden Euro in die Entwicklung von umweltfreundlichen Zukunftstechnologien. Der weltgrößte Automobilzulieferer Bosch investiert in die Solartochter Ersol über 500 Millionen Euro. Der Solarmodulhersteller Centrosolar setzt Ende 2008 eine Produktionsanlage in Betrieb, die die gesamte Fertigungskapazität um über 150 Prozent erhöht (vgl. Döhle Patricia, Hage Simon, Hetzer Jonas, Grüne Investments, Der nächste Boom, www.manager-magazin.de/magazin/artikel/0,2828,603077,00.html am 16.3. 2009).

Dass die für die Umwelttechnologie bereits abgegebene Prognose - sie werde in den kommenden 10 Jahren die Automobilindustrie und den Maschinenbau in ihrer Bedeutung und Größenordnung überholen – seine Berechtigung hat, lässt sich leicht an folgenden Beispielen ablesen: die Erneuerbaren Energien in Form von Sonnenenergie und Windkraft spielen im Energieversorgungskonzept in Deutschland und vielen andern Ländern eine immer größere Rolle. Vor allem hat sich ein Markt für Solarunternehmen und Windkraftunternehmen herausgebildet, mit innovativsten Betrieben, die eine breite Wertschöpfungskette abdecken und weltweit exportieren. Die Zuwachsraten erreichen in beiden Segmenten momentan Größenordnungen von 20 bis 40 Prozent. Als Schwergewichte gelten in der Solarbranche die beiden deutschen Marktführer Q-Cells und Solarworld. Die Solaranlagen werden stets weiterentwickelt, verbilligen sich so von einem Jahr zum anderen um knapp 10 Prozent. So ist es möglich, dass in 3 bis 5 Jahren , spätestens bis 2015 der Solarstrom zum Preis des heutigen Haushaltsstroms angeboten werden kann. Im Markt für Windkraftanlagen dominiert der Weltmarktführer Enercon mit mehr als 2 Mrd. Euro Umsatz und insgesamt 11 000 Mitarbeitern. Das Unternehmen hält heute über 40 Prozent der weltweiten Patente für Windräder – mehr als General Electric und Siemens zusammen. Nordex und Repower ergänzen die weltmarktführenden deutschen Windkraftanlagen-Hersteller. Mit dem Trend zu noch größeren Windturbinen und Windparks, die auf offener See gebaut werden, wird eine neue Effizienzstufe der Windenergie eingeleitet. Die Liste der Wachstumssegmente im Bereich der Umwelttechnik ließe sich noch weiter fortführen, wie Geothermie, Biomasse, Wasserkraft und Wasser als kostbares Gut auf dieser Welt (Wasser, das blaue Gold der Zukunft). Fest steht, dass es gerade heute Zukunftsfelder gibt, die auch noch in 10 oder 20 Jahren aktuell sind und damit für den Berufsanfänger langfristig eingeplant werden können.

Nach dem vom Bundesministerium neu überarbeiteten Umwelttechnologie-Atlas (Stand Mai 2009) wird sich der Umsatz der Umweltindustrien weltweit bis zum Jahre 2020 nicht verdoppeln, sondern mit 3 200 Milliarden Jahresumsatz sich fast verdreifachen gegenüber dem heutigen Stand. Das Wachstum der ökologischen Jobs wird in Deutschland weiter zunehmen. Zwischen den Jahren

2008 und 2009 gehen die Unternehmen in Deutschland von einem Mitarbeiterzuwachs in der Größenordnung von 19 Prozent aus. Und dies, obwohl die Weltkonjunktur in einer Krise sich befindet. Umwelttechnologien entwickeln sich so rasant, dass sie als Motor für Wachstum und Beschäftigung angesehen werden müssen, vor allem auch in der längerfristigen Betrachtung (Der BMU-Umwelttechnologie-Atlas 2.0"GreenTech made in Germany"(www.umweltministerium.de/wirtschaft).

Der Wandel von der Industriegesellschaft zur Wissens- und Dienstleistungsgesellschaft wurde bereits als weltweite Entwicklung festgestellt. Auf Deutschland übertragen bedeutet das konkret eine Veränderung der Joblandschaft, und zwar was die regionale Verteilung zukunftsträchtiger Arbeitsplätze angeht. Dies sollte ebenfalls ein wichtiger Hinweis für die mittelfristige Karriereplanung des Berufsanfängers sein. Nach einer Studie des Hamburger Weltwirtschaftinstituts (HWWI) werden in Deutschland Regionen sich stärker entwickeln, die es verstehen, Hochqualifizierte anzuziehen. Dieser Trend wird zumindest bis zum Jahr 2018 vorausgesagt. Nicht der Ausbau der Infrastruktur in Form von Verkehrswegen, erschlossenen Gewerbegebieten oder auch günstige Steuersätze seien für die Ansiedlung von Hightech-Unternehmen ausschlaggebend, sondern Wissenstransfer mit Universitäten, wissenschaftlichen Einrichtungen, Qualität der Schulen und sonstige Ausbildungsstätten, kulturelles Angebot und die allgemeine Lebensqualität. In Ostdeutschland wird folgenden Städten und Regionen ein Beschäftigungswachstum von mehr als 10 Prozent vorausgesagt: Leipzig, Dresden, Gera, Jena, Potsdam, sowie den Landkreisen Sonneberg, Bad Doberan und Rügen. Überdurchschnittlich gute Perspektiven haben beim Beschäftigungswachstum auch die Metropolregionen Westdeutschlands, wie Großräume München, Hamburg, Köln-Bonn, Frankfurt am Main, Stuttgart und Hannover, aber auch die Städte Wolfsburg und Braunschweig. Ländlichen

Kreisen in den Grenzregionen zu den Beneluxstaaten und Frankreich wird ebenfalls eine deutliche Zunahme der Beschäftigung vorausgesagt (Studie, Die Arbeitsplätze der Zukunft, in www.manager-magazin.de/unternehmen/artikel/0,2828,596767,00.html, vom 16.12.2008). Hinzuzufügen wäre noch, dass wissenschaftliche Einrichtungen in Verbindung mit innovativen Unternehmen die Keimzelle für Innovationen sind, die Wachstum hervorbringen und nicht nur Hochqualifizierten mit Studienabschlüssen Beschäftigungsmöglichkeiten bieten, sondern auch Menschen, die eine abgeschlossene Ausbildung im dualen System hinter sich gebracht haben.

Arbeitsplatz-Risiken der Zukunft sind so durch Rahmenbedingungen der Weltwirtschaft bedingt, die sich einerseits kaum verändern, wie der Zwang zu Wachstum, die globale Vernetzung der Weltwirtschaft. Andererseits besteht berechtigte Hoffnung, dass globale Krisen, die durch ein maßloses Finanzgebaren im Bankensystem ausgelöst werden, künftig zumindest etwas besser beherrschbar sein werden – durch ein internationales Kontrollsystem. Eine zweite Gruppe von Rahmenbedingungen für Arbeitsplatz-Risiken wird auch in Zukunft daraus hervorgehen, dass eine nicht unbeträchtliche Gruppe von Arbeitgebern und Managern immer wieder versuchen wird, den Start der jungen Leute in das Berufsleben zu ihren Gunsten auszunutzen, mit Praktikas, Zeitverträgen und Leiharbeit. Und dies, obwohl von den Berufsanfängern mit guter Ausbildung gute Arbeit geleistet wird.

Persönlich kann der Berufsstarter seinen Beitrag leisten Arbeitsplatz-Risiken künftig zu einem guten Stück zurückzuschrauben, wenn er regelmäßig Arbeitsplatzanalysen in seiner Firma macht und sich eine Haltung erarbeitet, mit Niederlagen besser umzugehen und daraus zu lernen. Unterstützt wird der Berufsanfänger, sein Arbeitsplatz-Risiko besser in den Griff zu kriegen, wenn er in einer Branche arbeitet, die auch in Zukunft technologische Quantensprünge hervorbringt oder zumindest hohe Innovationsraten im Leistungsspektrum aufzuweisen hat. Eine zusätzliche Komponente Arbeitsplatz-Risiken abzumildern, entsteht dann noch, wenn der Berufsanfänger in Regionen seinem Beruf nachgeht, denen in Deutschland in den kommenden 10 Jahren überdurchschnittliche Beschäftigungsgewinne vorausgesagt werden. Vor allem dadurch ausgelöst, dass diese Regionen mit ihren Bildungs- und Wissenschaftsstrukturen Hochqualifizierte anziehen. Besonders gut ausgebildete Mitarbeiter, die neue Projekte angehen und zum Abschluss bringen, erzeugen bekanntlich auch einen Beschäftigungseffekt für Menschen, die einen mittleren oder einfacheren Bildungsabschluss haben.

Die Abschlussbilanz: der Rat für jeden Berufsanfänger

Wird nun bilanziert, mit welchen Gefühlen junge Menschen nach ihrer Ausbildung in die Berufswelt einsteigen und die ersten Schritte machen, so ist hier nicht gerade Zuversicht und Optimismus festzustellen. Im Gegenteil, das Lebensgefühl der Unsicherheit, die Angst vor dem Jobverlust oder die Sorge, nicht zur Kernmannschaft, zur Stammbelegschaft des Unternehmens zu gehören, bestimmen die Grundeinstellungen. Ausbildungsplatz, Übernahme, Studium, sofort die erste unbefristete Stelle, eine Familie gründen, lebenslanges Arbeiten in ein und demselben Unternehmen und schließlich in Rente gehen, das war einmal. Das wissen die jungen Berufsstarter. Aber dass bei jedem Einstieg einer Beteiligungsgesellschaft, eines Hedge Fonds, bei Verkauf, Übernahme oder Fusion des Unternehmens jedes Mal der eigene Arbeitsplatz in Gefahr kommt, ist schon eine neue, eine vorher so nicht da gewesene Erfahrung, die auch die gut ausgebildeten Berufsanfänger heute machen müssen.

Wirklich enttäuschend ist auch, dass viele Berufsstarter bei ihrem ersten oder zweiten Job eine hervorragende Leistung bringen. Sie machen Projektarbeit selbständig, leisten Überstunden, sie sind motiviert. Sie wollen ihre Fähigkeiten unter Beweis stellen, bekommen aber dafür von ihren Arbeitgebern keine Sicherheit. Wie oft wird berichtet, oder ist zu lesen, dass ein Praktikant für wenig oder überhaupt kein Geld eine volle Leistungskraft des Stammpersonals ersetzt, also überproportional eine Vorleistung bringt, dann aber, wenn das Praktikum zu Ende ist oder der befristete Arbeitsvertrag ausläuft, wieder seinen Arbeitsplatz verlassen muss. Genauso verhält es sich mit Leiharbeitern, die einen guten Job machen, teilweise sogar andere einarbeiten und deutlich weniger verdienen. Wenn Aufträge ausfallen, müssen sie als erste gehen. Sie gehören der zweiten Klasse in der Rangordnung der Belegschaft an. Kein

Wunder, dass immer wieder bei Leiharbeit das Wort von der „modernen Sklaverei“ in den Mund genommen wird. Wenn ein junger Berufsstarter einmal in der Leiharbeit angekommen ist, wird es oft ganz schön schwer, da wieder herauszukommen.

Die heute 20- bis 35- Jährigen haben zudem schon einige Krisen miterlebt, den 11. September, den Pisa-Schock, die Kehrseite der Globalisierung, als die Medien vom Industrieabwanderungsland Deutschland sprachen, die Billiglohnländer als Wohlstandsvernichter gebranndmarkt wurden, die Umweltkrise im Dauerbetrieb und jetzt die Finanz- und Wirtschaftskrise. Diese jungen Menschen und Arbeitnehmer sind demnach Krisen gewohnt, müssen zudem mit weit mehr unsicheren Arbeitverhältnissen zurechtkommen als die Generationen zuvor. Und darauf, das ist daran das Fatale, hat sie während ihrer Ausbildung niemand vorbereitet. Sie haben in der Schule, ihren Ausbildungsstätten, an den Universitäten nichts gehört und gelernt, wie Wirtschaft funktioniert und vor allem heute funktioniert, von den Wirtschaftsstudenten einmal abgesehen. Sie nehmen nur wahr, wie alles sich schnell und noch schneller verändert, manchmal auch brutal wird, wenn alles das zur Diskussion kommt, was um die Jahreswende 2008 / 2009 in der weltweiten Finanz- und Wirtschaftkrise passiert ist. Sie kennen die Hintergründe nicht. Die Ausbilder und Lehrer sind dazu auch nicht in der Lage, den Schülern und Studenten darzustellen, was hinter Prekariat steckt, wie es zustande kommt, wie die Globalisierung die Wirtschaftsstrukturen verändert. Der neuen Generation Zukunft, also den heutigen Berufsanfängern kann man nur den Rat geben, sich in der fachlichen Qualifikation stets weiter zu bilden, zusätzlich dem Wissen um Wirtschaft mehr Priorität geben, die vielen Formen von Arbeitsplatz-Risiken besser erkennen und – das ist noch ganz wichtig – die therapeutischen Ansätze üben: was ist wenn die Kündigung kommt, ist jemand vorbereitet oder fällt er danach in ein tiefes Loch? An der längerfristigen Zielplanung im Berufsleben arbeiten, die Sozialkompetenz trainieren , das Networking gezielter einsetzen und sich über die längerfristigen Trends im heutigen Wirtschaftsleben einen Überblick verschaffen, sich zumindest mehr dafür interessieren, was die Zukunft bringen kann. Alles das macht den Vertreter der neuen Generation Zukunft krisensicherer, er weiß sich besser zu helfen, tappt nicht in jede Falle, die Manager aufstellen oder der jeweilige Vorgesetzte. Alles das wurde hier versucht so darzustellen, dass es dem Berufsanfänger ohne große Wirtschaftkenntnisse verständlich wird.

Eines bleibt dem fachlich qualifizierten jungen Arbeitnehmer für die Zukunft auch noch. Er wird immer wertvoller, weil immer weniger junge Menschen auf den Arbeitsmarkt kommen. Die Alterspyramide in Deutschland und vielen anderen Industrieländern lässt grüßen. Wegen der alternden Gesellschaft schrumpft das Potential an Erwerbstätigen. Fachkräfte werden knapp. Und der nächste Aufschwung kommt bestimmt. Die Klage der Unternehmer über den Fachkräftemangel wurde schon laut gehört, beim letzten Aufschwung in den Jahre 2006 bis 2008. Etwa Mitte des nächsten Jahrzehnts könnte die Stunde der heutigen Generation Zukunft schlagen. Sie wird eine andere Position haben gegenüber den Arbeitgebern als das heute der Fall ist. Zumindest werden die Arbeitsverhältnisse sicherer. Dann trifft die reduzierte Nachfrage nach Arbeit auf ein Angebot von Arbeitsstellen, das entweder gleich bleibt oder nur leicht geringer wird. Die Verhandlungsposition des Arbeitssuchenden, der qualifiziert ist – und das sind die meisten heute schon – verändert sich zu seinen Gunsten.

Bis dahin sollte der junge Berufsanfänger gewappnet sein, mit neuem Wissen die Arbeitsplatz-Risiken besser und vor allem schneller zu erkennen. Nur so wird die Habenseite in der beruflichen Bilanz sich nach und nach vermehren, sprich eine berufliche Weiterentwicklung ohne größere Einschnitte und Rückschritte möglich sein.

Literaturverzeichnis

Die Ausbildungslücke

Autorengruppe Bildungsberichterstattung, Bildung in Deutschland 2008, Ein indikatorengestützter Bericht mit einer Analyse zu Übergängen im Anschluss an den Sekundarbereich I, Pressemitteilung vom 12.06.2008, Frankfurt a.M.

Wann entstehen neue Arbeitsplätze?

Jung, Alexander, Jobkiller, Wie deutsche Unternehmen Millionen Arbeitsplätze vernichten, Düsseldorf, 1997.
Grosjean Rene´Klaus, Was ist Wirtschaft? Düsseldorf, 1998.
Bach,H.-U., Gartner,H., Klinger,S., Rothe,Th., Spitznagel,E., in: IAB-Kurzbericht, Abb. 1 Wie tragen Konsum, Investitionen und Export zum Wachstum bei?, Ausgabe Nr. 15 vom 22.08. 2007.
Bach,H.-U., Gartner,H., Klinger,S., Rothe,Th., Spitznagel,E., Arbeitsmarkt 2007 / 2008, Ein robuster Aufschwung mit freundlichem Gesicht, in: IAB-Kurzbericht Ausgabe Nr. 15 / 22.08. 2007
Bach H.-U., Gartner, S., Klinger, TH., Spitznagel,E., Arbeitsmarkt 2008, Der Aufschwung lässt nach, in: IAB-Kurzbericht Nr. 03/2008
Sinn, Hans-Werner, Die Basar-Ökonomie, Deutschland: Exportweltmeister oder Schlusslicht?, Berlin, 2005.

Restrukturierung eines Unternehmens

o.V. Kündigungen zum Abschied, in: Der Spiegel Nr. 30 vom 23.07. 2007.
Fründt, Steffen, Dauerglüher aus Aachen, in: Welt am Sonntag Nr. 10 vom 11.03. 2007.

Kerbusk, Klaus-Peter, Tuma, Thomas, „Auch mal Dankeschön sagen"in: Der Spiegel Nr. 23 vom 04.06. 2007, Gespräch mit Thomas Middelhoff.

Strunk, Peter, Die AEG. Aufstieg und Niedergang einer Industrielegende, Berlin, 2000.

Schuhmann, Michael, Kuhlmann, Martin, Sanders, Frauke, Sperling, Hans Joachim, Vom Risiko- zum Vorzeigeprojekt: Auto 5000 bei Volkswagen, in: WSI-(Wirtschafts-und Sozialwissenschaftliches Institut) - Mitteilungen 06/2006, Hans Böckler Stiftung.

Wie Manager und Investoren Arbeitsplätze vernichten

Braun, Stefan, Eichblatt, Juliane, Rittgerott, Mathias, Was die Bosse wirklich verdienen, in: Stern Nr. 42 vom 11.10. 2007

Thomann, Andreas, Andre´Kudelski: High-Tech-Manager im Gespräch, http://emagazine.credit-suisse.com/app/article/index2.cfm?, am 15.01.2008.

Syre, Rita, Generation „50 Plus", Banken verschlafen Megatrend, http://www.manager-magazin.de/geld/geldanlage/0,2828,druck-411777,00.html, am 18.04.2006.

Sümeg, Adrienn, Tatas Billig-Auto, Deutsche Autobauer dürfen Trend nicht verschlafen, in: http://www.sueddeutsche.de/wirtschaft/artikel/963/151583/print.html vom 09.01.2008.

Mortsiefer, Henrik, Dax-Konzerne streichen 55 000 Jobs, in: http://www.tagesspiegel.de/politik/archiv/05.03.2007/3121239.asp vom 05.03. 2007.

Judzikowski, Steffen, Koberstein, Hans, Einziges Ziel Profit, in: Frontal 21, www.zdf.de, vom 08.03. 2005.

Peters, Rolf-Herbert, Wintzenburg, Jan Boris, Kapitalismus brutal, in: Stern. Nr. 08/S. 132 ff.

Diehl, Jörg, Wojtuschak, Uwe, Wir machen Gewinn, wir werden arbeitslos, in: Bild am Sonntag vom 18.12. 2005, S. 8.

Kietzmann, M., Steinkühler, K.-H., Nokia, Böse Worte ohne Wirkung, in: Focus Nr. 04 vom 21.01. 2008, S. 130 f.

Verkauf, Übernahme und Fusion. Wo bleiben die Arbeitsplätze?

Institut für Mittelstandsforschung (IfM) Bonn, Schätzung der Unternehmensübertragungen in Deutschland im Zeitraum 2005 bis 2009, http://www.ifm-bonn.org/ergebnis/nachfolge-abb3.htm am 14.02. 2008.

O. V. Nycomed, 1250 Stellen fallen weg, http://www.manager-magazin.de/unternehmen/artikel/0,2828,473046,00.html vom 21.03.2007.

Kerbusk, Klaus-Peter, Konzerne, Vom Tiger gefressen, in: Der Spiegel Nr. 40 vom 02.10.2006.

Mannesmann / Vodafone, Chronik einer Übernahmeaffäre, in: http://www.manager-magazin.de/unternehmen/artikel/0,2828,242161,00.html vom 18.10.2004.

Schering-Übernahme, Bayer streicht in Deutschland 1500 Stellen, http://www.spiegel.de/wirtschaft/0,1518,469504,00.html vom 02.03, 2007.

Sechstes Rekordergebnis in Folge, Continental will Tausende Stellen streichen, http://www.handelsblatt.com/News/printpage.aspx? Vom 21.02. 2008.

Rybak, Andrzej, Agenda, Indische Welteroberer, in: www.ftd.de/unternehmen/industrie/182300.html?mode=print vom 04.04. 2007.

Tietz, Janko, Übernahmen, Bereit zum Endspurt, in: Der Spiegel Nr. 32 vom 08.08. 2005

DaimlerChrysler, Chronik einer Auto-Ehe, http:www.focus.de/finanzen/boerse/aktien/daimlerchrysler_aid_124648.html vom 14.02. 2007.

Hawranek, Dietmar, Konzerne, Teure Trennung, in: Der Spiegel Nr. 08. vom 17.02. 2007

AMB GENERALI, Volksfürsorge wird wegfusioniert, http://www.manager-magazin.de/unternehmen/artikel/0,2828,508346,00.html vom 27.09. 2007.
Geiger Michaela, Jubel und Katerstimmung im Arabellapark, http://www.welt.de/print-wams/article129073_Jubel_und_Katerstimmung_im_Arabellapark.html vom 19.06. 2005.

Die Globalisierung verändert auch die Arbeitswelt

Sinn, Hans-Werner, Die Basar-Ökonomie, Deutschland Exportweltmeister oder Schlusslicht, Berlin, 2005
Stiglitz, Joseph, Die Schatten der Globalisierung, Berlin, 2002
Statistisches Bundesamt, Arbeitskosten und Lohnnebenkosten im EU-Vergleich für das Jahr 2007, Pressemitteilung Nr. 160 vom 22.04. 2008, http://www.destatis.de/jetspeed/portal/cms/Sites/destatis/Internet/DE/Presse/pm/2008
Kaufmann, Lutz, Panhans, Dirk, Poovan, Boney, Sobotka, Benedict, Die niedrigen Löhne locken, in: io new management Nr. 11 / 2005.
Höh, Hartmut, Unternehmen und Arbeitsstätten, Engagement deutscher Unternehmen im Ausland, Statistisches Bundesamt Deutschland, http://www.destatis.de/jetspeed/portal/cms/Sites/destatis/Internet/DE/Navigation/Publi.. 21.04.2008.
Allmendinger, Jutta, Sclüsselfaktoren für eine erfolgreiche Dienstleistungswirtschaft mit sicheren Arbeitsplätzen, ver.di (Hrsg.) Tagung am 20./21.02. 2006, Berlin
Kazim, Hasnain, Deutsche Firmen in Asien, Gier der Globalisierer, http://www.spiegel.de/wirtschaft/0,1518,druck-553208,00html vom 15.05. 2008
Dometteit, Gudrun, Rumänien, Wie die Goldgräber, in: Focus Nr. 9 vom 21.02. 2004

Von Petersdorff, Winand, Nokia und der Karawanen-Kapitalismus, Richtung Osten und immer geradeaus, in: Frankfurter Allgemeine Sonntagszeitung Nr. 03 vom 20.01. 2008

Tietz, Janko, Standort, Rolle rückwärts, in: Der Spiegel Nr. 39 vom 24.09. 2007

Steingart, Gabor, Weltkrieg um Wohlstand, 3. Auflage, München, 2006

Fiedler, Teja, Elleringmann, Stephan, Indien auf dem Weg zur Weltmacht, in: Stern Nr. 38 vom 13.09. 2007.

Jung, Alexander, Glüsing, Jens, Rao, Padma, Schepp, Matthias, Wagner, Wieland, Zand, Bernhard, Gipfel der Ungerechtigkeit, in: Stern Nr. 23 vom 04.06. 2007

Das Prekariat und mehr. Was steckt dahinter?

Steingart, Gabor, Weltkrieg um Wohlstand, München 2006

WSI-Tarifarchiv, Reallohnentwicklung: Deutschland hat die rote Laterne, in: WSI- (Wirtschafts- und Sozialwissenschaftliches Institut) Presse Dienst Nr. 25 vom 13.06. 2005

Stolz, Matthias, Generation Praktikum in: Die Zeit Nr. 14 vom 31.03. 2005, http://www.zeit.de/2005/14/Titel_2fPrakrikant_14

Hirschenauer, Franziska, Wießner, Frank, Mehrfachbeschäftigung, Ein Job ist nicht genug, IAB-Kurzbericht Ausgabe Nr. 22 vom 06.12. 2006

Antoni, Manfred, Jahn, Elke J., Arbeitnehmerüberlassung, Boomende Branche mit hoher Fluktuation, in: IAB-Kurzbericht Ausgabe Nr.14. vom 19.09. 2006

Seifert, Hartmut, Was hat die Flexibilisierung des Arbeitsmarktes gebracht? In: WSI-Mitteilungen 11 / 2006

Rhein, Thomas, Gartner, Hermann, Krug, Gerhard, Niedriglohnsektor, Aufstiegschancen für Geringverdiener verschlechtert, in: IAB-Kurzbericht, Ausgabe Nr. 03 vom 10.03. 2005

Wie sicher ist der Arbeitsplatz in der eigenen Firma?

Harss, Claudia, Maier, Karin, Mit meiner Firma geht´s bergab, 1994

Schmalholz, Claus G., HIDDEN CHAMPIONS, Die heimlichen Helden, in: manager magazin Nr. 09 / 2007

Matthes, Nadja, Sammet, Steffi, Deutschlands heimliche Jobmacher, in: Focus Nr. 17 vom 23.04. 2005

Schwab, Fritz, Auto denkt mit, in: Focus Nr. 04. vom 24.01. 2005

Bosch – Über Bosch in Deutschland, http://www.bosch.de/start/content/language1/html/867.htm

Gründel, Marleen, Produktentwicklung, Lasst die Kunden ran, http://www.manager-magazin.de/it/artikel/0,2828,druck-561048,00.html am 08.07. 2008

STIHL – Wir über uns, http://www.stihl.de/unternehmen/default.htm am 12.07. 2008

Oppel, Kai, Familienunternehmen, Strategie der ruhigen Hand, http://ftd.de/karriere_management/management/347587.html?mode=print am 28.04. 2008

Grill, Martin, Lidl ist überall, in: Stern Nr. 17 vom 17.04. 2008

Ellguth, Peter, Reform des Betriebsverfassungsgesetzes, Betriebsräte in Kleinbetrieben – ein bislang eher seltenes Phänomem, IAB-Materialien, Ausgabe Nr. 1 / 2002

Was tun, wenn Entlassung droht, die Kündigung kommt?

Schneyink, Doris, Gerster, Gaby, Die verratene Generation, in: Stern Nr. 42 / 2002, S. 198 ff.

Harss, Claudia, Maier, Karin, Mit meiner Firma geht´s bergab, Freiburg, Basel, Wien, 1994

Bovensiepen, Nina, Arbeitslosigkeit, Wenn die freie Zeit zur Last wird, http://www.sueddeutsche.de/politik/469/396256/text/print.html am 29.08. 2005

Die Zielplanung im Berufsleben

Harrs, Claudia, Maier, Karin, Mit meiner Firma geht´s bergab, 1994
Hahne, Peter, Schluss mit lustig, Das Ende der Spaßgesellschaft, 39. Auflage, Lahr, 2005
Schlesiger, Christian, Beruf + Erfolg, Zurück auf Los, in: Wirtschaftswoche Nr. 30 vom 23.07. 2007

Bei allem Sachwissen die Sozialkompetenz nicht vergessen

Brockhaus, Die Enzyklopädie, Bd. 24, Mannheim 1998, Stichwort „Sozialkompetenz“
Volk, Hartmut, Sozialkompetenz ist keine sozialromantische Schwärmerei, in: FAZ Nr. 12 vom 15.01. 2005
Hauser, Uli, Drissner, Gerald, Freiwillige vor!, in: Stern Nr. 38 vom 11.09. 2008
Höhler, Gertrud, Die Sinn-Macher, Wer siegen will, muss führen, München 2002

Networking ist mehr als ein Schlagwort

Hausladen Anni, Laufenberg, Gerda, Die Kunst des Klüngelns, 3. Auflage, Reinbek, 2005
Kettner, Anja, Spitznagel, Eugen, Betriebliche Personalsuche: Stellenangebot geht zurück, bleibt aber auf hohem Niveau, in: IAB-Kurzbericht 07 / 2008
Brader, Doris, Lewerenz, Julia, Frauen in Führungspositionen, An der Spitze ist die Luft dünn, in: IAB-Kurzbericht, Ausgabe Nr. 02 vom 24.02. 2006

Mentoring-Programm, Das Prinzip, ..von der one-to-one zur win-win-Beziehung, htpp://www.uni-stuttgart.de/mentoring/mentoring/allgemein, am 28.11.2008

Die Arbeit für den Arbeitsplatz – ein Programm für das ganze Leben

Rötzer, Isolde, Sie können ihr Wissen bald abschreiben, Interview mit Hariolf Grupp, in: Fraunhofer Magazin 1.2002
Sauga, Michael, Weiterbildung, Unternehmen im Glashaus, Spiegelonline, http://www.spiegel.de/unispiegel/jobundberuf/0,1518,druck-586110,00.html am 24.10. 2008
Spiegelonline, Fachkräftemangel, Deutsche Firmen verschlafen den demografischen Wandel, http://www.spiegel.de/wirtschaft/0,1518,druck-572854,00html am 19.08. 2008
Schulz, Erika, Betriebe sind auf alternde Belegschaften kaum eingestellt, in: Wochenbericht des DIW, Berlin Nr. 40/2008
BIBB (Bundesinstitut für Berufsbildung), Pressemitteilung 07 / 2005, Bonn 17.02. 2005
Maier-Häfele, Kornelia, Häfele Hartmut, Open-Source-Werkzeuge für e-Trainings, Bonn, 2005
Harss, Claudia, Maier, Karin, Mit meiner Firma geht´s bergab 1994
o.V. Klüger werden mit: Thomas Friedmann, in: Der Spiegel Nr. 52 vom 22.12. 2006

Die Säulen des Strukturwandels in der Arbeitswelt der Zukunft

Sieren, Frank, Der China Code, Berlin, Wie das boomende Reich der Mitte Deutschland verändert, Berlin, 2005
Wilson, Dominic, Purushothaman, Roopa, Dreaming with BRICs: the Path to 2050, New York, 2003 / Global Economics Paper, No. 99

Schmalz, Stefan (Betreuer der Studie), „BRIG - Aufstrebende Schwellenländer?“ in: http://www.uni-marburg.de/fb03/politikwissenschft/bric am 02.02. 2009 abgerufen

Schnur, Peter, Zika, Gerd, Arbeitskräftebedarf bis 2025, Die Grenzen der Expansion, in: IAB-Kurzbericht, Ausgabe Nr. 26 vom 21.12. 2007

Tempel, Silke, Globalisierung, was ist das? Berlin, 2005

IW (Institut der Deutschen Wirtschaft), Branchenranking, Deutschlands Zukunftsbranchen, Empirische Bestandsaufnahme und Ableitung eines Rankings, Köln, 16.04. 2007, http://www.iwconsult.de/zukunftsbranchen.htm .

Stratmann, Klaus, Roland-Berger-Studie, Umwelttechnologie steht vor grosser Zukunft, http://www.wivo.de/technik/umwelttechnologie-steht-vor-grosser-zukunft-240808 am 17.06. 2007

Höges, Clemens, Jung, Alexander, Kullmann, Kerstin, Kurbjuweit, Dirk, Nelles, Roland, Reiermann, Christian, Sauga, Michael, Jahr der Bewährung, in: Der Spiegel Nr. 1 vom 29.12. 2008

Hohendanner, Christian, Befristet Beschäftigte: Gut positioniert mit Hoffnung auf Anschluss, in: IAB-Forum Nr. 1 / 2008

Grabka, Markus, Frick, Joachim, Schrumpfende Mittelschicht – ein Anzeichen einer dauerhaften Polarisierung der verfügbaren Einkommen?, in: Wochenbericht **DIW (Deutsches Institut für Wirtschaftsförderung**) Berlin, Nr. 10/2008, 5. März 2008

Kalina, Thorsten, Weinkopf, Claudia, Weitere Zunahme der Niedriglohnbeschäftigung: 2006 bereits rund 6,5 Millionen Beschäftigte betroffen, in: IAQ-Report 2008-01

Arbeitsmarkt, Der Trend zum Zweitjob, in: **Tagesspiegel** vom 09.04. 2008, http://www.tagesspiegel.de/wirtschaft/Arbeitsmarkt; art271,2509405

Bovensiepen, Nina, Tietz, Janko, Arbeitsmarkt „Moderne Sklaverei“, in: Der Spiegel Nr. 49 vom 01.12. 2008

Zimmermann, Klaus F., Demografischer Wandel: Große Herausforderungen für die Unternehmen, in: RKW-Magazin Nr. 4, November 2006

Schulz, Erika, Betriebe sind auf alternde Belegschaften kaum eingestellt, in: Wochenbericht DIW, Berlin Nr. 40 / 2008

König, Marion, Frauen und Männer auf dem Arbeitsmarkt: Wer macht das Rennen?, in: IAB-Forum Nr. 2/2008

Lohnungleichheit zwischen Frauen und Männern in Deutschland seit 15 Jahren kaum geringer geworden, Presseinformation des **IAB** vom 19.03. 2009 http://www.iab.de/de/informationsservice/presse/presseinformationen/ep.aspx am 20.03. 2009

Das Arbeitsplatz-Risiko im Zwiespalt harter Fakten und neuem Aufbruch

Döhle, Patricia, Hage, Simon, Hetzer, Jonas, Grüne Investments, Der nächste Boom, in: manager-magazin.de/magazin/artikel/0,2828,603077,00.html am 16.03. 2009

BMU (Bundesministerium für Umwelt, Naturschutz und Reaktorsicherheit), Der BMU-Umwelttechnologie-Atlas 2.0: „GreenTech made in Germany", http//www.umweltministerium.de/wirtschaft_und_umwelt_umwelttechnologie am 19.06. 2009

HWWI (Hamburger Weltwirtschaft Institut) **PWG** (Price Waterhouse Coopers) Studie, Die Arbeitsplätze der Zukunft, in: **manager-magazin**.de/unternehmen/unternehmen/artikel/0,2828,596767,00.html am 16.12. 2008

Dank sagen möchte ich vor allem meiner Familie. Im Besonderen meiner Frau Elke und meiner Tochter Kira, die mich auf dem Weg des Schreibens mit Hinweisen und aufmerksamem Lesen begleitet haben.